巨灾风险管理与保险

主编 ◎ 钱振伟　副主编 ◎ 孙正成　李云仙　董志伟

Catastrophe Risk Management and Insurance

中国金融出版社

责任编辑：贾　真
责任校对：刘　明
责任印制：张也男

图书在版编目（CIP）数据

巨灾风险管理与保险/钱振伟主编．—北京：中国金融出版社，2021.3
（灾害风险管理与巨灾保险系列丛书）
ISBN 978－7－5220－0782－3

Ⅰ.①巨…　Ⅱ.①钱…　Ⅲ.①灾害保险—研究　Ⅳ.①F840.64

中国版本图书馆 CIP 数据核字（2020）第 166274 号

巨灾风险管理与保险
JUZAI FENGXIAN GUANLI YU BAOXIAN
出版
发行　中国金融出版社
社址　北京市丰台区益泽路 2 号
市场开发部　（010）66024766，63805472，63439533（传真）
网 上 书 店　www.cfph.cn
　　　　　　（010）66024766，63372837（传真）
读者服务部　（010）66070833，62568380
邮编　100071
经销　新华书店
印刷　北京市松源印刷有限公司
尺寸　169 毫米×239 毫米
印张　18.75
字数　283 千
版次　2021 年 3 月第 1 版
印次　2021 年 3 月第 1 次印刷
定价　45.00 元
ISBN 978－7－5220－0782－3

灾害风险管理与巨灾保险系列丛书
编委会成员

（按姓氏笔画排序）

总　序

当前，在气候变化和快速城镇化背景下，各类突发重大事件频发，其灾害强度、损失程度和损失影响加剧，且新型灾害风险不断涌现，对我国的重大灾害风险综合治理能力和应急管理带来严峻考验。新冠肺炎疫情的暴发和应对，暴露出既往体制在防范化解突发重大事件方面的短板，重大灾害发生频度、强度和损失的提升，凸显出巨大的救灾和恢复重建资金缺口，以及国家层面对重大灾害的综合治理和应急管理体系中非工程性灾害风险管理与多层次巨灾保险保障机制的缺位，这些都成为国家治理体系与治理能力现代化建设和国家为保障经济稳定发展防范化解重大风险及小康社会因灾返贫过程中需要解决的关键问题。大量科学证据表明，地球已进入被科学界称为人类世时代的新的地质时代。在地球社会系统，许多要素呈现出以大加速趋势、复杂性和互连性增加、不可逆过程增多为特征的人类世时代，涌现出系统性风险等新型风险。如何更精准识别和科学评估各类风险；如何完善灾害风险管理体系，提升灾害治理和防灾减灾能力；如何构建适合中国国情灾情特征的巨灾保险保障体系、创新发展巨灾保险，使其科学化、制度化融入国家防灾减灾和应急管理体系，以弥补我国应急管理体系现代化建设中的缺陷和短板等一系列重大问题，迫切需要研究。

党的十八届三中全会通过的《中共中央关于全面深化改革若干重大问题的决定》和国务院发布的《关于加快发展现代化保险服务业的若干意见》（简称“新国十条”），明确提出了“保险业服务于国家治理体系和治理能力现代化”及“完善保险经济补偿机制，建立巨灾保险制度”战略部署。《中共中央　国务院关于推进防灾减灾救灾体制机制改革的意见》和《国务院办公厅关于印发国家综合防灾减灾规划（2016—2020 年）的通知》（国办发〔2016〕104 号）进一步提出发挥市场和社会力量在防灾减灾救灾中的作用，建立完善灾害保险制度，强化保险等市场机制在风险防范、损失补偿、恢复重建等方面的积极作用，不断扩大保险覆盖面，完善应对灾害的金融支持体系。

党的十九届五中全会通过“十四五”规划纲要，提出了包括“国家治理效能得到新提升”在内的“十四五”时期经济社会发展六大“新”目标。“新”目标既是对提升社会治理能力提出的“新”要求，也明确了国家有序建立健全防范化解重大风险体制机制的战略方向。其中，“统筹发展和安全，建设更高水平的平安中国，加强国家安全体系和能力建设，确保国家经济安全，保障人民生命安全，完善国家应急管理体系，发展巨灾保险，提高防灾、减灾、抗灾、救灾能力”等远景目标和任务的设定表明，灾害风险管理与巨灾保险制度建设已成为国家战略的重要组成部分，巨灾保险制度作为国家发展的一项基本国策，已成为支撑国家体现国富民强的基础制度。

实践表明，中国需要加快发展与新时期新科技时代国家经济社会发展需求相适应的商业保险与巨灾保险机制有机结合的巨灾风险保障体系。近年来的巨灾保险试点实践问题凸显，难以推进，需要系统梳理和深入剖析问题与缺陷，通过理论、机制与技术创新，突破理论研究与试点实践中的“瓶颈”，构建灾害风险管理与巨灾保险理论和制度新体系，使全新的巨灾风险管理机制成为政府改进公共服务、创新政府管理、提升治理体系和能力的重要支撑，使多层次的巨灾保险机制成为政府、企业、居民等各层面有效管理风险和财富的基础。

南开大学联合政府、业界、学界、相关社会组织和机构，搭建颇具前瞻性的智库发展平台，以创新的学术思想、研究理念和服务国家战略的初心，基于跨学科研究资源，围绕自然规律与社会经济、公共治理规则如何耦合这一国际可持续发展和风险防范与应对领域中的热点问题，开拓以创新发展灾害风险管理与巨灾保险机制，建构灾害风险管理与巨灾保险全新的理论体系和制度框架，将巨灾保险科学化、制度化融入灾害风险管理体系，使其在灾害风险防范、综合治理、灾后救助与重建、提升韧性能力中发挥重要作用，支撑国家治理体系与治理能力现代化建设为核心的跨学科综合研究。

为深化灾害风险管理与巨灾保险理论与实践创新研究，加快建设和发展服务于国家灾害治理与应急管理体系和能力现代化建设的巨灾保险制度，在中国银保监会、中国应急管理学会、中国保险学会及中国保险行业协会的大力支持下，南开大学灾害风险管理与巨灾保险研究中心联合云南财经大学云南省巨灾风险管理研究中心、复旦大学中国保险与社会安全研究中心、西南财经大学中国农业与农村保险研究中心等智库和国际科学理事会未来地球计划综合风险防范项目（IRGP/FE/ISC）等科研机构共同发起本系列丛书研究，并组织相关领域专家学者及中国人保财险、平安财险、太平财险、渤海财险、恒安标准人寿、中国人寿再保险、瑞士再保险、慕尼黑再保险、劳合社保险（中国)、民太安保险公估、海豚大数据网络科技、海豚保险经纪、联合融汇投资、四创科技等南开大学灾害风险管理与巨灾保险研究中心理事单位专业团队共同编著。

本系列丛书立足中国面临的巨灾风险挑战，针对气候变化和社会经济技术快速演变的时代背景，聚焦包括公共卫生灾难、自然灾害、人为事故灾难在内的巨灾风险系统的构成和发展及如何关联和影响社会生活、经济运行、全球化产业链等关键问题，内容涉及灾害与巨灾风险管理理论与实践创新研究、巨灾保险与重大灾害综合治理研究、巨灾风险及其对经济和社会及公共财政影响研究、巨灾风险与公共财政韧性研究、公共财政涉灾预算机制及财政巨灾指数保险研究、巨灾保险融入应急管理体系和国家治理体系及政府管理的机制与技术路径和科学方法研究等领域，探索促进保险同社会其他力量的结合，实现灾害风险管理与应急机制的功能性及科学化、市场化、社会化、现代化发展，体现与巨灾保险机制的有效衔接和新兴科学技术的高效应用，提升应急管理体系和能力现代化水平的研究路径。丛书成果将创新和丰富灾害风险管理与巨灾保险理论与实践研究，为建设和发展适合中国国情和灾情特点的巨灾风险管理与巨灾保险体系提供有价值的理论依据和实践指引。

本系列丛书划分为学术论著类、研究报告类、教材类等，成果来自不同学科、不同领域、不同行业专家学者的专项研究和合作研究，各相关领域专家学者从各自擅长的领域和学术思想出发，针对日益变化的各种复杂化因素，通过多学科知识、理论的交融和碰撞，在科学分析、建模和评估的基础上，更准确辨识、判断和界定事物，不但在研究思路和内容上具有开拓性，而且通过多方面、多角度的交叉性、综合性研究，对研究对象的特征和内容性质也有了更准确的把握，对问题求解的考虑和对策研究更趋于合理和可行。

我们希望，本系列丛书的出版可以为业界和学界提供一个思想园地，每一项成果研究的内容都会是问题与破解、守旧与前瞻、传统与创新、挑战与机遇的思想撞击，期望能为灾害风险管理与巨灾保险及相关领域的研究与实践，以及为政府机构及相关部门制定政策和制度建设提供具有突破性和原创性的学术思想、理论建树和建议，为在我们持续经历的风险系统、迭代技术、供求业态、经营模式的巨变动态环境内，能够准确定位，找到改革和发展模式，端正发展的方向贡献绵薄之力。

灾害风险管理与巨灾保险系列丛书编委会

2020 年 12 月

前 言

我国是世界上自然灾害最为严重的国家之一。灾害的种类多、分布地域广、发生频率高，造成损失重。联合国国际减灾战略方针从防灾减灾向风险和危机管理过渡。2015 年 3 月，第三届联合国世界减灾大会通过了《2015—2030 年仙台减轻灾害风险框架》，确定了减轻灾害风险的七大目标和四大优先行动事项。其核心是了解灾害风险，加强风险治理和管理风险，进行减灾投资，构建抗灾力和加强恢复重建。习近平总书记在纪念唐山大地震 40 周年讲话中指出，防灾减灾救灾工作要注重“两个坚持、三个转变”，要实现从注重灾后救助向注重灾前预防转变，从应对单一灾种向综合减灾转变，从减少灾害损失向减轻灾害风险转变，全面提高全社会抵御自然灾害的综合防范能力，切实维护人民群众生命财产安全。当前，面对“全灾种、大应急”任务要求，在新发展阶段、新发展理念、新发展格局视域下，全面推进自然灾害防治体系和防治能力现代化，形成灾害应急管理事业高质量发展的新格局，灾害风险管理是关键。

灾害风险管理已经成为国际和国内防灾减灾的新方向，是我国灾害应急国家治理体系的重要组成部分。灾害风险管理的发展逐渐从理论研究、案例探讨走向实践应用，营造防灾减灾救灾事业发展新生态，其发展趋势如下。

一是逐渐从单纯的定性灾害风险管理走向整合性的定量灾害风险综合管理。具体表现为：从分部门和分灾种的单项减灾模式走向防灾减灾救灾抗灾的综合一体化模式；从重视自然风险走向重视社会和人类的脆弱性，把灾害风险管理纳入衡量经济社会高质量发展的基本指标；从单纯减灾走向减灾、气候变化、扶贫、城市安全、乡村振兴相结合的经济社会高质量发展相融合，逐步把巨灾风险管理纳入“国家安全”范畴，从预防、备灾、预警、救灾、恢复重建的“灾害过程管理”走向融入所有部门的决策、规划、执行的“减灾主流化”。

二是推进精准治理、依法治理和社会共治。加强法治体系建设，提高法治化水平；推进地区之间、部门之间、条块之间、军地之间的跨域协作，建立完善社会力量参与防灾减灾救灾抗灾的法规制度；从国家减灾向全球减灾、减灾区域一体化、社区减灾过渡，从政府担负无限责任走向政府、企业、社会和公民各负其责，既要发挥政府在防灾减灾救灾资源配置的主导作用，又要引导和充分发挥社会、市场和民间救援力量的重要作用；建设基层常态化管理和应急管理动态衔接的基层治理机制；构建网格化管理、精细化服务、信息化支撑、开放共享的基层应急治理平台，提升社会治理能力。

三是推进科技赋能，提升数字治理能力。把科技作为提升防灾减灾救灾能力的重要手段，大力开展应急科研和技术创新，推广使用先进技术装备；消除灾害数据资源之间“纵向分割”“横向独立”的现象，打破数据壁垒；提高综合防灾减灾救灾工作科学化、标准化、数字化、精准化，不断提升数字应急能力；运用互联网和共享经济思维，鼓励政府、智库、企业、社会众创共享“开放式的应急公共服务平台”，形成各方齐抓共管、协同配合的综合防灾减灾救灾新格局。

四是加快发展应急产业，特别是应急装备制造业、消防救援培训教育、数字应急、应急救援航空市场等，推进应急管理的“战斗力”转化为“生产力”，夯实应急救灾物质基础。建立健全应对灾害的金融支持体系；建立健全多层次的自然灾害综合保障保险体系，提升社会分散风险和化解风险能力，从简单的“险后补偿”向“险前预警—险中响应—险后补偿”的三位一体模式转变；探索巨灾债券，健全完善巨灾风险分散机制，增强国家韧性。

巨灾对经济社会影响巨大。2020 年 10 月，党的十九届五中全会通过的《中共中央关于制定国民经济和社会发展第十四个五年规划和二〇三五年远景目标的建议》强调，“发展巨灾保险，提高防灾、减灾、抗灾、救灾能力”。巨灾风险管理既是风险管理和保险学理论的实践应用，其自身也具备独特的价值和特性。区别于普通风险管理与保险，巨灾风险管理与应急管理部门、自然资源部门、巨灾保险与再保险市场和资本市场联系紧密。因此，需要对其进行单独阐述，以更完整的方式呈现巨灾风险管理与保险的本质与特征。

依托云南省重点智库“云南省防灾减灾智库”（云南财经大学云南省巨灾风险管理研究中心）和金融学院，在云南省重点研发项目（编号：202003AC00001）支持下，云南财经大学保险教学团队对此做了一些探索和尝试，以丰富当前国内同类教材。本书分属于“灾害风险管理与巨灾保险系列丛书”的教材类，内容分为两大部分，包括巨灾风险管理和巨灾保险。从巨灾风险及其特征出发，本书借用风险管理的基本环节完成了巨灾风险管理部分的内容编写，包括巨灾风险管理概述、巨灾风险分析、巨灾风险评估等；巨灾保险部分的编写则主要体现了巨灾保险运行的特殊性，包括巨灾保险、巨灾再保险、巨灾保险与公共部门、巨灾保险模式及巨灾保险证券化等内容。

本书编者均为从事10余年灾害风险管理与保险学领域等本科和研究生教学工作的在职教师，在工作中积累了大量相关的科研成果和教学案例，并且对巨灾风险管理有较为系统和深入的认识与理解。本书由“云南省防灾减灾智库”（省重点智库）首席专家钱振伟教授担任主编，云南财经大学保险系李云仙教授、孙正成副教授和董志伟博士担任副主编；写作成员包括周若微教授、张艳副教授、周娅娜博士、王婉青博士。本书编写分工如下：钱振伟教授和孙正成副教授负责全书的框架设计，内容安排和统稿工作；钱振伟教授负责前言、绪论、第一章与第十章的编写，其中王婉青博士梳理了历年重要会议关于灾害风险管理的阐述，云南大学王彤博士梳理了灾害风险管理的历史渊源，云南省防灾减灾智库薛霖博士提供了部分实践案例；孙正成副教授负责第五章和第七章的编写；李云仙教授负责第二章和第三章的编写；张艳副教授负责第四章的编写；周娅娜博士负责第六章的编写；周若微教授负责第八章的编写；董志伟博士负责第九章的编写。

希望本书对高校保险学专业和应急管理的学生、应急管理部门、财产保险公司及社会各界对巨灾风险管理感兴趣或有工作需要的读者有所帮助。由于巨灾风险管理属于自然科学和社会科学的交叉综合的新兴研究领域，其学科属性、研究内容、理论基础、研究技术方法还处于探索阶段，再加上编撰时间仓促和水平的局限，书中还有很多错漏和不足之处，敬请各位读者批评指正。

云南省防灾减灾智库

2020. 11

目录

绪　论

第一节　灾害风险管理学科属性

灾害风险管理是一门研究人类应对灾害风险的实践活动及发展规律的综合性、应用性的交叉科学。总体来看，人们对灾害风险管理的学科属性还处于探索阶段。一般来说，它既属于应急管理学科范畴，又属于保险学科范畴。它包括灾害学、保险学、气象学、地球物理学、地质学、金融学等多学科交叉的新兴领域，具有复杂性和多元化特征。巨灾风险管理对经济社会影响巨大，是灾害风险管理的重要组成部分，具有自身特殊的本质特征。

一、 马克思主义为巨灾风险管理发展奠定了强有力的思想基石

马克思主义哲学是辩证唯物主义和历史唯物主义的统称。马克思主义是关于全世界无产阶级和全人类彻底解放的学说。它主要由马克思主义哲学、马克思主义政治经济学和科学社会主义三大部分组成，是马克思、恩格斯在批判地继承和吸收人类关于自然科学、思维科学、社会科学优秀成果的基础上于19世纪40年代创立的，并在实践中不断地丰富、发展和完善的无产阶级思想的科学体系[①]。马克思主义中国化，就是将马克思主义基本原理同中国

① 邓大松. 社会保障概论［M］. 北京：高等教育出版社，2018.

具体实际相结合，它促进了我国防灾减灾救灾体系的建设。在我国巨灾风险管理实践中，用马克思主义哲学、马克思主义政治经济学和科学社会主义理论的思想与灵魂指导中国巨灾风险管理实践，不断优化防灾减灾救灾抗灾的资源配置，不断提升灾害应急能力。党的十九届四中全会提出“推进国家治理体系和治理能力现代化”的新目标。国家治理是现代科学社会主义的重要组成部分。健全应对灾害的金融支持体系，把保险嵌入灾害应急体系是国家治理能力现代化的必然要求。巨灾风险管理是灾害应急国家治理体系的重要组成部分。运用巨灾保险和巨灾债券等金融制度，在全球保险市场和资本市场中形成巨灾风险分散机制，实现跨越时空的价值交换，创新巨灾风险管理机制，增强国家韧性，提升治理水平。

中国共产党在长期执政的过程中，以人民至上、生命至上为宗旨，以满足人民日益增长的美好生活为根本目的，立足于中国的灾害频发和突发事件易发多发的基本国情，积极引进一切有利于巨灾风险管理制度建设的先进成果与丰富经验，推进自然灾害防治体系和防治能力现代化。在灾害风险管理的资源配置中，既发挥政府在防灾减灾救灾中的主导作用，同时也积极发挥市场的资源配置作用，形成有为的政府和有效的市场，建立灾害应急的社会治理体系，使人民群众的获得感、幸福感和安全感显著增强。

从 2003 年成功抗击“非典”，到 2008 年夺取抗击汶川特大地震等严重自然灾害和灾后恢复重建的重大胜利，再到 2020 年沉着有力地应对新冠肺炎疫情所带来的诸多挑战，我国突发事件应急管理体系建设的脉络逐渐清晰，并将逐步形成高质量发展的新格局。

2003 年 10 月 11 日，党的十六届三中全会指出，中央政治局团结带领全党全国人民战胜前进道路上的各种困难和风险，夺取了防治非典工作的阶段性重大胜利，保持了经济较快增长和各项事业全面发展的良好势头，巩固了奋发向上、安定团结的政治局面。全会认为，要提高公共卫生服务水平和突发性公共卫生事件应急能力，为我国的突发事件应急管理体系建设提供了良好的开端。

2005 年 10 月 11 日，党的十六届五中全会高度评价了我国成功战胜“非典”疫情和重大自然灾害的挑战，并认为我国社会治安和安全生产状况进一步好转，构建和谐社会取得新进步。全会指出，要继续深化医疗卫生体制改革，完善公共卫生和医疗服务体系。要落实安全生产责任制，加强社会治安综合治理，依法严厉打击各种犯罪活动，保障人民群众生命财产安全，维护国家安全和社会稳定，保障人民群众安居乐业。

2006 年 10 月 8 日，党的十六届六中全会指出，要完善社会管理、保持社会安定有序，建设服务型政府，推进社区建设，健全社会组织，统筹协调各方面利益关系，完善应急管理体制机制，加强安全生产，加强社会治安综合治理，加强国家安全工作和国防建设，为我国的突发事件应急管理体系建设奠定了坚实的基础。

2008 年 2 月 25 日，党的十七届二中全会认为，自 2008 年 1 月中旬以来，中国南方一些地区遭受了严重的低温、雨雪冰冻灾害，给受灾地区群众生产生活造成严重困难。在严峻考验面前，受灾地区各级党委和政府坚决按照中央的部署带领广大党员、干部和人民群众奋起抗灾救灾，各级干部以身作则、靠前指挥，各有关部门和单位迅速行动、全力以赴，人民解放军、武警部队和公安民警勇挑重担、顽强拼搏，全国各地积极支援、众志成城，千方百计保交通、保供电、保民生，抗灾救灾斗争取得了重大阶段性胜利。全会同时指出，要切实做好生产自救和灾后重建工作，切实安排好受灾地区群众生活，努力实现 2008 年经济社会发展的目标。要认真总结这场抗灾救灾斗争经验，更好地应对各种可能发生的重大自然灾害和突发事件，更好地走科学发展道路，更好地推进现代化建设。此次会议成为我国突发事件应急管理体系建设的重要节点。

2008 年 10 月 9 日，党的十七届三中全会指出，我国积极应对来自国际国内形势复杂变化和自然界的严峻挑战，奋勇夺取抗击南方部分地区严重低温雨雪冰冻灾害和四川汶川特大地震抗震救灾斗争重大胜利，成功举办北京奥运会、残奥会，圆满完成神舟七号载人航天飞行任务，全面推进社会主义经济建设、政治建设、文化建设、社会建设和党的建设，各项工作取得新进展，社会安定团结大局得到巩固和发展。全会同时提出，要促进农村医疗卫生事业发展，加强农村防灾减灾能力建设，强化农村社会管理。此次会议成为我国突发事件应急管理体系建设的重要里程碑。另外，党的十七届四中全会充分肯定了党的十七届三中全会以来中央政治局的工作。全会认为，要团结带领全党全国各族人民大力弘扬伟大抗震救灾精神，加快推进地震灾区灾后恢复重建。

2010 年 10 月 15 日，党的十七届五中全会充分肯定了中央政治局有力应对了玉树强烈地震、舟曲特大山洪泥石流等严重自然灾害，并提出要加强生态保护和防灾减灾体系建设，增强可持续发展能力。全会强调，自 2010 年以来，我国连续发生严重自然灾害，给受灾地区群众生产生活造成严重影响。在各部门各地区共同努力下，抗灾救灾工作取得了显著成绩。当前，安置受灾群众、开展灾后恢复重建工作很繁重，中央有关部门、受灾地区各级党委和政府一定要高度重视，科学规划，加大投入，精心组织，全力抓好。要切实安排好受灾群众基本生活，抓紧制定和实施灾后恢复重建规划，全面抓好各项生产特别是农业生产，帮助受灾群众重建家园，促进灾区经济社会全面发展。要坚持兴利除害结合、防灾减灾并重、治标治本兼顾、政府社会协同，尽快启动水利重点薄弱环节工程建设，加快建立地质灾害易发区调查评价体系、监测预警体系、防治体系、应急体系，提高对自然灾害的综合防范和抵御能力。此次会议对我国突发事件应急管理能力建设起到了有力的推动作用。

2012 年党的十八大报告指出，我国成功举办了北京奥运会、残奥会和上海世博会，夺取了抗击汶川特大地震等严重自然灾害和灾后恢复重建重大胜利，妥善处置了一系列重大突发事件。2013 年 11 月 9 日，党的十八届三中全会指出，全面深化改革的总目标是完善和发展中国特色社会主义制度，推进国家治理体系和治理能力现代化。并提出要创新社会治理，必须着眼于维护最广大人民根本利益，最大限度增加和谐因素，增强社会发展活力，提高社会治理水平，维护国家安全，确保人民安居乐业、社会安定有序。要改进社会治理方式，激发社会组织活力，创新有效预防和化解社会矛盾体制，健全公共安全体系。设立国家安全委员会，完善国家安全体制和国家安全战略，确保国家安全。另外，2015 年 10 月 26 日召开的党的十八届四中全会也提出，要加强和创新社会治理，推进社会治理精细化，构建全民共建共享的社会治理格局。牢固树立安全发展观念，坚持人民利益至上，健全公共安全体系，完善和落实安全生产责任和管理制度，切实维护人民生命财产安全。实施国家安全战略，坚决维护国家政治、经济、文化、社会、信息、国防等安全。这两次会议将国家安全上升到了新的高度，为我国应急管理能力的建设起到了支撑作用。

2016 年 7 月，习近平总书记在纪念唐山大地震 40 周年讲话中指出，防灾减灾救灾工作要注重"两个坚持、三个转变"，即"坚持以防为主、防抗救相结合，坚持常态减灾和非常态救灾相统一；从注重灾后救助向注重灾前预防转变，从应对单一灾种向综合减灾转变，从减少灾害损失向减轻灾害风险转变"。

2016 年 12 月印发并实施的《中共中央　国务院关于推进防灾减灾救灾体制机制改革的意见》，进一步强调了"两个坚持、三个转变"防灾减灾思想，并着重指出，要充分发挥市场机制作用。坚持政府推动、市场运作原则，强化保险等市场机制在风险防范、损失补偿、恢复重建等方面的积极作用，不断扩大保险覆盖面，完善应对灾害的金融支持体系。加快巨灾保险制度建设，逐步形成财政支持下的多层次巨灾风险分散机制。统筹考虑现实需要和长远规划，建立健全城乡居民住宅地震巨灾保险制度。鼓励各地结合灾害风险特点，探索巨灾风险有效保障模式。积极推进农业保险和农村住房保险工作，健全各级财政补贴、农户自愿参加、保费合理分担的机制。

2017 年党的十九大报告强调，全党要更加自觉地防范各种风险，坚决战胜一切在政治、经济、文化、社会等领域和自然界出现的困难和挑战。要有效维护国家安全。国家安全是安邦定国的重要基石，维护国家安全是全国各族人民根本利益所在。要完善国家安全战略和国家安全政策，坚决维护国家政治安全，统筹推进各项安全工作。健全国家安全体系，加强国家安全法治保障，提高防范和抵御安全风险能力。要增强驾驭风险本领，健全各方面风险防控机制，善于处理各种复杂矛盾，勇于战胜前进道路上的各种艰难险阻，牢牢把握工作主动权。此次会议将国家安全上升到了国家战略的高度，为我国应急管理能力的建设起到了重要的支撑作用。

2018年10月，习近平总书记在主持召开的中央财经委员会第三次会议上发表“推进自然灾害防治体系和防治能力现代化”的重要讲话，他强调坚持以防为主、防抗救相结合，坚持常态减灾和非常态救灾相统一，强化综合减灾、统筹抵御各种自然灾害，推进自然灾害防治体系和防治能力现代化，为保护人民群众生命财产安全和国家安全提供有力保障。

2019年12月28日，党的十九届四中全会提出，要坚持和完善共建共治共享的社会治理制度，保持社会稳定、维护国家安全。社会治理是国家治理的重要方面，必须加强和创新社会治理，完善党委领导、政府负责、民主协商、社会协同、公众参与、法治保障、科技支撑的社会治理体系，建设人人有责、人人尽责、人人享有的社会治理共同体，确保人民安居乐业、社会安定有序，建设更高水平的平安中国。要完善正确处理新形势下人民内部矛盾有效机制，完善社会治安防控体系，健全公共安全体制机制，构建基层社会治理新格局，完善国家安全体系。此次会议将社会治理上升到了新的高度，而应急管理作为社会治理的重要组成部分也得到了全社会的关注。

2020年1月，一场突如其来的新冠肺炎疫情侵入中国大地，它是自中华人民共和国成立以来在我国发生的传播速度最快、感染范围最广、防控难度最大的一次重大突发公共卫生事件。中国共产党带领全国人民沉着有力地应对了新冠肺炎疫情所带来的诸多挑战，并总结出宝贵的经验。2020年10月，党的十九届五中全会通过的《中共中央关于制定国民经济和社会发展第十四个五年规划和二〇三五年远景目标的建议》强调，坚持人民至上、生命至上，把保护人民生命安全摆在首位，全面提高公共安全保障能力。完善和落实安全生产责任制，加强安全生产监管执法，有效遏制危险化学品、矿山、建筑施工、交通等重特大安全事故。强化生物安全保护，提高食品药品等关系人民健康产品和服务的安全保障水平。提升洪涝干旱、森林草原火灾、地质灾害、地震等自然灾害防御工程标准，加快江河控制性工程建设，加快病险水库除险加固，全面推进堤防和蓄滞洪区建设。完善国家应急管理体系，加强应急物资保障体系建设，发展巨灾保险，提高防灾、减灾、抗灾、救灾能力。

二、 巨灾风险管理是一门综合性的交叉科学

巨灾风险管理是一门在多种学科基础上发展起来的综合性科学，与灾害学、保险学、地球物理学、气象学、地质学、海洋学、金融学、公共管理、法学、社会学、历史学等学科关系密切。

巨灾风险管理与经济学有着天然的联系。经济学的发展为巨灾风险管理与保险制度的建立和实践奠定了重要的理论基础，如马克思主义的再生产理论和人的需要本质理论及制度与新制度学派、凯恩斯学派、货币学派、新古典学派、新剑桥学派、理论预期学派和供给学派的理论观点，对巨灾风险管理基础理论构建均作出了重大的贡献。

人类社会面临的基本问题就是资源配置问题，也就是如何有效利用稀缺资源来满足人类的需求。在资源配置过程中，政府与市场之间的关系一直都是经济学界讨论的焦点。调整资源配置中政府与市场之间的关系，即清晰政府与市场在资源配置中的制度边界，寻求二者之间的平衡点，已经成为当代经济发展的关键所在，也是“巨灾风险管理与保险”的核心问题。

政府与市场关系的边界在哪里呢？相关学者论述了政府干预的“可为和不可为”的原则。“不可为”指国家强制力作用不可逾越基于私人产权为基础界定的私域；“可为”指政府通过合宜的法律和经济政策，为市场竞争创造良好的条件和框架。从理论上说，政府与市场关系的边界：政府配置资源的边际成本 = 市场配置资源的边际成本，具体见图中的 A 点。同时，A 点也处于一个动态调整的过程，随着我国市场机制建设逐步法治化和规范化[①]，政府配置资源应逐步弱化，市场发挥配置资源决定性作用，A 点向右上角移动。可见，政府与市场的制度边界是一个动态过程。即政府与市场在巨灾风险管理与保险市场资源配置的制度边界，是一个动态过程，不存在固定不变的最优

① 特别是 2014 年 10 月底，召开党的第十八届四中全会以后，更能体现社会主义市场经济的本质就是法治经济。

解，关键看它是否与当地现实条件和经济发展水平相适应。

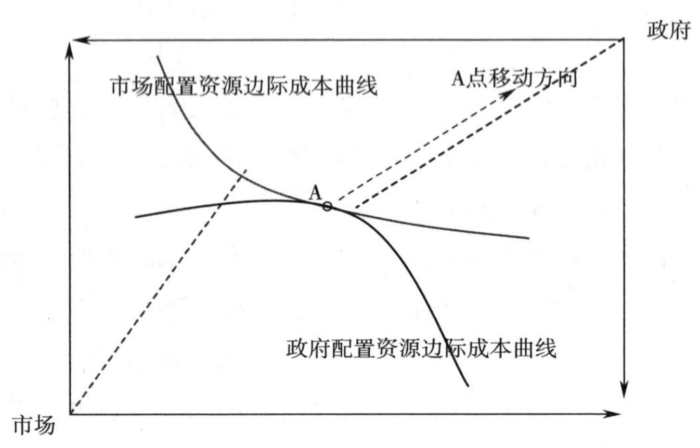

图　政府与市场资源配置的制度边界

保险学是一门研究保险及保险相关事物运动规律的经济学科，其涉及的领域是多元化的，包括金融学、法学、医学、数学、经济学、统计学等，其研究对象是保险商品关系。风险的客观存在是保险产生和发展的自然基础，剩余产品的存在为保险的产生和发展奠定了经济基础。当前保险实践逐渐形成了“保险 + 科技 + 服务”的模型。例如，中国人民财产保险股份有限公司云南省分公司与相关科技企业及云南省防灾减灾智库，共建“云南省风险管理与保险科技实验室”，并依托安全生产责任保险、校园安全责任保险、农房地震保险等，创建“开放式的公共应急服务数字平台”，充分发挥保险在灾害预防、损失补偿、灾后救助和应急数字治理等方面的积极作用，推动灾害应急的共建共治共享的社会治理机制。这为保险嵌入灾害应急社会治理体系奠定了良好的实践基础。

三、 巨灾风险管理具有相对独立性

巨灾风险管理虽然与各学科有着一定的联系，但是更有其无可替代的相对独立性和自身的学科发展规律。

（一）巨灾风险管理有特定的研究视域

巨灾风险管理是一门研究人类社会应对重大自然灾害的风险管理活动及其发展规律的科学。同时，巨灾风险管理还研究自身的制度安排，包括制定巨灾风险管理法规政策和构建巨灾风险管理制度的理论与客观依据，以及巨灾风险管理的经济基础和上层建筑。巨灾风险管理研究视域的特殊性彰显了其独立性。

（二）巨灾风险管理有着特定的研究目的

巨灾风险管理研究视域的特殊性决定了其研究目的的特定性。它研究巨灾风险管理与社会经济发展的关系，揭示人类巨灾风险管理活动规律，并以此为防灾减灾救灾提供理论指导等为特定的研究目的。巨灾风险管理研究目的及任务决定了在进行巨灾风险管理研究的过程中，必须紧紧围绕巨灾风险管理与自然灾害社会属性和自然属性之间的相互关系，在各种复杂的关系中归纳总结出巨灾风险管理活动及制度的内在发展逻辑，进而指导防灾减灾救灾实践活动。因此，特定的研究目的使该科学在研究过程中呈现出一定的独立性，有其自身的研究规律和研究范式。

（三）巨灾风险管理有着特定的学科规律

巨灾风险管理是伴随着防灾减灾救灾实践活动逐步形成产生和发展起来的。巨灾风险管理对发展经济和稳定社会具有重要作用。当今，特别是2020年新冠肺炎疫情之后，世界所有现代化国家都把建立和完善巨灾风险管理制度作为国家一项重要的应急制度安排。巨灾风险管理从产生、发展、完善到改革始终遵循着一定的内在规律，与特定的社会背景和经济发展阶段密切相关，带有鲜明的时代烙印。巨灾风险管理发展程度受制于经济发展的水平和质量，也受制于各个国家的治理模式和文化传统。

巨灾风险管理发展呈现出较强的时代性。社会经济的发展、新科技的不断涌现扩大了巨灾风险管理的研究领域和研究视野。巨灾风险管理的不断完善为防灾减灾救灾政策的制定提供了科学依据，使巨灾风险管理政策与本国国情及所处时代相适应。由此可见，巨灾风险管理特定的发展规律，使其具有鲜明的独立性。只有对巨灾风险管理进行清晰定位，才能使这门科学具有明晰的、完整的概念体系，并成为能够进行深入研究的领域，创设出更加完善的研究范式与框架，并更好地厘清其未来发展方向。

第二节　巨灾风险管理的研究目的、内容与研究方法

一、 研究目的

巨灾风险管理是以重大自然灾害风险的存在为前提。巨灾风险管理的基本任务是识别、评估、转移、分散和消除风险，揭示各主体之间的关系，阐明巨灾风险管理的经济关系产生、发展和变化的规律。巨灾风险管理的研究目的包括以下几个方面：一是分析巨灾风险管理产生和发展的历史进程，阐明巨灾风险管理过程，明确巨灾风险管理的研究对象、研究任务及相互关系。二是揭示巨灾风险管理资源配置及发展变化的规律性，清晰政府与市场的制度边界，为实现巨灾风险管理资源配置优化提供科学依据。三是揭示巨灾风险管理与经济社会、国家治理体系、民族文化甚至文明之间的内在联系，巨灾风险管理在社会进步和经济发展中的重要作用，进而阐明经济发展与巨灾风险管理之间作用与反作用的辩证关系。四是通过比较分析中外巨灾风险管理制度的共同性和差异性，明确建立巨灾风险管理制度的一般准则，探求适合我国国情的巨灾风险管理模式及其建立的途径。分析巨灾风险管理与科技的相互关系，科技提升巨灾风险的数字治理水平，推动自然灾害治理能力现代化。

二、 研究内容

巨灾风险管理的研究内容是由其研究对象决定的。巨灾风险管理的研究

对象包括巨灾风险管理中巨灾的性质与特征、巨灾风险识别、巨灾风险评估模型、巨灾风险管理模式、巨灾保险制度安排、巨灾保险与公共部门、巨灾保险证券化等。

三、 巨灾风险管理的研究方法

马克思主义的辩证唯物主义和历史唯物主义是巨灾风险管理研究的指导思想和基本方法。该方法要求从经济社会发展的实际出发，从社会经济生活中探究巨灾风险管理的动因，阐明巨灾风险管理与经济社会活动之间的内在联系，揭示巨灾风险管理的规律性。具体而言，主要包括以下方法。

（一）田野调查研究方法

“没有调查，没有发言权”“身上有泥，脚下有土”“把论文写在祖国的大地上”。田野调查研究是马克思主义哲学社会科学的重要研究方法，也是巨灾风险管理研究的方法之一。马克思主义基本原理和中国防灾减灾救灾具体实践相结合，其前提条件是弄懂马克思主义理论的精神实质、运用范围和条件；弄清巨灾风险管理实施的全面情况。其根本的方法就是调查研究，理论联系实际，直接获得第一手资料，对资料进行去粗取精、去伪存真、由此及彼、由表及里的科学分析，以求得对巨灾风险管理问题全面、准确、真实地把握，从而得出科学的结论。该方法遵循客观性、科学性和全面性的原则，其主要目的在于占有充分的第一手资料，对资料进行系统深入的分析，发现问题并解决问题，是一种力求在对客观事物切实认识的基础上分析和解决问题的方法，在巨灾风险管理研究中应用较为广泛。巨灾风险管理是一种实践性强、项目和形式多样及系统复杂的社会经济活动，各组成部分在发展过程中面临着不同的发展环境和问题，只有进行全面系统的调查研究，掌握充分的真实资料并对这些资料进行深入分析，才能发现巨灾风险管理活动中最本质的内容，从根本上把握巨灾风险管理的发展规律，为巨灾风险管理的完善提出有针对性的对策①。

（二）系统分析方法

系统分析方法是指把要解决的问题作为一个系统，对系统要素进行综合分析，找出解决问题的可行方案的方法。马克思主义的系统分析方法是唯物辩证法在马克思主义理论研究中的具体运用，它将对象及要素、结构及关系等描述为一个活动和发展的复杂系统。我们分析巨灾风险管理中的各种复杂现象，就要运用马克思主义的系统分析方法，从整体性、关联性、动态性等方面研究巨灾风险管理的各种问题。系统分析方法在巨灾风险管理的应用体现在以下两个方面。一是巨灾风险管理是经济社会的重要组成部分，涉及应急管理、消防、国土资源、保险行业等多部门，需要多部门协调。二是从巨灾风险管理自身来看，巨灾风险管理涉及多灾种和综合风险。巨灾风险管理能力受到各种致灾因子特性影响。因此，对巨灾风险管理的研究，不仅要同国民经济其他系统联系起来，也要处理好自身各灾种之间的相互关系，用全面的、系统的和发展的观点研究巨灾风险管理，将其置于国民经济大环境中，而不能把它作为一个孤立的过程来考察。

（三）多学科综合交叉研究方法

巨灾风险管理的多学科综合交叉研究方法，即综合运用与巨灾风险管理相关的学科理论和知识，研究巨灾风险管理现象和规律。巨灾风险管理是在灾害学、保险学、气象学、地质学、经济学、社会学、公共管理学、金融学等学科的基础上产生和发展而来的，是一门综合的、交叉的、新兴的应用性学科，其跨学科的属性为巨灾风险管理的研究提供了多元化的视角。采用多学科交叉的研究方法，可以拓宽巨灾风险管理研究的视角和思路，从宏观整体及整个社会发展的角度深化对巨灾风险管理活动及规律的认识，从而避免研究的片面性。例如，在农业灾害风险评估中，使用3S技术，即遥感技术

① 邓大松．社会保障概论［M］．北京：高等教育出版社，2018.

(Remote Sensing，RS)、地理信息系统（Geography Information systems，GIS）和全球定位系统（Global Positioning Systems，GPS），对农业保险核保、核赔服务的应用场景融合等，形成一种新的研究方法和研究技术。巨灾风险管理是一项复杂的社会活动，只有运用多种方法相结合的分析法，才能从整体上把握巨灾风险管理的基本特征和发展规律，从而避免运用单一研究方法的局限性。

（四）理论和实践相结合的方法

实践的观点是马克思主义基本的和首要的观点，实践是理论的来源，是理论发展的动力，也是检验理论正确与否的唯一标准。马克思主义中国化，就要运用马克思主义基本原理，就必须回答和解决不同历史条件下中国巨灾风险管理的实际问题，就要求把实践和理论结合起来，一方面，要用科学的理论指导实践；另一方面，要在实践中检验和发展理论，使之符合实践的规律和发展的方向。第一，对巨灾风险管理实践活动进行广泛的社会调研，掌握翔实的第一手资料并对资料进行深入系统的分析，从中把握巨灾风险管理的规律性。第二，将一般的原理或理论运用到巨灾风险管理实践活动中，接受实践的检验，在实践中进行修正和完善，摒弃不适合实际发展的成分，增强适用性和可操作性。第三，将修正的理论与巨灾风险管理实践活动结合起来，从一国或地区防灾减灾救灾实际出发，以修正后的理论指导当地的巨灾风险管理实践活动，从而提升当地自然灾害治理能力。

第三节 学习巨灾风险管理与保险的要求

一、注重把握巨灾风险管理的交叉性和综合性

巨灾风险管理是一门交叉边缘科学。从巨灾风险管理的产生来看，巨灾风险管理是在保险学、灾害学、地质学、经济学、社会学、公共管理学等学科的基础上产生和发展起来的，在研究内容上与这些学科有许多交集。巨灾

风险管理借鉴和吸收了这些学科的理论、方法及研究视角，丰富和完善了自身的理论基础和研究内容，其研究范围不仅限于巨灾风险管理领域，也延伸到保险和金融等方面。从这种意义上说，巨灾风险管理是一门综合性和应用性较强的科学。因此，不能把巨灾风险管理与其他学科割裂开来，应多维度地全面把握巨灾风险管理的特征。

二、 注重把握巨灾风险管理的相对独立性

巨灾风险管理虽然是在多种学科的基础上产生和发展起来的，兼收并蓄了其他学科的内容和内涵，是一种交叉综合性的科学，但是它具有相对的独立性。巨灾风险管理有其特定的研究对象和任务，使其与其他学科既有联系，又有明显的区别。巨灾风险管理特殊的研究对象和研究任务使其区别于其他学科，也使其有一定的相对独立性。因此，在学习巨灾风险管理时应把握好其相对独立性，使其与其他学科区别开来，以更准确、科学地把握巨灾风险管理的特殊性。

三、 注重理论与实践相结合

由于巨灾风险管理是在其他学科的基础上发展起来的，发展时间非常短，其自身尚未形成完整的理论体系，因此，对巨灾风险管理理论的深入学习是进一步完善应急管理事业的重要内容。同时巨灾风险管理有较强的实践性，因此学习巨灾风险管理不能仅停留在理论层次。我国目前的巨灾风险管理还有很多需要完善的地方。由于国情的差异，我国不能照抄照搬国外的巨灾风险管理模式，只能从本国实际出发，不断探索和寻找适合国情的巨灾风险管理模式。巨灾风险管理实践需要科学的理论指导，而理论也能在实践中得到检验和修正，使之符合实践的规律和发展的方向。理论和实践的相互关系现状要求在学习巨灾风险管理时必须坚持理论与实践相结合的方法，既要为我国应急管理事业的发展提供科学理论，又要在实践中发展和完善马克思主义的巨灾风险管理理论。

四、 注重联系当今世界巨灾风险管理的发展趋势

当前，我国正处于百年未有之大变局的深度调整期、百年未遇之大疫情持续影响期和“两个一百年”奋斗目标的历史交汇期。这三个百年大局相互叠加、交互作用，塑造了新时期我国经济社会发展更趋复杂、更加多元、更多变化的时代背景。在这样的背景下，改革、开放、创新是经济社会发展的主基调。学习巨灾风险管理，就更要了解世界各国巨灾风险管理的现状、问题及趋势。从全球的视角思考我国的防灾减灾救灾事业，我们要进一步认清我国在巨灾风险管理的优势与劣势，紧跟国际巨灾风险管理发展前沿，积极借鉴和吸收其中的合理成分，立足国情，全面推进自然灾害防治体系和防治能力现代化，形成防灾减灾救灾抗灾事业高质量发展的新格局。

第一章 概 述

第一节 理论基础

巨灾风险管理与保险制度的建立与发展需要以一定的理论基础作为支撑和指导。巨灾风险管理与保险理论基础，包含了古代早期的防灾减灾救灾思想、西方巨灾风险管理与保险保障思想渊源、马克思主义的巨灾风险管理与保险保障思想及西方主要经济学流派。

一、巨灾风险管理与保险的历史渊源

巨灾一词源于古希腊，原意是流星（falling star），后派生出两个不同的词意：一个是衰落（down - turning），另一个是悲惨的结局（the denouement of tragedy），目前尚无统一定义，是指一个低概率、大损失的过程或事件，是自然演变、环境变化、社会人口及经济产品相互发生作用的负面产物。它能够对个体的相对满意和社会物质存在、社会秩序和方式等传统习惯产生破坏，并对地区资源和社会经济过程产生制约作用，结果是低收入国家被迫借贷或

大量减少储蓄来恢复经济。[①] 按其成因划分，可分为自然巨灾风险和人为巨灾风险。自然巨灾是指由自然因素所造成的，如地震、海啸、旱涝、雪灾、风暴潮等灾害；人为巨灾是指因人类活动造成的，如恐怖袭击、空难、核泄漏等灾害。无论是自然巨灾，或是人为巨灾，都会对该区域人群及社会经济造成重大的打击，且随着经济社会的不断发展，巨灾的形成因素日趋复杂，自然和人为因素不断交织和缠绕，进一步加剧了巨灾暴发的风险。为避免区域社会在遭受巨灾侵袭后陷入经济政治等方面的困境，包括中国在内的国家都需要建立巨灾保险体系。但巨灾保险的方式方法及思想渊源不是当下才有的，而是深深根植于人类文明发展的各个时期，中国和西方的历代先民在与灾害共存共处的过程中，逐渐形成了诸多巨灾风险管理的思想与政策。

（一）中国古代早期的巨灾风险管理与保险保障思想

灾害始终与人类共生共存。人类在与灾害博弈的历程中，谱写了自然界和人类社会救亡图存、勇往直前的凄美乐章。与此同时，人们也开始了认识灾害，进行防灾减灾救灾抗灾的思想和实践累积。在这一过程中，有关历史经验教训的总结、体会是人们认识灾害最基本途径之一，诸多灾害思想、理论及防灾减灾救灾抗灾的对策和措施等，无一不是在对灾害历史事件的总结和感悟中产生的。一部人类的历史，也可以说是人类经受灾害困扰，又坚持不懈地与灾害抗争的历史。[②]

和世界上许多文明起源传说与自然灾害相关一样，中华文明的起源也不例外，女娲补天、大禹治水、后羿射日等都是典型的救世故事，如《淮南子·览冥训》记载：往古之时，四极废，九州裂；天不兼复，地不周载；火爁炎而不灭，水浩洋而不息；猛兽食颛民，鸷鸟攫老弱。于是女娲炼五色石以补苍天，断鳌足以立四极，杀黑龙以济冀州，积芦灰以止淫水。苍天补，

① 李全庆，陈利根．巨灾保险：内涵、市场失灵、政府救济与现实选择［J］．经济问题，2008，9（12）.
② 张建民，宋俭．灾害历史学［M］．长沙：湖南人民出版社，1998：1.

四极正；淫水涸，冀州平；狡虫死，颛民生。[①] 可见上古之时，天崩地裂，呈现水灾、火灾、兽灾等多种巨灾群发的局面。虽然书写夸张、表现热烈，但上古时期自然环境原始恶劣，人类自身的应灾能力也较为有限，对灾害特别是巨灾的感受和体验更是剧烈。故记述或许不无道理，如今人推测，所谓四极废、九州裂，或为强烈地震的反映。[②]

地震是直接危害人类生命财产安全的重大自然灾害，上古舜时，就有“地震泉涌”的传说，夏桀时期，也曾多次发生地震、地裂。[③]《史记·周本纪》载：周幽王二年（公元前 780 年）“西周三川皆震……是岁也，三川竭，岐山崩”，据考证，此次地震震级为 6 ~ 7 级，震中为岐山，是我国较早有确切记载的大地震。[④] 中国史籍中记载的较早旱灾为商汤十八年（约公元前 1766 年）开始的连续七年大旱，据《竹书纪年》记载：“十九年大旱，氐羌来贡；二十年大旱，夏桀卒于亭山，禁弦歌舞；二十一年大旱，铸金币；二十二年大旱；二十三年大旱；二十四年大旱，王祷于桑林，雨。”《通鉴前编》曾云：“十有八祀，伐夏桀，放之于南巢，三月，商王践天子位，是岁大旱。”此后，历代干旱灾害的记载数以千计，动辄“赤地千里”“人相食”“尸骸枕藉”。[⑤]

人和自然的关系是人类永恒的话题，也是认识灾害问题的思想基础之一。如前所述女娲补天之类的灾害神话，今天看来充满了矛盾和幼稚，但却反映了早期先民与自然抗争、艰难生存的图景，也体现了先民对天地自然万物最初的朦胧认知。早期人类在实际生活中体会到日月星辰、风雨雷电等自然力与人的生存息息相关，却又不知道这种力量来自何处，只有祈祷上天，减少灾害发生的风险，护佑人们平安富足的生活。随着人们认知水平的不断提高，

① （汉）刘安．淮南子［M］．顾迁，译注．北京：中华书局，2009：97 – 98.

② 张建民，宋俭．灾害历史学［M］．长沙：湖南人民出版社，1998：120.

③ 宋正海．中国古代重大自然灾害和异常年表总集［M］．广州：广东教育出版社，1992：105、113、142.

④ 张建民，宋俭．灾害历史学［M］．长沙：湖南人民出版社，1998：124.

⑤ 张建民，宋俭．灾害历史学［M］．长沙：湖南人民出版社，1998：121 – 122.

对自然界的了解也在不断进步，最突出的表现为由虚无到物质实在的突破。约在公元前 8 世纪至 4 世纪前后，中国、古希腊、古印度，分别形成了水、火、木、金、土的“五行”学说和土、水、气、火“四元素”说，其中以中国“五行”学说产生得最早，且流传最久，至春秋战国时期发展成为五行相生相克的学说。自此之后，“五行”学说不仅用来协调人与自然的关系，也对中国经济社会及政治发展影响深远。

春秋战国之际，是古代中国各种思想激烈碰撞的时期，对人与自然关系的认识也较以前明晰。《老子》载：“人法地、地法天、天法道、道法自然”，第一次将人与天、地并提，蕴含着人与自然有共同规律支配的观念，至少表示了人与自然界有密切关系。之后，荀子对天、地、人关系有了进一步的解释和论证，明确指出天和地都是自然界中的客观存在，且有着各自的运行规律，“天行有常，不为尧存，不为桀亡”“天有其时，地有其财，人有其治”，可以看出虽然人和其他万物一样，依附于自然，但人可以顺应自然规律，改造自然。与之相应，中国很早就产生了资源保护思想。传说中的“禹禁”规定：“春三月，山林不登斧，以成草木之长；夏三月，川泽不入网罟，以成鱼鳖之长。”说的是春夏季节不得任意捕杀怀孕孵卵的鸟兽虫鱼，不得砍伐正在发芽生长的树木，保护动植物繁殖生息，这样不仅可以防范灾害发生的风险，又可以取之不尽，永续利用。秦汉以后，自然环境保护思想得到传承和发展，集中表现在以时节交替变化为自然保护基本依据，相关规定和措施大多围绕“时”来开展，主张人们要遵照四时节序规律利用自然，体现着生物与环境间的基本联系，即生物随季节变化而发生交替演化。遵从自然规律，合理利用自然资源，对备荒救荒有着重要的指导意义。中国古代自然资源保护思想并不止于空谈，还有着相应的法律条文和机构予以固定和实施，湖北云梦泽出土的《云梦秦简 · 田律》留下了迄今最早的自然保护法律条文。

不仅如此，西周时期还曾设置“虞”一类的官职，用于管理山泽，防止时人的乱采滥伐。春秋战国时期是中国救灾史上一个非常重要的阶段，在灾害认知上有巨大的飞越。例如，《周易》曰：“观乎天文，以察时变”。可见春秋战国时不少人将灾害与天象关系密切，有“岁在金，穰；水，毁；木，饥（康）；火，旱。旱则资舟，水则资车，物之理也。六岁穰，六岁旱，十二岁一大饥”之说。岁即岁星，指木星，太阴也指木星，其在太空中的位置移动，十二年为一轮回。先民以为农业丰歉与此有关，因之形成了著名的农业经济循环论，也部分地解释了灾害的周期。①

中国古代社会自进入农业时代以来，威胁先民生产生活最频繁和最严重的灾害为干旱、洪涝、蝗虫灾害等。先民在农业劳作过程中，逐渐累积了防灾减灾措施及思想。首先是兴修水利、防洪抗旱的思想，中华文明史的开端，就有大禹治水的传说，人们从开始恐惧大水到因势利导地疏通水道，到人水共生的利用水源改善和促进我们的生产生活，这些都离不开水利的发展。“甚哉，水之为厉害也!”司马迁的感慨是对中国古代水利重要性认识的最好表述，但有关治水（河）、灌溉方略的具体议论和相关记载数不胜数，其中以贾让的“治河三策”最为著名，且影响深远。

贾让认为，古时候河道是“大川无防，小水得入，陂障卑下，以为污泽，使秋水多得有所休息，左右游陂宽缓而不迫”。因规划有方，水有所归，故无洪涝灾害。后来由于人类围垦造成河道变窄等一系列环境问题，从而引起河患。故其上策是留给黄河一个相当大的区域供其游陂，以恢复古代状况，这样可使“河定民安、千载无患”。中策是在下游多开支渠，灌溉田地的同时分减洪水，可以“兴利除害、支数百岁”。下策则是修筑堤防，却只能“劳费无已，数逢其害”，因为堤防负担过重，易使土地盐碱化，最终仍不能免除冲决危险。贾让的“治河三策”虽然根本问题在于人与水争地，但也反映了其对洪水发生的风险及其应对方法有着较为深刻的认识，是时人对灾害成因及防灾减灾认识的集中体现。中国传统社会后期，随着农业垦殖的扩展，对防洪灌溉的要求越来越高，水利建设的难度也不断增加。与此相应，宋元以后有关“水利兴而旱涝有备”的观念也在变化，从一般的田塍防水及沟渠排灌向水、土、田综合利用的方向发展。元代农学家王祯系统地总结了江南农田灌溉方式，注重水资源的综合利用，把灌溉和航运、水力、水产相结合。明清

① 张建民，宋俭．灾害历史学［M］．长沙：湖南人民出版社，1998：233－245.

时期，“兴水利、除水害”被视为防灾减灾的第一法宝。徐贞明认为，水患未除，正是由于水利未兴。水利兴，水害亦除。他列举西北水利十四端，强调兴水利不仅可以防灾，还可以富国均民。①

蝗虫灾害是中国传统农业社会中危害最为严重的灾种之一。先民在长期防治蝗虫的实践中，积累了丰富的经验和方法，最大限度地采取措施消灭蝗虫。《诗经·小雅·大田》就有相关记载：“去其螟螣，及其蟊贼，无害我田稚。田祖有神，秉畀炎火。”《吕氏春秋》中有相关的记载：“五耕五耨，必审以尽，其深殖之度，阴土必得，大草不生，又无虫螟蜮。”说的都是通过深耕和中耕除草的方式来防治病虫害。古人还意识到利用秋耕暴露蝗虫越冬卵，通过严寒消灭虫卵的方法以减少来年的虫灾，《元史·食货志》载：仁宗黄庆二年（1313 年）曾重申秋耕之令，以期消灭蝗蝻遗种。除此之外，药物防治害虫的方法也很是久远，《周礼》中有“嘉草攻之”“莽草熏之”“以灰酒毒之”等记载，其中的“嘉草”即襄荷，“莽草”即毒八角，皆为有毒植物，有相应的防毒效果：石灰是一种用得较多的治虫药物，陈旉《农书》载：水稻播种之前，洒石灰于渥漉泥中，可以去螟。明清时期，在继承传统药物防治法的同时，还较多地使用混合药剂，明宋应星的《天工开物》中就总结了陕西、河南、浙江等地的砒霜拌种和砒霜蘸稻秧根防治害虫的做法。②

在长期与自然灾害斗争的过程中，人类深切体会到灾害是难以完全避免的，特别是灾害发生后，如何积极应对灾害，才能减轻灾害的损失和影响，是人们一直关注的话题。对此，先秦思想家们非常重视平时培民固本，增强民众抵御灾害的能力，具体表现为富民和仓储两大方面，《荀子》有关论述最为典型，涉及备荒抗灾的各个方面，如《荀子·天论》云：“强本而节用，则天不能贫；养备而动时，则天不能病；修道而不贰，则天不能祸。故水旱不能使之饥，寒暑不能使之疾，妖怪不能使之凶。”所谓“妖”是指“田秽稼恶，籴贵民饥，道路有死人”等状况。《荀子·富图》又云：“故禹十年水，

① 张建民，宋俭．灾害历史学［M］．长沙：湖南人民出版社，1998：258－263.
② 张建民，宋俭．灾害历史学［M］．长沙：湖南人民出版社，1998：301－303.

汤七年旱，而天下无菜色者；十年之后，年谷复熟，而陈积有余。是无它故焉，知本末源流之谓也。”荀子的诸多主张旨在轻徭薄赋，藏富于民，使民众在遇到巨灾时有能力进行御灾应灾。又如《礼记·王制》记载：“国无九年之蓄曰不足，无六年之蓄曰急，无三年之蓄曰国非其国也。三年耕，必有一年之食；九年耕，必有三年之食。以三十年之通，虽有凶旱水溢，民无菜色。”这是中国史籍关于仓储备荒较早的记载，也表明了早在先秦时期人们就通过丰歉调剂来对付灾荒。到中国传统社会后期，救灾备荒思想在历代积累的基础上不断丰富，且出现了一些新特点。“重农贵粟”的农本思想经过历代的积淀到明清时期被推崇到无以复加的程度，明清两代皇帝都推崇“重农足食”之说。

仓储备荒思想是中国最古老的备荒思想之一，被认为是灾害管理的根本，也是“国之大事”。宋元至明清时期，积储思想进一步深入人心，仓储种类及管理措施也不断增多和完善，逐渐形成了国家、集体、家庭三个层次的积储模式。国家积储主要是推行和完善常平仓等官仓性质的积储模式，改进仓储管理方式，剔除各种管理弊端。集体积储则是推行乡里积储的社仓、宗族积储的义仓等仓储模式，提倡以本乡所处积于本乡，以百姓所余散于百姓，使村村有储，缓急有备。家庭仓储则讲求合理安排收入与支出，平时注意节约，积谷以备荒歉。无论是何种模式的积储，都是以“欲有以济之于临时，必先有以储之于平时”为指导思想，最大限度地缓解巨灾带来的社会失序和生命创伤。

（二）西方巨灾风险管理与保险保障的思想渊源

无论是东方还是早期社会，人们对自然界的认识都非常有限。当面对巨灾时，往往表现出强烈的敬畏感和无力感，集中表现为将巨灾视为神对人类行为失范的一种警告和惩罚方式。在早期西方文明中的许多神话传说多与灾害相关，认为灾害是神的威权体现。人只能折服于它，如著名的古希腊洪水神话“丢卡利翁和皮拉”中，就有宙斯决心用洪水毁灭青铜时代作恶的人类的记载。

随着人们对自然认识的不断提高，对巨灾风险的认知也不断明晰，防范和管理巨灾风险的组织和措施也在不断加强。特别是国家机器的出现，人类组织和动员能力得到极大提高，巨灾管理能力有了质的飞越，灾害和巨灾保险形态由此产生，并随着人类社会的发展而不断变化，据文字记载，保险原始形态可追溯到上古时代。公元前 20 世纪，古巴比伦国王命令僧侣、法官、市长等，对其所辖境内居民征收税金，以备救济火灾及其他天灾损失之用。古希腊时，巨灾风险管理思路和方法有了进一步发展，因其地处地中海沿海，希腊城邦皆以海洋生产与贸易立国，航海业发达，但海运风险高，容易遭遇海洋巨灾。大约公元前 2000 年，古希腊海洋强国“腓尼基”帝国的商人们在长期实践中，摸索出了分担风险的思路和办法，即当船舶航行中发生危急情况时，船长可作出抛弃货物的决定，以保全其他船货和人身安全。由此引起的损失，由获益的船货各方进行分摊。古希腊还曾盛行过行会组织，即有相同政治、哲学观点、宗教信仰或职业的人组织的团体，每月交付一定的会费，当入会者遭遇意外事故或自然灾害造成经济损失时，由该团体给予救济。同样在地中海的“罗德岛”上，公元前 916 年，国王为保证海上贸易的正常进行，制定了《罗德海法》，规定，“凡因减轻船只载重投弃入海的货物，如为全体利益而损失的，须由船主、所有货主全体共同分摊”。这是海上保险的萌芽，体现了海上保险的分摊损失、互助共济这一保险的基本原理。《罗德海法》把这种做法首次以法律条文的形式固定下来。几个世纪后，《罗马法典》对此作出了更具体的规定，使其得以推广并流传至今。

中古时期的欧洲，继承和发展了古希腊时期的巨灾风险管理经验，且随着社会经济的发展，在此基础上有进一步的创新，如在商业和手工业发展迅速的自由城市与海滨地区，逐渐产生了一种新的联合组织——“兄弟会”。这是一种成员之间相互扶持、共同分担风险的互助保险组织。入会时必须交纳一定的会费，以建立共同的互助基金。直到中世纪中期，在原始的互助组织的基础上，产生了相互保险社。它是由一些对同一危险有某种保障要求的人所组成的组织，以互相帮助为目的，实行“共享收益，共摊风险”。成员交纳保费形成基金，发生灾害损失时用这笔基金来弥补灾害损失。互助保险的前身为具有互助性质的“基尔特”的行会组织，它们普遍存在于中世纪的欧洲各国城市，一方面维护行业利益，另一方面对会员的生、老、病、死、残等共同出资救济互助，范围包括死亡、伤残、年老、火灾、盗窃、沉船、监禁、诉讼等人身和财产损失事故。13 世纪至 15 世纪，相互保险在欧洲非常盛行，并随着商品经济的发展逐渐成长壮大，成为国际上主流的保险组织形式之一。近代保险制度起源于海上保险，通常是对自然灾害或其他意外事故造成海上运输损失的一种补偿方法，旨在保障海上贸易和降低航运风险的需求。它以海上财产，如船舶、货物及与之有关的利益，如租金、运费等作为保险标的，保险方与被保险方订立保险契约，根据契约，被保险方应付一定费用给承保方，发生损失后则可得到承保方的补偿，逐渐形成了保险的商业化和专业化。①

古希腊三面环海、拥有众多岛屿和港湾的优越地理位置造就了开放、轻松和自由良好的社会环境，涌现了许多思维开阔、追求真理的先哲，形成了多彩繁荣的区域文化。先哲们充满了对宇宙、自然及社会普遍规律的孜孜不倦的探索欲，积累了丰富的科学理性的知识，形成了关于灾害的独到认识和见解。如古希腊著名哲学家毕达哥拉斯提出了以“数”为万物之基础的观点，认为宇宙以“数”为基础贯穿于一切事物，认为“数即万物”。他从“数”的变化中总结出活动论的观点，对地球正在变化着的现象给出了有价值的概括，如流水掘出了河谷，河水把山冲到海里；泥沼变成了干燥陆地，干燥的陆地变成了停滞的水潭；在地震时，有些泉水封闭了，河流放弃了原有的河床，而在其他地方又再生一条河流，如希腊的依拉新纳斯河和亚洲的麦失斯河；许多湖水和泉水有特殊的医疗和毒害的效能。因此，灾害的发生与地球的运动密切相关，当地球运动失序，山河易位，就会导致湖水和泉水等其他自然因素的改变，从而导致灾害的发生，但自然环境的变异也会产生一些新的元素，能有效削减毒害，如许多湖水和泉水具有医疗的功能。亚里士多德是古希腊哲学的集大成者，他在总结前人成果的基础上，对地球及宇宙的成因，独立地提出了“四元素四性说”理论，认为产生世间万物的元素水、气、火、土，各自具有两种特性：火——热和干；水——湿和冷；气——热和湿；

① 王长明．保险本原：一个保险人的心灵路标［M］．北京：中国商务出版社，2018：1－24.

土——干和冷。这四种元素按照循环的规律进行运动，就是地球和宇宙产生的原因。当四种元素搭配失调时，产生的水热就会不均，从而引发自然环境的失衡，容易产生灾害甚至是巨灾。在《气象论》一书中，亚里士多德还涉及了与地学相关的关于热矿泉、岩石成因等问题，对地震成因等自然灾害问题也有理性的分析和论述。阿拉伯帝国时代阿维森纳（980—1037 年）也是一个著名的思想家和哲学家，他一生著述很多，其思想主要集中在《恢复集》和《矿物的形成和分类》两部著作中。在《矿物的形成和分类》中就以地震为例解释了山岳的成因，认为由于地震使陆地上升，形成岛山，变成山岳，这有着很大偶然成分，当然，风和水的侵蚀作用也会形成山谷，使原来相连的陆地变成为耸立的高地，但这是一个漫长的过程。①

古代雅典曾瘟疫多发，尤其是公元前 430 年的那场瘟疫，绵延多年，对雅典的政治和军事产生了决定性影响，虽然这种瘟疫曾在其他地方流行过，但没有像雅典这么厉害，最终导致了雅典帝国的灭亡②。在这场瘟疫中，医生们因经常与病者接触而死亡最多，人们找不到任何技术和方法来治疗，只能向神庙祈祷，但仍无效果，最后人们对神也失去了敬畏，使当时的社会风尚大为改变，集体变得消沉和无望。③ 这次巨灾对医学认知有了进一步的加深，在当时名医希波克拉底的著作《医学原本》中就有对病灾的较为科学的说明和阐释，认为任何人如有进行医学诊疗和研究的想法，都应该考虑季节、气候、水质、风向等对人体的影响。此外，医生还可以预见某个季节里可能会有哪一种流行病暴发，生活方式的不同会给哪一类人带来疾病，以及其他各种现象发生会带来疾病发生的可能，如疟性热和脑寒会在春寒过后较早的时候出现，发病初期会有昏迷、恶心、寒战等症状出现，不少人则表现出急性致命症状。④ 为了防范疫灾发生的风险，罗马早在公元前 312 年就有了第一条

---

① 陈宝国，李玉静．大众地学史［M］．济南：山东科学技术出版社，2015：27－31、43.

② 修昔底德．伯罗奔尼撒战争史［M］．谢德风，译．北京：商务印书馆，1985：137－144.

③ 卡特赖特，比迪斯．疾病改变历史［M］．陈仲丹等，译．济南：山东画报出版社，2004：6－8.

④ 希波拉底．医学原本：西方医学与医德的奠基之作［M］．李梁，译．南京：江苏人民出版社，2011：17、37.

将洁净水送进城中的水道。从公元纪年开始，有 6 条水道，到 100 年后有 10 条水道，每天供应 2. 5 亿加仑水，以保证足够的清洁水供应。

二、 马克思主义的巨灾风险管理与保险思想

马克思和恩格斯生活于 19 世纪下半叶，此时英国、法国、德国等欧洲主要资本主义国家先后完成第二次工业革命。以煤、电为代表的主要能源动力得到广泛推广和运用，特别是内燃机的发明解决了长期困扰人类的动力不足的问题。飞机、远洋轮船等长距离交通工具日趋增多，人类活动范围大大拓展，对环境的影响广度和深度皆大大提高。城市化和工业化的迅速发展给人们带来便利的同时，也造成了更为复杂多样的环境问题。各种灾害暴发的频次和范围也不断增多和扩大，马克思和恩格斯目睹时代的变化带来的各种问题和忧患，特别是因环境逐渐恶化造成的灾害风险，提出了一系列的防控和管理理念与思想，值得我们学习和思考。

马克思指出：人直接地是自然存在物。人作为自然存在物，而且作为有生命的自然存在物，一方面具有自然力、生命力，是能动的自然存在物；这些力量作为天赋和才能，作为欲望存在于人身上；另一方面，人作为自然的、肉体的、感性的、对象性的存在物，与动植物一样，是受动的、受制约的和受限制的存在物。恩格斯也曾指出：我们连同我们的肉、血和头脑都属于自然界。可见，马克思和恩格斯都认为，人是自然界长期发展的产物，人本身就是自然存在物，是自然界的组成部分之一。因此，自然界是人类生存和发展的物质前提和基础，人类通过劳动改造和利用自然，与自然界发生物质变换关系。一方面，人们把自然材料变换成对有使用价值的价值形成活动；另一方面，所变换的价值也生产了自然界不存在的大量的新物质，必须还原到自然界。因此，这是一个特殊的物质变换过程，但也不能超越自然生态阈限的限制，如果超出自然环境承载力，人与自然之间的物质变换将会失调，要受到自然界的惩罚和报复，引发严重的自然灾害，从而导致巨灾的发生。正如马克思所言：耕作如果自发地进行，而不是有意识地加以控制，接踵而来

的就是土地荒芜，像波斯、美索不达米亚等地及希腊那样。恩格斯更是一针见血地指出：我们不要过分陶醉于我们对自然界的胜利。对于每一次这样的胜利，自然界都对我们进行报复。每一次胜利，起初确实取得了我们预期的结果，但是往后和再往后却发生完全不同的出乎预料的影响，常常把最初的结果又消除了。[①]

马克思和恩格斯认为，人与自然是一个相互依存、不可分割的整体系统。人类劳动是沟通人与自然物质变换的重要桥梁和纽带，但人类的劳动必须遵守自然界的客观规律，在环境承载范围内合理利用和改造自然，只有如此，人与自然才能和谐共生。若人类活动超出自然承载力范围，则人与自然之间的物质变换循环将会出现“裂缝”，从而导致灾害或者巨灾的发生。任何影响人与自然之间物质变换与循环过程的自然或人为因素都称之为致灾因子，马克思将这种物质变换与循环过程的不畅或中断现象精辟地概括为“裂缝”。“裂缝”主要是由于资本主义社会经济制度及由此导致的劳动异化、人与自然关系异化，破坏了人与自然界之间正常的物质变换与循环关系。特别是自第一次工业革命以来，科学技术突飞猛进发展，人类利用和改造自然的能力极大提高，对自然资源利用程度大大超过以前，导致森林、煤炭等自然资源过度开采，从而导致了物质能量间转换的失衡，特别是近代机器工业化生产与农业经营方式的不断扩大、浪费资源的势头已开始显现。恩格斯多次提及美索不达米亚、希腊、小亚细亚、意大利、西班牙等国家毁坏森林及由此导致的水源枯竭、土壤肥力下降、山洪暴发等生态性灾害。此外，水污染、空气污染等环境问题也容易导致环境灾害，如 19 世纪完成工业革命后的英国，生产力得到了极大的解放，在城市化和工业化速度不断加快的同时，也带来了一系列的环境灾害，英国也由此成为世界上发生“公害”最早的国家。例如，1852 年英国曼彻斯特出现了人类历史上第一次“酸雨”；1873—1891 年的伦敦煤烟污染事件及泰晤士河水体污染等环境“公害”事件，这些都在马克思

① 谢永刚，刘赣州．马克思恩格斯关于生产力发展与环境灾害关系的思想探析［J］．当代经济研究，2016（12）：55－57.

《资本论》和恩格斯《英国工人阶级状况》中有着详尽真实的记载与描述。

因此，马克思和恩格斯认为，在资本主义生产方式下，人与自然之间物质变换关系表现为人与自然全面异化的关系，并采取了物与物的关系的虚幻形式。人类经济活动以追求最大化经济利益与无限榨取剩余价值为最终目标，故资本家贪婪和唯利是图的本性，决定了他们只能顾及眼前的经济利益，只要能实现资本最大限度的增值，很少顾及长远的环境利益目标，从而物质变换循环出现“裂缝”，导致灾变甚至巨灾的发生。虽然现在西方发达资本主义国家已经深刻意识到了保持良好生态环境、社会经济可持续性发展的重要性，并对其内部某些经济关系作出局部调整，但只要私人资本最大限度增值的根本目标没有改变，就无法克服历史上形成的人与自然的根本矛盾。自 21 世纪以来，在经济全球化进程中，西方发达国家常常利用经济和技术上的优势地位对本国环境公害进行国际转移，向广大发展中国家转嫁扩散，使局部灾害问题区域化甚至全球化，并通过不合理的国际政治经济格局对发展中国家的环境资源进行掠夺性、破坏性开发，恶化了全球范围内的人与自然关系，加剧了人与自然之间对立冲突趋势，使人与自然、人类社会之间本已复杂的物质变换、循环关系更加脆弱。所以，目前日趋恶化的人与自然关系及全球性环境灾害频发的根本原因就在于，榨取最大化剩余价值的资本主义生产方式与西方发达国家为主导的国际政治经济旧秩序。①

如何管理灾害风险及降低和消除灾害造成的损失和影响，关键在于如何解决物质变换与循环“裂缝”所产生的灾害问题。马克思主义者认为可从三大方面入手予以解决。首先，是调整人与自然的关系，恢复与人类实践活动的平衡。马克思主义认为，实践作为人有目的的创造性活动，自身具有创造与异化二重分裂的性质，人类实践活动的破坏性和创造性并存，某种程度上处于一种平衡状态。在生产力发展的过程中，如果人与自然之间的物质变换失调，就会破坏这种平衡状态，从而受到自然界的惩罚和报复，引发严重的灾害。因而必须寻求人类活动的平衡，消除“裂缝”，从而实现“人同自然的

---

① 徐怀礼．灾害经济学研究［D］．长春：吉林大学，2007：35－40.

和解”。正如恩格斯所说“因此我们必须时时记住：我们统治自然界，绝不像征服者统治异民族一样，绝不像站在自然界以外的人一样。相反地，我们连同我们的肉、血和头脑都是属于自然界，存在于自然界的；我们对自然界的整个统治，是在于我们比其他一切动物强，能够认识和运用自然规律”。[①] 实现人与自然之间正常物质变换关系的关键是处理好人与人之间的关系，特别是人与人之间的经济关系，按照人类的本性和自然界的规律合理调节。[②] 其次，要进行灾后评估—反思—完善，以取得历史的进步。恩格斯曾有言，“没有哪一次巨大的历史灾难不是以历史的进步为补偿的”，但是必须明确的是“巨大的历史灾难”“以历史的进步为补偿”是有条件的，这种条件就是要做到在人与自然系统破坏——遭遇灾害后，要做好对灾害损失的评估，总结反思防灾减灾救灾过程，进而完善优化防灾减灾救灾机制，从而达到减轻灾害损失的目的。因此，灾害损失评估是获得“历史的进步为补偿”的关键性和基础性环节。以此为理论依据，把握并完善灾害损失评估，为灾害治理提供科学依据。[③] 最后，共产主义是解决环境灾害矛盾的根本出路。只有建立共产主义社会才能从根本上实现人与自然之间物质变换关系的协调，从而解决生产力发展与环境灾害的矛盾。正如马克思所指出：共产主义是私有财产，即人的自我异化的积极的扬弃[④]。恩格斯也认为，要解决生产力发展与环境灾害矛盾的途径，需要对我们的生产方式，以及同这种生产方式一起对我们的现今的整个社会制度实行完全的变革。生产资料的社会占有，不仅会消除生产现存的人为障碍，而且还会消除生产力和产品的明显的浪费和破坏，这种浪费和破坏在目前是生产的不可分离的伴侣，并且在危机时期达到顶点。恩格斯在《共产主义原理》中又进一步总结：现今的一切贫困灾难，完全是由已

---

① 恩格斯．自然辩证法［M］．北京：人民出版社，1984：255.

② 徐怀礼．灾害经济学研究［D］．长春：吉林大学，2007：41－42.

③ 杨旭鹏．马克思主义灾害观中的灾害损失评估研究［D］．广州：中共广东省委党校，2018：17－18.

④ 中共中央马恩列斯著作编译局．马克思恩格斯全集（第42卷）［M］．北京：人民出版社，1972：120.

不合适于时间条件的社会制度造成的，因此，在共产主义的条件下，人们不仅会合理地调节人际关系，而且会合理地调节人和自然的关系，使社会发展同自然生态系统能够协调进行。可见，共产主义社会能消除资本主义私有制与社会化大生产的矛盾，使人和自然界之间、人和人之间物质变换得以协调，从而从根本上解决生产力发展和环境灾害的矛盾。因为社会化的人，联合起来的生产者，将合理地调节他们和自然之间的物质变换，把它置于他们的共同控制之下，而不让它作为盲目的力量来统治自己；靠消耗最小的力量，在最无愧于和最适合于他们的人类本性的条件下来进行这种物质变换。也就是说，在生产资料公有制的社会里，在政府和企业的共同控制之下，根据人的需要按最集约化的方式来组织人和自然之间的物质变换，可以最大限度地减少和防止环境灾害，从而实现人类社会的可持续发展。[①]

三、 西方巨灾风险管理与保险的思想流派

人类自诞生之日起，就面临自然灾害和意外事故的侵扰，同时生老病死残等各类风险时刻存在。但由于生产力发展阶段不同，人们对巨灾的认知也经历了从蒙昧到朦胧、由模糊到清晰的由浅入深的过程，相应地则产生了不同的宇宙观。其大致可分为“灵魂说”“宗教说”和“科学说”三大类。对此，弗洛伊德有非常形象的比喻，“灵魂说”好比人类的婴儿阶段；“宗教说”类似人类的幼儿阶段，需要通过盲目崇拜的方式来寻找自己的目标；“科学说”则是人类的成熟阶段，人类能够自觉地寻找客观世界的规律以实现自己的目标。在西方灾害文化发展过程中，对灾害的认知也有类似的情形。

（一）国家干预主义

现实社会与每个人直接相关的是社会团结和个人自由。然而，如何实

① 谢永刚，刘赣州．马克思恩格斯关于生产力发展与环境灾害关系的思想探析［J］．当代经济研究，2016（12）：60.

现社会团结和个人自由，特别是如何划分二者的界限，是人类一直不断探索和实验的命题。英国思想家霍布斯在1651年出版了《利维坦》一书。其核心观点是：在缺乏信任的条件下，人们之间的合作是不可能的，只要没有超越众人之上的权力来执行法律，信任就不会存在。霍布斯主张，人们只有让渡自然权力于权威政治，才能以社会内部的和平取代战争，人类才能得以生存和发展，否则人们将会不断处于暴力死亡的恐惧和危险中，人的生活孤独、贫困、卑污、残忍而短寿。因此，霍布斯认为，社会是通过契约而组成的，为了保护契约不受人的自利本能及其他原因导致的利益冲突的干扰，必须依靠强大的权威力量将社会整合起来。英国另外一位思想家洛克则从产权的角度阐述了政治权力与社会的关系，他在《政府论》中也提到，当人们通过购买或继承获得财产时，就不言而喻地同意了国家对这种财产的管辖权，从而也同意了国家的法律，因此洛克也主张确立政治权力的权威，但与霍布斯不同，他认为政治权力是有限的，只是公正的第三方的仲裁权，因此只需要建立有限的政府。亚当·斯密则进一步探讨了什么是正常社会的和谐秩序，认为政府必须设立三项职能，即保卫社会、保护个人及建设并维持某些公共事业和公共设施，[①] 其中就包括政治权力对巨灾风险的防范与管理，从而显示出强大的社会凝聚力和高度的社会团结形态。

美国政府常常扮演巨灾风险防范与干预的重要角色。美国“国家洪水保险计划”（NFIP）是国家干预灾害保险相关业务的典型代表。20世纪二三十年代，美国发生了多起河水泛滥灾害，此后美国就一直在探讨洪水保险的可行性和具体模式。1956年，《联邦洪水保险法》在美国国会获得通过，该法成为美国洪水保险计划的开端，为依法推行洪水保险，并对洪水保险进行经营和管理奠定了法律基础。1973年，美国国会又通过了《洪水灾害防御法》，并于次年实施。该法不仅扩大了洪水保险计划的责任范围，而且还将联邦洪

---

① 南山．灾难社会学［M］．成都：四川人民出版社，2011：45、90－91.

水保险基金由40亿美元增加到100亿美元。[①] NFIP成立之初，其保险费率就包含两类财产：一是按照完全精算费率承保的建筑；二是按照贴补的低费率承保的老建筑。从1981年开始，里根政府大幅度调高了洪水保险的费率，并提高了免赔额，并规定了更严格的投保条件。除此之外，美国几个州级的政府保险计划包括加州地震局、夏威夷飓风减灾基金和佛罗里达州CIPC的保险计划，都是通过政府干预的形式，降低和承担了民众受巨灾影响的经济及其他损失，从长期来看，有政府主导设立的巨灾基金能保持费率的稳定性，避免物价在丰歉年间的大幅波动。[②]

（二）新自由主义思想

继承古典自由主义经济理论并加以推广发展而来的新自由主义思潮，在与凯恩斯主义的相互斗争中此消彼长，形成近代世界经济发展过程中的一条主线，特别是20世纪70年代的能源危机和80年代苏联解体所导致的新社会运动，为新自由主义的崛起提供了机会[③]。在此期间，英国撒切尔政府大力推动私有化，以及美国里根政府为企业减税、压缩社会福利支出的政策，更是为新自由主义思想的发展提供了有利的空间。新自由主义主张有限政府的观点，认为政府官员应该对公共事务持有放任的态度，减少对公共领域的干预，这在城市灾后重建模式的政策主张中体现得尤为明显。

新自由主义对美国社会思潮的影响不可忽视，特别是对政府官员的影响足以改变地方政府的决策，例如，美国纽约市等地方政府认为，虽然政府完全可以通过富有远见的公共投资实现曼哈顿下城的复兴，但也认为公共投资并非持久力量，只有建立公私伙伴关系，在公私伙伴的共同努力下，曼哈顿

---

① 谢欢．巨灾损失分担机制：理论研究与国际经验［D］．济南：山东大学，2007：22.

② 曾立新．美国巨灾风险融资和政府干预研究［M］．北京：对外经济贸易大学出版社，2008：30－41.

③ 李翔．新自由主义灾后重建模式的反思与超越［J］．长江大学学报（社会科学版），2012（1）：56－58.

下城复兴的战略目标才能实现。2005 年卡特里娜飓风过后，新奥尔良也构建了公私伙伴关系。在伙伴关系的基础上，地方官员与来自私营部门的商业精英共同负责当地的恢复重建工作。不仅如此，政府在灾后重建中还给予灾区资金补贴和税收减免，减少对民众生活的干预，进行无为而治，以达到休养生息的目的。例如，卡特里娜飓风之后，美国联邦政府提供了巨额重建拨款，其中包括 104 亿美元的社区发展街区补贴。这些资金下拨到路易斯安那州，由路易斯安那州重建署协调全州各地方政府的重建计划。除了政府补助，美国国会还通过立法，为商业资本参与重建提供税收减免的政策支持。

但新自由主义思想的灾后重建模式也有局限性，过于强调个体自由及地方自治的思想容易导致个体行为得不到有效约束，容易滋生新的偏差和不公正，且由于过分强调个人权益和自由，使公权被部分别有用心的人私化，以致得不到合理的监督。如重建资金分配的话语权掌握在政治、经济精英手中，受灾社区普通民众的需求得不到满足。地方政府、私营企业都将灾后重建视为提升城市竞争力和促进商业氛围的良机，纽约计划将联邦补助金用于修建连接曼哈顿下城、肯尼迪国际机场与附近郊区的铁路，但该计划最大的受益者是商务人士和旅行者，而非受灾害影响的社区与居民。这些重建政策的制定与执行都缺少透明度和公众的参与及监督，补助资金使用的随意性降低了项目预期的经济和社会效益。

（三）“第三条道路”思想

“第三条道路”并非一个全新的概念，人们曾经把介于社会主义和资本主义之间的中间政治称为“第三条道路”，同样把资本主义国家中介于自由竞争和国家垄断之间的选择也称为“第三条道路”。本书所要研究的“第三条道路”指 20 世纪后期西方国家兴起的一种新的意识形态，涉及政治、经济、公民、社会、福利、全球化等各个领域的社会政治思潮。[①]“第三条道路”的诞

① 郝晓猛．“第三条道路”社会福利思想评价及启示［D］．保定：河北大学硕士学位论文，2015：7.

生与新自由主义的日益衰落和社会民主主义自身的缺陷密不可分，新自由主义反对国家和政府对经济的过多干预，提倡“社会市场经济”，注重提高效率，而忽视了社会公正，主张削弱社会公共福利，减少公共开支，加大了社会的贫富差距，增加了社会不稳定因素，逐渐引起了社会的不满，新自由主义走向没落；与此同时，另一个维度的社会民主主义也存在许多显而易见的问题，由于政府对经济的过多干预，导致市场在资源配置中的作用难以发挥，且官僚作风日益严重，滋生了大量效益低下的利益集团，严重阻碍了福利社会的构建，“第三条道路”实际上是将传统“左派”和新“右派”之间的对立和争执加以解决的一种方案。通俗地说，“第三条道路”可以类比为中国儒家的“中庸之道”，它在两条存在尖锐矛盾的社会改良方案中寻求一种缓和的、兼顾利弊的新举措，糅合了双方的优缺点。其主要观念包括：权责统一、增加社会宽容度和建设积极的福利型社会，建立起投资型国家的三大方面。[①]

“第三条道路”主张建设“社会投资型”国家，即社会、国家和个人共同分担社会风险，其强调在公共部门和私人部门之间建立一种协作机制，在最大限度地利用市场的动力机制的同时，通过发展“能动性政治”，实现社会福利投资的“多元化和民主化”，以充分调动社会各阶层和各主体的能动性，投入包括巨灾风险管理与保险在内的社会建设中来。首先，培育自主性的公民。在助人和自助的社会工作过程中，要进行视角的转变，采用能力视角的服务思维，去认识和欣赏个人、家庭及社区；辅导的核心是协助他们发现和拓展发展自己的资源，让每个公民都增强自我能力和自信心，以便在巨灾来临时有坚强的心理和果断的措施应对灾害。其次，社区为本，构建巨灾能动性的预防与治理机制。随着我国城镇化和工业化的发展，越来越多的民众成为社区的一分子，社区成为民众生活的重要场所。所以在面对现代巨灾风险时，社会工作者应该以社区为本构建预防与治理机制，能动性的预防与治理机制需要民间非政府组织（NGO）的共同参与，促使传统的街居制治理机制

① 郑莳雨，沈吉林．第三条道路下我国临终关怀事业的空间探索［J］．南京工程学院学报（社会科学版），2018（4）：23－24．

向社区制治理机制转变。与传统的街居制治理机制的主体是政府不同，社区制治理机制的预防与治理的主体是多元化的，即包括除政府组织之外的非政府组织、企业、家庭与个体等在内的所有社会组织与行动者都应该是风险预防与治理的主体。在这样的机制中，除了发挥政府的主导作用，还要重视各种社会组织的力量及民众个体的自主能力，要求每个社会主体都要对自己负责，也要对其他所有的利益相关者负责。最后，倡导发展性、积极性的社会福利制度的生成。社会福利制度是社会宏观层面预防与抵御巨灾风险的一道保障线，在倡导发展性、积极性的社会福利制度生成的过程中，社会工作者应该注重收集基层人群的心声，努力使这些制度有效地回应社会现实的需要，适应巨灾风险应对的要求。综上所述，"第三条道路"是当前社会面对巨灾风险时一种科学、专业及合理的本质追寻，也是今后巨灾风险管理与保险发展进步的主要目标。①

第二节　巨灾及其性质与特征

一、 巨灾的概念

（一）致灾因子和灾害概念的界定

目前，人们对灾害的定义尚未明确。Quarantelli（2001）指出，灾害的概念不在于将什么包含在内，其评定标准在于是不是一个失败或根据事故后果进行评定，至少是人们的日常生活被扰乱了，并且当地资源无法应对处境的需要。学术界对灾害的定义有定量（王和、王俊，2013）和定性之分。本书主要从定性角度界定灾害定义。

致灾因子（hazard），又称为危险因素或风险因素，是能够对人的生命、

① 姚进忠．风险社会治理的社会工作策略——基于吉登斯第三条道路的剖析［J］．社会主义研究，2014（4）：125－129.

健康、环境和财产产生消极影响的威胁，这些威胁包括自然的威胁或人为的威胁。致灾因子是人类社会的固有特征，不能事先预防，当其处在休眠状态，不会给人类带来损失。

当致灾因子给人类的生命和财产造成广泛损害的时候，致灾因子就转变为灾害（disaster）。致灾因子所产生的消极影响就是我们所谓的灾害。换句话说，有害威胁发生时，人类本身具有脆弱性（vulnerability），且暴露在其作用之下（exposure）。这些对人类造成危害的事件则被称为灾害。灾害会对人们的正常生活造成损失，且这些损失超过了当地居民的承受能力。灾害是在有限空间内发生且具有突发性。干旱、慢性病和饥荒被认为是社会问题，不算为灾害，原因在于它们在时间和空间上是扩散性地发生，相对不具有突发性（Quarantelli，2001）。从保险学意义上说，灾害被界定为危害人类生命财产和生存条件的各类事故（张旭升，2010）。

（二）巨灾的定义

巨灾（catastrophe）源自希腊语，意为彻底地推翻或转变。巨灾是灾害的一种，灾害比巨灾应用更为广泛，巨灾比灾害影响程度更为严重。目前，对巨灾的定义取决于研究者所处的时间、空间、研究角度、研究目的而尚无定论。

灾害学从自然灾害属性出发进行自然灾害类级划分和程度衡量。对于不同类型的自然灾害一般从事件的强度和破坏程度两个方面进行定量的类级划分。例如，对于地震与地震破坏，可用震级与烈度进行分级；对于气旋流可用风速分级描述等。然而，不同灾害的强度不具有可比性，因此，人们采用损失程度对各类灾害统一进行量级划分。这在保险学上也有一定的意义。然而，保险理赔需要确认的是保险损失，而非统计全部的灾害损失。此外，仅从损失程度的角度定义巨灾仍然存在局限性，因为巨灾的定义除了考虑灾害本身的强度，还受到受灾地区人口、经济密度及其防御和耐受灾害能力的影响。因此，侧重于从危害造成的人员伤亡、财产损失及受灾范围等方面定量化来界定巨灾不具有普适意义，从相对量上来模糊确定巨灾的普适定义更具科学性。

慕尼黑再保险公司将巨灾定义为：自然灾害发生后，受灾地区无法依靠自己的力量来帮助自己，而必须依靠区域间或国际援助。联合国减灾研究中心认为巨灾是一种严重的社会功能失调。它在大范围内造成人类、物质和环境的损害，这种损害已经超出社会依赖自己的资源所能承受的能力；经济合作与发展组织（OECD）在巨灾的定义中强调了巨灾造成的大量人员伤亡、财产损失和基础设施的大面积破坏，需要成员国之间通力合作、一同应对。史培军和刘燕华（2009）从灾害学的角度将巨灾定义为：由罕见的致灾因子导致的人员伤亡多、财产损失大、影响范围广，且一旦发生就使受灾地区无力自我应对，必须借助外界力量应对的重大灾害。张旭升（2010）从保险学意义上将巨灾定义为造成某地区不止一家保险公司难以依赖其一般偿付能力承受的保险损失的事故。

本书结合巨灾发生次数少且损失重大的性质，将巨灾定义为可能造成实际风险损失的低频率、损失重大的突发性事件，它在大范围内造成人身、物质和环境的损害，这种损害已经超出了受灾地区自身资源的承受能力。

二、 巨灾的性质与特征

巨灾的性质是指巨灾的内在固有本质，巨灾的特征是有别于其他事物的基本象征和外在表现形式，是判断灾害是否是巨灾的标志。巨灾是发生频率低但严重程度高的事件。本书从频率、严重程度和脆弱性的角度考虑巨灾性质，且将巨灾的特征归纳为影响范围广、严重程度大、难以预测的小概率事件。

（一）巨灾的性质

1. 频率和严重程度

非巨灾风险事件由于发生较为频繁且严重程度较低，故可以通过统计模型和精算对其进行量化，达到评估、控制风险的目的。然而，巨灾风险事件发生数量少、有时间隔时间长，但可能造成较为严重的损失，故无法使用风险评估、控制的常用方法和工具对巨灾风险进行评估和控制。尽管巨灾是不可预测的，但还是可以被预期的：从短期看，巨灾是非常规的，且随机发生的；从长期看，某些巨灾的发生是有规律的（埃瑞克·班克斯，2011）。

频率表示的是巨灾发生概率。埃瑞克·班克斯（2011）提到了巨灾风险管理中常用的三种频率度量方法：一是巨灾发生频率；二是复发间隔（又称回归期，是大于或者等于巨灾再次发生的平均时间，是与时间相独立的发生频率的倒数）；三是未遭遇概率（英文是 non – encouner probability，是某个特定时期巨灾不发生的概率）。埃瑞克·班克斯（2011）在《巨灾保险》一书中，根据频率将巨灾进一步划分为：（1）非重复性巨灾，即某种巨灾在同一地区只发生一次，将来不可能再次发生且产生同样的后果，如山体滑坡导致的巨大泥石流永久地改变了地形；（2）无规律性巨灾，即某种可以在同一地区反复发生，且发生的时间和地点不明确，如地震引起的海啸；（3）有规律性巨灾，即由一些有规律的（有时耗时很长且是逐渐地）积累造成巨灾事件的发生，积累的模式是有规律的，但是发生的确切时间还是不为人知，如已知地震带上的地震活动；（4）季节性巨灾，即在特定时期和某一宽泛地区有可能规律性发生的巨灾，虽然能够限定发生的时间和空间，但是发生的准确地点和严重程度仍是未知，如可能在特定季节发生于某些特定地区的飓风、亚热带气旋、洪水等灾害。我们可以用统计分布来刻画有规律的和季节性的巨灾，有助于对巨灾的发生频率和严重程度做更精确的估计。关于巨灾频率，埃瑞克·班克斯（2011）提出了一个有趣的想法，认为在过去的几十年里，巨灾的发生频率并没有增加，不断提高的媒体覆盖度和较大的破坏性是造成巨灾发生频率增加印象的原因所在。

严重程度衡量的是经济损失程度或者自然灾害的强度和破坏程度。巨灾的严重程度的度量难度较大，很难找到普适性的衡量标准，因为每次巨灾的发生时间和地点都不一样，不可能进行精确的测量或者得到具有可能性的数据。目前公认的衡量方法是一些衡量自然灾害的方法，例如，衡量地震的中国统一震级（Ms）和地震烈度、衡量飓风的萨菲尔—辛普森等级、衡量龙卷风的藤田级数、衡量火山的火山爆发强度等①，另外，还有很多的严重程度衡量方法尚未清晰。

2. 脆弱性

当巨灾有可能发生且有人员和（或）基础设施处于致灾因子的威胁中，就存在脆弱性。巨灾的脆弱性是指巨灾对人类生活和财产造成的影响。巨灾的脆弱性取决于对巨灾致灾因子的接近程度、巨灾致灾因子区域的人口密度、对巨灾的科学理解、对巨灾的公众教育和巨灾意识、是否存在早期预警系统及相应的沟通、应急设施的可获取程度和预备程度、建设模式和建筑规范、文化因素对公众回应的影响②。根据政府间气候变化专门委员会（PICC）2007 年对脆弱性的定义，本书将巨灾的脆弱性定义为：巨灾致灾因子所在地区的地理、生态和社会经济等系统对巨灾致灾因子的易受影响程度，且巨灾造成的损失超过了自身系统的承受能力。

巨灾脆弱性分为自然脆弱性和社会脆弱性（陈启亮等，2016），社会脆弱性首先由 O'Keefe 等（1976）提出。社会脆弱性包括经济脆弱性、人口脆弱性（埃瑞克·班克斯，2011）、组织脆弱性、文化脆弱性、科技脆弱性等维度（陈启亮等，2016）。埃瑞克·班克斯（2011）指出，脆弱性是损失管理最为重要的因素。当存在脆弱性，且巨灾发生就会造成损失；当不存在脆弱性则不会造成损失。脆弱性是一个动态变量。脆弱性随着社会的发展变化、新技术的开发、建筑方法改进、人口增长和人口迁移的变化而变化。人口增长造成了资产和财富的扩张，成为脆弱性的主要驱动力。

脆弱性管理与控制有主动和被动两种方式。主动方式是在致灾因子存在区域进行有限参与或限制发展、引入缓解损失或损失融资的技术（埃瑞克·班克斯，2011）。被动方式适用于面临有限区域性发展选择的地区。因为人们面对自然危害的行为是情境性的，受限于社会、经济和政治力量，而非仅仅取决于个人的风险感知能力（O'Keefe 等，1976）。在某些案例中，政治忽略、

① 摘自百度百科网站：https：//baike. baidu. com/。

② 摘自杜兰大学网站：https：//www. tulane. edu/ ~ sanelson/Natural _ Disasters/introduction. htm。

社会边缘化、有限的生存出路，迫使无助的人们在灾害多发地区工作和生活（Wisner，1993、2004）。这个观点强调自然灾害被看作是每日艰辛和紧急情况的扩展，而非是极端和罕见现象，提出了减少人们对自然危害脆弱性的非工程性措施。此外，这个方式强调的是，基于社区灾害风险管理，强调人们在灾害、易损性、风险评估中的参与度（Gaillard 和 Texier，2010）。

然而，灾害研究过于侧重灾害的自然因素和特性，灾害的社会脆弱性被严重忽略。以农业自然灾害风险研究为例，谢家智（2009）指出，传统的社会学视角下的灾害风险研究普遍集中于政府救治和金融分散，忽视了社会其他领域灾害防治的相关性，存在诸多明显社会维度的缺失；将脆弱性引入我国农业自然灾害风险研究的成果相对有限，且趋向于灾害自然脆弱性维度（郑有飞等，2009）；陈启亮等（2016）指出，社会脆弱性的引入对农业自然灾害风险防治有着重要的意义。

（二）巨灾的特征

1. 影响范围广

巨灾一旦发生，将导致巨大的社会经济损失、大量的人员伤亡和（或）生态环境破坏，巨灾所造成的损失，远超过巨灾利益相关者（巨灾利益相关主体指所有直接和间接的巨灾风险承担者，包括国家的各级政府、全体国民、社区、企业和市场等）个体单独的应对能力，需要寻求内部和外部资源共同应对（王化楠，2013）。从经济角度看，巨灾的发生给个人、企业和组织造成了难以承受的经济负担，甚至会让最后的埋单人——政府部门陷入严峻的经济困境，最终影响到一个国家在特定时间段内的经济增长速度。从社会角度看，人员伤亡和经济损失会扰乱社会稳定，甚至会让其进入紧急状态。从生态环境的角度看，巨灾的发生会对受灾地区人们赖以生存的生态环境造成破坏，有时甚至是永久性的、不可恢复的破坏。

巨灾的影响范围和影响严重程度，与脆弱性水平直接相关。当某个地区不存在脆弱性时，巨灾就不会造成损失，如阿留申群岛荒无人烟的地区没有脆弱性。只有在脆弱性地区，巨灾才会对当地生态、地理、社会经济系统产生严重的损失后果。可获得的实证数据表明，近年来，由于巨灾的发生对社会经济和生态环境的影响范围在不断扩大，根据埃瑞克·班克斯（2011）的观点，该现象并非归结于巨灾发生频率的增加，其根本原因在于脆弱性的增加，但是相应的风险管理、控制方法和行动却未得到明显改善。因此，随着社会的进步（城市化、社会发展、科技进步等），社会脆弱性在不断增加。这就需要进一步探索和发展积极的管理和控制风险的方法。

2. 严重程度大

与一般金融风险和市场风险不同，巨灾一旦发生就会给社会经济和生态环境造成损失，不存在获利空间，而且损失程度较为严重。中国保监会2003年颁布的《保险业重大突发事件应急处理规定》将发生洪水、台风、地震等严重的自然灾害或者重大火灾、生产、交通安全等严重事故，造成保险财产损失万元以上或者人身伤亡赔付万元以上的规定为巨灾。普通灾害通常只会给个人或者社区造成相对较小的损失，从保险行业的角度看，一般的可保风险会在其正常财务范围内波动，然而巨灾风险不仅对地区经济体有较强的破坏力，而且对存在较多风险暴露的保险人甚至保险行业会带来毁灭性的破坏（丁元昊，2012）。范丽萍（2015）也指出，即便有保险作为分散风险的手段，但当保险损失过大时，也会严重冲击保险公司的偿付能力，甚至导致资本不足的公司破产。

3. 难以预测

不管是自然的巨灾风险还是人为的巨灾风险，相关预测工作都极为困难。以地震为例，其成因复杂、孕育时间长，不能预知准确的发生地点。这种低概率的原地重演性使人们难以积累对地震灾害的认识、预报和防御经验，迄今为止尚未找到准确预报地震的方法（范丽萍，2015）。

4. 小概率事件

与一般的灾害相比，巨灾发生的概率非常小，具有突发性、持续的时间较短等特征；巨灾发生的时候，几乎同时形成损失。例如，飓风从爆发到成灾的过程极为短暂，人们来不及采取措施，一旦发生就会导致巨大的损失（范丽萍，2015）。

第三节 巨灾风险与巨灾风险管理基本框架

一、巨灾风险

（一）风险的定义

顾梦迪在《风险管理》一书中将风险定义为“未来结果的不确定，风险可以看作是实际结果和预期结果的偏离”。这个不确定的结果可能带来损失、获利或者无损失也无获利，这是广义的风险定义。狭义的风险定义强调与损失相关的不确定性。2007 年召开的国际标准化组织（ISO）技术管理局风险管理工作组第四次工作组会议将风险定义为“不确定性对目标的影响”“剔除了与目标无关的结果，体现了风险管理的目的性”。保险学上关注的是狭义的“只能带来损失的风险”。因此，从保险学意义上，我们将风险定义为对目标造成损失的不确定性。

（二）巨灾风险的定义

巨灾风险的概念经常与巨灾混为一谈。这里先对巨灾和巨灾风险的概念稍作区分。巨灾是从事后的角度对已发生事实的认定，其损失是既定的。人们对待巨灾的办法是损失评估与救助。保险人需要处理的是如何理赔。巨灾风险是从事前的角度对未发生但可能发生的可能性的认定，其损失是不确定的。人们对待巨灾风险的办法是风险预防与控制。保险人需要处理的是如何承保。从保险学上，给巨灾风险概念下的定义为“造成某地区不止一家保险公司难以依赖其一般偿付能力承受的保险损失的不确定性”（张旭升，2010）。本书将巨灾风险定义为：由巨灾造成的可能损失，超过受灾地区各利益相关者承受能力的不确定性。

（三）巨灾风险的属性与类型

进行有效的巨灾风险管理，需要先厘清巨灾风险的属性。参考范丽萍（2015）对农业巨灾风险属性的界定，本书将巨灾风险的属性归纳如下。

1. 巨灾风险的自然固有属性

一方面，巨灾风险具有共生性。巨灾一旦发生，将致使同一区域内所有巨灾利益相关者面临巨大的风险损失。这种共生性，使巨灾往往呈现出影响范围广、严重程度大的特征。另一方面，巨灾风险具有群发性和伴生性。在很多情况下，某一地区或某一时间一种巨灾的发生，会接连触发另外一种或几种巨灾事件，即所谓的次生灾害。这会导致经济损失和人员伤亡进一步扩大，出现多种自然灾害交替、累积、持续发生。在某些巨灾事件中，一次巨灾风险事故会诱发多重巨灾风险事故，共同构成巨大灾难。例如，大地震导致严重的人员伤亡及财产损失，进而诱发的次生灾害带来泥石流、滑坡、传染病、火灾，甚至进一步波及金融市场的稳定，如股票市场的大量抛售等。巨灾经常导致财产和生命的直接损失，同时，由于巨灾还会导致责任、商业中断、劳工补偿及健康相关的间接损失。巨灾和伴随巨灾而来的汇集损失，造成多重冲击（埃瑞克·班克斯，2011）。

2. 巨灾风险的社会经济属性

福利经济学一般将风险划分为私人风险和公共风险。私人风险是指由一方的故意或者过失引起的，一般不会产生大范围的“蝴蝶效应”，具有相对独立性，借助市场手段就能进行有效管理；公共风险与道德无关，且在功能上有利于减少风险和增进公共福祉，具有高度的不确定性、较为明显的外溢性或不可排他性，一旦从风险变成事故会对社会造成极大损害，仅依靠市场手段进行有效管理效果十分有限，需要政府介入。巨灾风险因给社会经济和生态环境造成损失，影响人们的福利效用水平，所以福利经济学是巨灾损失评估的一个理论基础（钱振伟，2017）。由于个体进行风险管理的能力和水平还处于薄弱阶段，所以政府介入必不可少。巨灾风险的有效管理已成为各国社会福利水平提高的一种重要表现形式，因此本书认为巨灾风险是介于公共风险和私人风险之间的一类风险。就风险管理实践来看，巨灾风险具有显著的准公共物品属性，具体原因如下。

第一，巨灾风险管理需要各公共部门或私人部门（保险公司、保险经纪公司、社区、非政府组织、国家各级政府部门）共同参与，调和不同利益，采取联合行动，共同抵御巨灾对公共福祉的影响。巨灾风险的准公共物品属性，决定了巨灾保障体系产品的准公共物品性，如巨灾保险、风险保障基金等都具有准公共性。由于存在外部性与市场微观主体的有限理性和机会主义倾向，市场机制在巨灾风险管理中难以起到配置资源的作用，从而导致市场失灵[①]，因此需要更好地发挥政府配置资源的积极作用，甚至提供巨灾风险保障保险产品和服务，以克服市场供给不足的缺陷。然而如果完全由政府提供巨灾风险保障产品和服务，没有市场在发挥作用，又会由于信心不足、缺乏竞争而降低巨灾保障服务的效率，导致政府失灵[②]。因此，面对巨灾风险保障体系市场和政府“双失灵”的现象，应遵循政府主导、市场运作、政策支持、统筹分划原则（彭钰翔，2014）。建立巨灾风险分散机制，要发挥市场配置资源的决定性作用，更好发挥政府的积极作用；需要明晰政府与市场制度的边界及其动态调整机制，降低交易成本（钱振伟，2017）。

第二，巨灾风险管理具有福利外溢性。所谓外溢性，是指一项经济行为在产生行为主体所追求的经济效果的同时，产生了一些不受行为主体控制的、必然发生的外部效果。其中，有些是对社会或环境有益的、积极的效果，被称为正外溢性，但行为人无法按照市场规律要求受益人支付对价，比如建造私人花园除本人受益外，对于周围环境也会产生美化作用。有些是消极的、对社会或环境有害的效果被称为负外溢性，但却很难要求行为人按照市场规律支付代价，如化工企业排放的废水污染了环境。对于正外溢性的行为，政府应予以补贴；对于负外溢性的行为，政府应要求有关行为人纳税或付费，

① 市场失灵，是指由于市场法制和政府不理性等原因造成的市场手段无法达到帕累托最优。

② 政府失灵，是指由于仅仅依靠国家计划和行政命令等手段无法达到帕累托最优。

以弥补其对社会或环境造成的损害，限制此类行为的继续发生。作为一种社会产品供给，巨灾风险管理可以大幅提高社会的福利水平，实现帕累托改进。如果该产品供给发生成本外溢，社会福利效率及分配公平性就会遭到质疑，福利的非均衡性就会因此上升；如果发生收益外溢，福利的非均衡性就会下降。实践中，巨灾风险管理公共产品的供给很容易发生上述双重福利外溢现象，导致其市场供给的激励效应无法正常发挥（范丽萍，2015）。

第三，巨灾风险管理存在“搭便车”的现象。从福利经济学视角分析，巨灾风险管理在消费过程中具有不完全非排他性。巨灾风险管理产品的消费是具有排他性的，不购买这种产品在受灾后就不可能获得相应的灾害损失赔偿，但无法排除不购买相关产品的个人不受益。灾前预警、抢险救灾、巨灾风险管理知识宣传普及等都是减少巨灾风险损失、降低风险管理经营成本的重要措施。落实这些措施时，不购买巨灾风险管理产品的农户常常可以“搭便车”，而“搭便车”恰恰是公共物品或准公共物品非排他性的一种表现形式（范丽萍等，2014）。

3. 巨灾风险类型

巨灾风险划分的标准和差异分歧较大（王和、王俊，2013）。巨灾的种类和灾害的种类是相对应的。按照致灾因子，巨灾风险可以分为自然巨灾风险和人为巨灾风险。本书以王化楠（2013）的“中国整合性巨灾风险管理研究”为参考，将巨灾风险类型作如下概括。我国常见的自然巨灾风险包括地质巨灾风险（以地震、泥石流为例）、气象巨灾风险（以台风为例）、新冠肺炎疫情类重大传染病风险和其他巨灾风险（以洪灾为例）。本书以工业污染和金融危机为代表来阐述人为巨灾风险。

二、巨灾风险管理基本框架

风险管理指个人或社会组织为有效减少风险损失，权衡降低风险的成本与收益，并决定采取何种措施的过程。即通过对风险的预估、识别与评价，对风险进行合理控制，对各种风险管理技术及措施进行选择并优化，对风险所致损失后果进行妥善处理，从而获得最高性价比的安全保障（范丽萍，2015）。参照此定义，本书将巨灾风险管理的概念界定为：巨灾各利益攸关者为最大化减少巨灾损失影响，在降低巨灾风险的成本与收益之间进行权衡，之后利用选定的管理工具和应对措施，有效管理和控制巨灾风险的过程。巨灾风险管理的基本目标是最大化地减少巨灾给利益攸关者造成的损失影响，管理对象是巨灾风险，管理主体是国家各级政府、全体国民、社区、企业和市场等巨灾利益攸关者。风险管理过程包括巨灾风险识别、量化、管理和监测在内的多阶段过程。通过选择有效的巨灾风险管理方式来管理风险暴露和财务资源，使“意外损失”尽可能最小化（埃瑞克·班克斯，2011）。

本书中的巨灾风险管理框架包括风险因素（hazard）和风险事故（peril）的评估（含巨灾风险识别）、巨灾风险评估方法选择与模型构建（巨灾风险量化）、事前与事后的控制性和财务性相结合的巨灾风险管理方式，以及通过巨灾保险、巨灾再保险、巨灾保险证券化等方式帮助受影响的巨灾利益攸关者降低其潜在的巨灾风险损失。

（一）巨灾风险识别

巨灾风险识别需要涵盖风险因素评估、风险事故评估和脆弱性评估的结合，因为风险因素、风险事故、脆弱性分别是巨灾风险的必要非充分条件，只有三者联系在一起才形成巨灾风险的充要条件（丁元昊，2012）。风险因素是强化或产生损失频率和损失严重程度的原因，是导致风险事故发生的前提条件。正如前文所述，脆弱性代表出于风险因素威胁中的个人和（或）基础设施遭受巨灾损失的可能性。脆弱性可通过城市化程度、人口、在险值（value at risk）等指标度量。然而由于风险事故损失难以度量，致使巨灾风险的可测性较差。

（二）巨灾风险量化

巨灾风险量化包括巨灾风险评估方法选择和评估模型构建。随着计算机能力和网络能力的不断增强，建模工作从确定性的评估体系（针对当前的风险暴露，运用历史性的灾害情景和有限的模拟来计算潜在损失）转向概率性的评估体系（运用大量的模拟和科学推算来构建覆盖风险的概率分布）。这有助于帮助风险管理者推测未来可能会发生的事情。拥有巨额财产风险和积极风险存留、转移计划的企业，以及提供风险保障的保险公司和再保险公司及其他金融中介机构是模型的主要用户。虽然许多金融风险可以使用标准化的流程来进行量化分析，但是巨灾风险领域的方法差异还比较大。具体取决于模型参数估计的方式和事件生成的方法、实施过程的确定性或随机程度、灾害的假设分布等（埃瑞克·班克斯，2011）。

巨灾建模的目标是估计巨灾事件发生的概率，估计某次事件强度的上限，估计特定强度的某一事件发生可能带来的经济损失，评估自留、转移或者风险管理暴露的成本；为每一项增量的风险暴露定价；衡量风险的集中程度和积累程度，优化风险组合，提供一个接受或拒绝增量风险的标准（埃瑞克·班克斯，2011）。

目前，典型的巨灾风险评估方法主要有四类。在实际应用中，巨灾风险评估方法的选择取决于与自然或者人为相关的主客观输入（如数据的可获得性）。其目的都是为了生成预期巨灾损失和潜在损失分布的有用信息，并用于定价和风险决策。埃瑞克·班克斯（2011）将巨灾风险评估方法概括为四种。一是基于风险事故的历史损失数据和静态脆弱性假设生成未来损失的概率分布，然而缺陷在于会受到有限样本的限制和出现分布“厚尾”现象。二是对方法一中的数据作出调整，以反映经济增长、通货膨胀和脆弱性变化等，改进之后的估计方法仍然受限于有限样本和分布“厚尾”现象。三是综合使用参数假设和历史数据的方法构建损失分布。这样的随机模拟主要用于地震巨灾模型。四是基于一次巨灾事件所有变量的相互作用知识，构建描述巨灾事件的物理过程模型，这是一种复杂的模拟方法。

建立巨灾模型一般采用典型的多阶段建模方法。首先，进行风险因素和风险事故评估。获得反映巨灾严重程度和发生频率的信息，即通过上述的评估方法模拟巨灾损失的概率分布。其次，进行脆弱性评估，即在第一阶段的基础上，评估对巨灾风险所在地区基础设施、内部情况及营业活动可能造成的损失程度。将一次巨灾事件以损失函数的形式叠加在风险暴露区域，得出和每种强度水平相对应的损失、损失率和损失变化情况。再次，进行合同评估，即对前面阶段得到的风险通过相关性分析，进行风险分解和再综合，生成合同损失（风险组合损失），主要适用于给地区多人承保巨灾风险的保险公司、再保险公司及政府决策。最后，通过损失函数获得未来损失预测值。

（三）巨灾风险管理与监测

一般来说，巨灾风险管理方法分为风险自留（risk retention）、风险降低（risk reduction）和风险转移（risk transfer）。其中，风险自留，是指风险主体非理性地或理性地主动承担巨灾风险，自行解决巨灾风险所带来的经济损失和相关后果。风险降低，是指为降低巨灾发生概率而在相关风险发生之前采取的措施，具体包括风险控制、灾前预警，以及提高巨灾利益相关者识别和应对巨灾风险的措施等。风险转移，是指通过巨灾保险、巨灾再保险和巨灾金融衍生品等工具组合，将巨灾风险转移到保险市场和资本市场上。巨灾风险管理还可以分为灾前准备（事前）、灾中应急响应（事中）、灾后重建及损失补偿（事后）三个阶段，然而由于巨灾的发生无法预测且具有突发性，巨灾一旦暴发耗时相对较短、损失程度较为严重，所以巨灾风险管理的事中阶段一般不纳入考虑范围。本书主要关注灾前准备（事前）和灾后重建及损失补偿（事后）两个阶段。以下主要就控制型巨灾风险管理和财务型巨灾风险管理展开论述。

控制型巨灾风险管理方式分散于灾前准备（事前）和灾后重建及损失补偿（事后）阶段。在灾前准备阶段，通过 GIS 技术或者卫星遥感技术建立灾害监测和预警机制，对巨灾风险进行识别、评估和灾前预警。一旦巨灾发生，及时启动灾害应急响应机制，开展灾区紧急救援，在政府的引导下进行灾区重建，以及受灾人员的安置及物资补偿，同时通过灾害预警系统继续对灾害风险进行评估和监控，防止二次灾害的发生。

财务型巨灾风险管理方式也分为事前阶段和事后阶段。事前阶段的财务型巨灾风险管理方式主要是在损失发生前计划安排所有的财务型措施。在公共部门主导和监督（详见第七章）之下，在巨灾风险地区给个人、组织或基础设施承保巨灾保险（详见第五章和第六章）。保险人按照监管要求和自身实践情况，进行再保险安排（详见第七章），或者通过购买巨灾金融创新工具（如巨灾债券、巨灾期权等），将巨灾风险证券化（详见第九章），在资本市场上分散、转移巨灾风险。事后阶段的财务型巨灾风险管理方式主要是保险人依据保单合同进行核赔理赔。与此同时，保险公司要求再保险公司对支付赔偿的保险公司进行一定比例的赔付补偿，同时通过资本市场上的巨灾金融创新工具，由资本市场上的购买者分摊经济损失。当巨灾损失超出了保险公司、再保险公司、资本市场的偿付能力时，由政府财政资金进行最后兜底。在整个过程中，由相关政府部门（应急管理和财政部门等）、银行保险监管部门、巨灾风险管理第三方（学术界、非政府组织）等共同发挥对巨灾风险管理的监督作用。

专栏　云南政策性农房地震巨灾保险实践

云南省是全国首个地震巨灾保险试点成功落地省份，诚泰财产保险股份有限公司（以下简称诚泰保险）作为主承保方，先后于2015年8月和2017年10月在云南省大理白族自治州和玉溪市（以下简称大理试点和玉溪试点）实现政策性农房地震保险出单承保。截至2020年，大理试点和玉溪试点共完成5次保险理赔，累计赔付金额为7969.889万元，直接保险理赔惠及群众23900余户。2016年6月8日，时任云南省委副书记、云南省人民政府省长陈豪在《关于保险业应对“5·18”大理云龙地震情况的报告》上批示，“要全面深入总结全国巨灾保险试点经验，适时推广经验做法，争取实现地震保险大理模式在全省乃至全国范围内推广”。

2018年6月25日至6月29日，全国人大调研组赴云南省开展防震减灾法实施情况调研。同年6月28日，调研组专程前往云龙县地震灾区调研灾后重建和保险理赔情况。调研组由全国人大常委会委员、教科文卫委员会副主任吴恒带队，全国人大社会建设委员会副主任宫蒲光，以及全国人大和相关国家部委领导参加，云南省人大常委会教科文卫工作委员会副主任刘惠民、云南省地震局副局长解辉、大理州人大常委会副主任洪云龙等领导陪同。吴恒委员代表调研组一行，对云龙县防震减灾工作给予了高度评价，对诚泰保险牵头的大理州政策性农房地震保险试点工作成效给予充分肯定，并就进一步重视和实施好防震减灾法提出具体要求。

云南省政策性农房地震保险试点方案（以下简称云南方案）是全国首个政策性农房地震巨灾保险方案、全国首个震级触发型巨灾指数产品，也是全国首个完成全流程保险服务模式和首个地震巨灾保险多次理赔的试点方案。云南方案的落地有效减轻了政府财政突发性集中支付压力，在缓解地震灾害损失影响、加快灾后重建，防止因灾致贫、因灾返贫，促进经济社会可持续发展等方面起到了积极的作用。

自 2012 年 2 月中国地震局安排开展《云南地震保险制度构建及实施研究》的课题至 2020 年，在云南地震保险试点探索的 8 年多时间里，历经了理论研究探索、专业平台建设、试点地区变更（原定为楚雄州）、保险方案创新、大理试点破冰、保险理赔检验等过程，逐步构建了以政府灾害救助为体系基础、政策性保险为基本保障、商业保险为有益补充的“三位一体”巨灾风险管理体系（见图 1）。探索前行，试点的成功离不开相关单位的关注与支持；历时 8 年，试点效用得到了社会各界的认可和赞誉。

一、试点案例概述

试点签单落地至 2020 年，共经历 5 次理赔。在保险监管部门和民政部门、地震部门等的领导和支持下，保险公司以“迅速响应”“积极应对”“专业服务”“高效理赔”的服务圆满完成了 3 次地震理赔工作，有力地支持了灾后恢复重建工作的统一协调推进。在灾后重建中涌现了许多鲜活感人的案例，在此节选其中两个案例进行简要介绍。

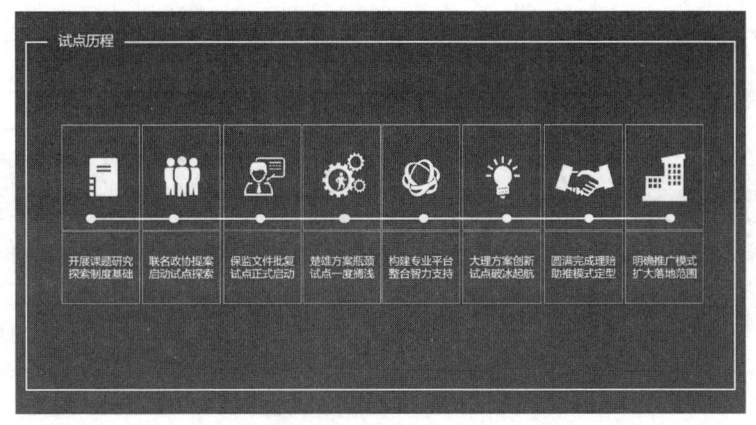

图1　试点流程示意

（一）受灾困难户重建压力大，赔款助力重建家园

2016年5月18日，云南省大理州云龙县长新乡境内发生里氏5.0级地震，震源深度15千米。地震造成大理州云龙县、洱源县、剑川县、永平县和怒江州泸水县共4.65万人受灾，造成直接经济损失30735万元，地震发生后的3个工作日内诚泰保险将2800万元赔偿款全额转入了大理州民政局的指定赔款账户。

震后，共保体办公室工作组与民政部门工作组第一时间赶赴云龙县团结乡开展查勘救援工作。工作组来到团结乡村民徐见孙家时，看到徐见孙与父母正瘫坐在震后破败的房屋前不知所措。这是一户特殊的家庭，母亲徐彩芝三级视力残疾，父亲旷景华四级肢体残疾，儿子徐见孙也有残疾在身（残疾证正在办），家里的不多劳动力只能勉强以耕种村里分配的几棵核桃树和少量田地维持生计。本就十分艰苦的家庭环境在震后陷入了绝境。工作组在第一时间协助将该户进行了转移安置。保险赔偿款到位后，徐见孙收到了用于恢复重建的2.5万元保险赔偿款资金。当共保体办公室回访组再次来到团结乡回访至徐家时，徐见孙激动地和工作人员说："你瞧那个偏房，当时没有塌，政府和保险公司给我们钱加固了，这个三间的砖混房子，也是用给的钱，我和亲戚朋友借了点，现在马上要盖好，要得住了。没有政府，没有保险，我都不敢想会得新房子住啊”（见图2）。

图2 徐见孙震后损坏房屋及修缮情况

（二）断路难阻救灾情，赔款修路得人心

2015年10月30日，云南省保山市昌宁县发生里氏5.1级地震，震源深度10千米。地震波及大理州永平县8个乡镇、29个行政村（社区），受灾范围为16814户，受灾人口为56773人。本次地震造成永平县直接经济损失5710万元。地震发生后的9个工作日内，诚泰保险将753.76万元赔偿款全额转入大理州民政局的指定赔款账户。

震后第一时间，共保体办公室工作组在谢玲主任的带领下赶赴金河村灾区开展查勘救援工作。受地震影响，进村道路毁坏严重，原有的土石路面出现了断裂、塌方和沉降等危险情况，救灾车辆几乎无法通过。道路交通的瘫痪使震后的金河村一度陷入了孤立无援的困境。保险赔偿款到位后，按照方案设计的灾区基础设施恢复重建不高于30%的使用规定，划拨170.76万元用于对金河村的进村道路进行重建（见图3）。当再次回访金河村时，

图3 金河村修缮道路情况

映入眼帘的不仅是修缮一新的居民住宅，一条平直的水泥路也将回访工作组顺利地带进村里，当地民众激动地说道："新路修通，不仅是把车和人通进村里，也把地震保险的温暖送进了我们的心里！"

二、试点成效介绍

（一）聚焦农房农民基本保障，助力扶贫工作开展

我国农村乡镇房屋抗震能力低，特别是云南50%以上的农房为土木结构，基本不设防，往往小震大灾。受制于经济发展滞后的因素，农村、农民是最无力应对巨灾风险损失和难以避免因灾致贫的地区和群体。云南方案紧密结合云南实际，从风险最高、损失最大的地震灾害着手，将地震灾害受损最严重、与群众切身利益休戚相关的农房和生命作为重点保障对象，先行先试，充分利用保险机制参与和支持"灾前预防、灾害补偿、灾后重建"工作，发挥保险综合扶贫作用，探索和形成了符合云南农村地震灾害风险管理实际需求的云南方案（见图4）。

图4 部分灾后情况及赔付情况

（二）专业研发保险产品，有力支持灾后重建

云南方案创新应用的巨灾保险指数产品在充分发挥财政资金杠杆放大

效应的基础上，将产品的专业性与操作的可行性高度结合，实现了保险公司自有服务体系与政府灾害救助体系有效衔接。利用庞大有效的政府体系精准到户，实现地震灾害发生—启动应急预案—现场即时查勘—灾评确定损失—保险公司理赔—赔款及时到位—保险赔款公示—理赔工作回访等理赔工作的高效运行，最快在震后32个小时内将2800万元巨灾保险赔款支付到账，有力地支持了救灾和重建工作的开展。5次（墨江地震即将赔付）理赔具体情况见表1。

表1　5次理赔具体情况

震区	出险时间	震级（级）	民房损失（万元）	保险赔款（万元）	赔款损失比（%）	理赔时效	受益农户
保山昌宁（波及大理）	2015年10月30日	5.1	4480	753.76	16.83	9个工作日	重建房屋327户 修缮房屋626户
大理云龙	2016年5月18日	5.0	9600	2800	29.17	3个工作日	重建房屋870户 修缮房屋6250户
大理漾濞	2017年3月27日	5.1	13790	2800	20.30	32小时	重建房屋876户 修缮房屋6100户
玉溪通海	2018年8月13日	5.0	41650	1600	3.84	32小时	重建房屋6425户 修缮房屋2383户
普洱墨江（波及玉溪）	2018年9月8日	5.9	510	16.129	3.16	10个工作日	修缮49户
合计赔付（万元）				7969.889			

（三）创新融入社会治理体系，实现公共资源增效

在云南地震保险试点探索的5年多时间里，历经了理论研究探索、专业平台建设、试点地区变更、保险方案创新、保险理赔检验等过程，逐步构建了以政府灾害救助为体系基础、政策性保险为基本保障、商业保险为有益补充的“三位一体”的巨灾风险管理体系。云南方案着力于充分整合现有社会抗震救灾体系资源，按照政府抗震救灾相关规定和实际操作情况规划设计保险方案，既充分发挥保险行业风险管理专业优势，又有效避免

社会救灾体系建设重复投入的资源浪费和社会管理信息不对称的矛盾冲突。在最大限度地减少和降低地震保险项目经营费用成本（4.02%）的同时，实现财政资金杠杆放大效应最高达到15.6倍。通过试点工作的不断推进和保险理赔的示范效应，逐步培养当地农村现代保险金融意识，引导百姓自愿购买商业补充保险，提高地震巨灾风险保障程度，服务国家治理体系和治理能力现代化。

（四）稳步推进制度建设，专业平台初见成效

2016年4月，《云南省地震灾害保险条例》被列入云南省人民政府2016年立法工作计划，标志着云南地震巨灾保险制度建设进入了新的阶段。

诚泰保险在云南方案试点探索的过程中，已形成集一套模型（《城乡居民住宅地震巨灾风险模型》）、两地试点（大理、玉溪）、四项平台（地震风险管理创新实验室、地震保险工程抗震实验室、隔震减震新材料实验室、巨灾风险管理研究中心）、多次赔付（2015年昌宁县、2016年云龙县、2017年漾濞县、2018年通海县、2018年墨江县）等专业化、体系化的科研及实践特色。2017年6月正式印刷出版的《城乡居民住宅地震巨灾风险模型（云南）》和2017年9月挂牌运行的“地震风险管理创新实验室”得到了社会各界专家的大力支持和认可，而致力为区域综合防灾减灾工作提供技术支撑的地震风险管理创新实验室的建设还入选了2017年中国保险十大事件。

（五）创新动强度应用研究，个人方案探索

以《城乡居民住宅地震巨灾风险模型》为研究基础的《地震动强度在地震保险创新中的应用》课题于2018年正式启动。本任务的研究目标是在地震宏观烈度评定和地震动强度参数等相关技术支持下，考虑地震风险差异，建立云南省城乡居民住宅的地震损失快速评估模型，为设计专业、高效、准确的城乡居民住宅地震保险承保理赔方案提供技术支持。项目研究将为巨灾保险多维保障和个人产品市场化推广奠定了坚实基础。围绕项

目开展的承保理赔设计，将为国内商业性巨灾保险探索提供全新思路与模式。

三、试点存在的问题

云南方案以诚信、高效、专业、便捷的保险理赔服务得到了广大人民群众的高度认可和云南省委、省政府、保险监管部门等的充分肯定，以及新闻媒体的广泛关注和正面报道。目前，云南省各州市从其地震活动频度高、强度大、分布广、灾害重实际出发，先后向省政府提出了开展地震保险的需求。然而，云南省经济社会发展的实际严重制约了这项惠及广大农村地区和农民群体的民生工程的快速推进。

（一）地方财政困难，无法支持试点推广工作

目前，试点保费全额由云南省、州、县三级财政分别按比例承担，但云南省地方可用财力薄弱，没有中央财政的政策支持，地方财政无法提供扩大试点范围和全省推广所需的资金。作为惠及广大农村、农民群众的民生工程，地震巨灾保险基本保障定义为政策性保险是符合中国实际的，需要国家政策引导和中央财政资金扶持。同时，巨灾风险管理是现代和未来任何一个国家都必须面对和解决的社会管理问题，而巨灾保险机制是国家巨灾风险管理体系中最为重要的专业风险分散机制。

（二）农村经济滞后，无力自主选择投保

由于云南经济社会发展滞后，农村居民人均纯收入较低，统计数据显示，2017 年云南农村常住居民人均可支配收入 9862 元，仅相当于全国平均数 13432 元的 73.42%。受制于自身经济能力严重不足和现代金融保险意识匮乏，农村居民往往难以主动投保风险概率不确定性明显的巨灾保险。同时，作为受灾害影响最严重的云南农村地区，山高路远，人口分散，手段缺乏，传统的保险收费服务投入远超于保险纯风险成本，导致保险产品价格异常偏高，极大地降低了财政资金使用效率和效果。结合中国社会性质和云南灾害风险的实际情况，急需建立面向全部农村地区、统一提供基本巨灾保险保障的财政政策，构筑起坚实的民生保障网，防范因灾

返贫、因灾致贫。

（三）试点地区过少，难以平滑巨灾风险

目前，云南地震巨灾保险试点工作仅在大理、玉溪落地开展，过少的试点区域，将难以通过跨地区统筹、跨时期积累、跨灾因对冲来有效平滑巨灾保险损失，对巨灾保险经营企业将产生巨大的经营压力，巨灾保险制度试点探索的可持续性将面临着现实挑战。

四、政策支持思考

云南省地处印度板块和欧亚板块碰撞带的东南侧，地壳运动剧烈，地震活动显著，地震具有频度高、强度大、分布广、灾害重的特点，是我国地震最多、震灾最重的省份之一。根据云南地震灾害现状，在总结大理、玉溪两地试点工作的基础上，结合全国其他地区试点情况，恳请协调相关政策支持。

（一）出台中央财政保费补贴等支持政策，扩大政策性保险广度和深度，服务全省乃至全国脱贫攻坚工作

面对地震重灾区强烈的基本民生保障需求，在试点工作期间听到最多的一句话就是“中央财政能否参照政策性农业保险的方式进行保费补贴，为最需要地震巨灾保险保障的农村地区和农民群体提供社会基本保障?”在前期各地试点的基础上，总结经验，完善方案，出台中央财政保费补贴支持政策和地震巨灾准备金政策、税收减免优惠政策等相关政策支持，充分发挥保险机制作用，通过普惠金融政策提高民生保障，防范因灾返贫、因灾致贫。同时，推动各地区政府在组织推动、财政补贴、防灾减灾等方面提前做好政策支持配套，让政策性巨灾保险能够惠及更大范围的人民群众，服务更大范围的脱贫攻坚工作。

（二）明确政策性巨灾保险模式，提高保险机制与国家综合防灾减灾体系的融合度，提升社会巨灾风险管理效率

试点工作表明，保险行业无论前期投入多少人力、物力都将无法有效保证查勘定损服务的有效性和经营成本的合理性，并且在灾害发生时保险

公司也无法有效就地组织或外地调入查勘定损服务资源开展相关工作。针对地震等巨灾发生的时间集中、灾害面广、损失量大，以及救灾核损的专业度极高和地域跨度极大的问题，必须区分开政策性保险和商业性保险的经营模式。对政策性巨灾保险可采用多灾因巨灾保险指数产品统一对农村地区提供基本保障型的巨灾保险，发挥保险机制作用。在此基础上，结合政府已投入的巨大社会资源建成的防灾减灾体系和灾害应急响应机制，对震后救灾核损工作实行统一管理和人员物资的统一调度，实现政策性保险与国家综合防灾减灾体系的高度融合，有效解决巨灾保险服务体系建设难度大、成本高的问题，同时避免与综合防灾减灾体系重复建设部分产生的社会资源浪费。

（三）支持创新产品研发，完善保障架构，构筑多维保障体系

在云南方案基础上，鼓励不断挖掘试点经验，总结试点成效，结合《城乡居民住宅地震巨灾风险模型》和《地震动强度在地震保险创新中的应用》自主创新项目研究成果，探索创新产品研发和承保理赔新模式，推进保障构架建设不断完善。

形成以政策性保险为基础层，补贴性保险为中间层，商业性保险为尖端层的三角形保障体系。通过政府政策性保险保障形成区域覆盖，有效防止因灾致贫、因灾返贫。由政府引导和个人意愿相结合，提升保障程度和保障范围，呼吁民众参与巨灾风险管理，提升保险意识。根据投保人差异选择购买个人产品完成多级配套，达到差异化分配和个性化布局。最终形成“巨灾有保障，试点有延续，政策有引导，民众有意愿，个体有差异，多维广覆盖”的稳定结构。

（四）支持专业平台发展，推动巨灾风险管理创新，服务辐射中心建设

出台财政等相关扶持政策，支持以“地震风险管理创新实验室”为代表的专业平台和新型智库建设。鼓励政府相关部门与行业学会、高等院校、保险企业、专业机构等单位跨界合作，培养专业应用型人才，建设和

完善巨灾风险管理技术创新应用体系，推动巨灾保险、巨灾债券、巨灾彩票和巨灾融资等巨灾风险管理的金融创新。在此基础上，分步渐进式地积极推动在全国范围内形成巨灾保险由政策性到商业性、单灾因到多灾因、基本保障到全面保障的多样化产品体系和风险对冲机制，全面覆盖多层次巨灾风险保障需求，服务全社会对巨灾保险的差异化需求。在多维跨界合作和创新应用中，构建巨灾风险管理专业制高点，逐步形成面向南亚、东南亚的社会巨灾风险管理体系，服务区域跨境专业辐射中心建设。

（本专栏材料由诚泰财产保险股份有限公司李年生、李铭家提供）

本章小结

作为本书的第一章，内容提纲挈领。本章主要介绍了巨灾风险管理的理论基础、巨灾的性质与特征、巨灾风险及基本类型、巨灾风险管理基本框架等主要内容，意在帮助读者了解巨灾风险管理的基础知识，认识巨灾风险管理与巨灾保险的关系及巨灾风险管理的相对特殊性。不难看出，巨灾风险区别于其他普通风险，有其自身的特殊性。这些特殊性使巨灾风险管理需要公共部门、市场部门、灾害风险损失遭受主体的多方合作。而在巨灾风险管理过程中，巨灾风险的识别方法及评估模型选择也区别于一般的风险识别和评估。巨灾再保险安排是巨灾保险运行的重要构成。巨灾风险转移和分散也需要巨灾风险债券、巨灾期货等资本市场工具的参与。

◎专业术语

巨灾　巨灾风险　巨灾风险管理　巨灾保险　巨灾风险类型

◎思考题

1. 危害、灾害和巨灾的区别和联系是什么?
2. 干旱、慢性病、饥荒是否属于巨灾?
3. 如何理性看待宗教信仰、文化等社会因素对灾害风险管理的影响?

◎参考文献

[1] 埃瑞克·班克斯. 巨灾保险 [M]. 北京:中国金融出版社,2011.

[2] 曹艺,才凤玲. 货币银行学 [M]. 北京:中国人民大学出版社,2010.

[3] 陈启亮,谢家智,张明. 农业自然灾害社会脆弱性及其测度 [J]. 农业技术经济,2016:94-105.

[4] 丁元昊. 巨灾保险需求研究 [D]. 成都:西南财经大学,2012.

[5] 范丽萍. OECD 典型国家农业巨灾风险管理制度研究 [D]. 北京:中国农业科学院,2015.

[6] 高孟潭. 城市群大震巨灾风险源监控,灾害情景构建与备灾 [C]. 2014 年中国地球科学联合学术年会,2014:1720.

[7] 胡咏涛,朱天元. 城市面临的巨灾挑战 [J]. 金融博览,2017:64-65.

[8] 李子耀. 比较视角下我国巨灾保险制度体系构建的研究——以深圳、浙江、安徽为例 [J]. 上海金融学院学报,2015:107-116.

[9] 马君潞,陈平,范小云. 国际金融 [M]. 北京:科学出版社,2013.

[10] 彭钰翔. 云南省地震保险制度建设研究 [D]. 昆明:云南大学,2014.

[11] 钱振伟. 农业巨灾风险保障体系及实施难点研究 [M]. 北京:科

学出版社，2017.

［12］史培军，刘燕华．巨灾风险防范的中国范式［J］．美中公共管理，2009（6）：18－28.

［13］王和，王俊．中国农业保险巨灾风险管理体系研究［M］．北京：中国金融出版社，2013.

［14］王化楠．中国整合性巨灾风险管理研究［D］．成都：西南财经大学，2013.

［15］谢家智．中国农业保险发展研究［M］．北京：科学出版社，2009.

［16］张旭升．保险学意义上风险与灾害等概念的界定［J］．上海保险，2010：19－21.

［17］郑有飞，李海涛，吴荣军，王连喜，冯妍．我国农业的气候脆弱性研究及其评价［J］．农业环境科学学报，2009（28）：2445－2452.

［18］GAILLARD J－C，TEXIER. Religions，Natural Hazards，and Disasters：An Introduction［J］. Religion，2010（40）：81－84.

［19］O'KEEFE P，WESTGATE，K，WISNER，B. Taking the Naturalness out of Natural Disasters［J］. Nature，1976（260）：566－567.

［20］QUARANTELLI EL. Statistical and Conceptual Problems in the Study of Disasters［J］. Disaster Prevention and Management：An International Journal，2001（10）：325－338.

［21］WISNER B. Assessment of Capability and Vulnerability［J］. Mapping vulnerability：Disasters，Development and People. Earthscan，London，2004：183－193.

［22］WISNER B，LUCE，HR. Disaster Vulnerability：Scale，Power and Daily Life［J］. GeoJournal，1993（30）：127－140.

第二章

巨灾风险分类及特征

巨灾风险主要涉及自然灾害及人为灾难，其中自然灾害包括地质灾害、气象灾害等，而人为灾难主要有恐怖主义、工业污染、技术失败及金融动荡等。本章将讨论自然灾害及人为灾难的定义、分类及典型的自然灾害和人为灾难类型。

第一节　自然灾害

人类社会一直以来都在遭受自然灾害，自然灾害一旦发生将会给人类造成巨额损失，如地震、泥石流、滑坡、干旱、高温、低温、寒潮、洪涝、积涝、山洪、台风、龙卷风、冰雹、风雹、霜冻、暴雨、暴雪等。近年来，自然灾害持续给人类社会造成严重损害，流行病学灾难研究中心（CRED）的灾害数据库（EM - DAT）资料显示，2019 年至少发生了 396 起自然灾害，受灾人口达9500 万人，造成 11755 人死亡，以及将近 1300 亿美元的财产损失。从灾害发生频率来看，2019 年灾害事故频率略高于过去 10 年的年平均值（343 次）；从区域来看，亚洲是灾害易发地区，占全球灾害的 40%，造成的死亡人数占全球死亡人数的 45%，而受灾害影响人数占全球的 74%。

一、 自然灾害的定义

尽管自然灾害很容易识别，但迄今为止还没有能让人们广泛接受的定义。20 世纪 60 年代，自然灾害被认为是不可控事件，特别是那些造成强烈破坏状况的事件。首次提出自然灾害概念的是 Barkun（1974），他认为强烈的、突发的、对社会正常运行功能造成破坏，使社会失去控制的自然现象即可称为灾难。Westagate 和 Ókeefe（1976）首次提出了社会脆弱性的概念，认为社会脆弱性与极端自然现象之间的交互作用，导致对社会造成破坏、对人身造成毁灭性伤害的事件即为灾难。Alexander（1993）及 Tobin 和 Montz（1997）将自然灾害定义为某个自然环境下，引起社会和经济系统运行混乱的突发事件，也可以理解为人与自然的不平衡，即当自然力量增强时，人类社会就会遭受冲击，这种不平衡的破坏效果通常与自然灾害的程度及人类社会的容忍性相关。Hewitt（1997）认为，从某种角度来看，灾害也会加强人类对危险性及其社会影响之间关系的适应性，由此提出了自然灾害的概念及环境脆弱性问题。Alcántara - Ayala（2002）将自然灾害解释为对社会功能造成混乱，包括人员伤亡、建筑物倒塌、基础设施损坏等威胁到一定人群，并使其不得不寻求外界帮助的突发情况。葛全胜等（2008）认为，当人类赖以生存的自然环境变化程度超过一定限度，并危及人类生命财产和生存条件的安全，产生人员伤亡、财物损失等各种对人类不利的影响，这就是自然灾害。俄罗斯科学家 Porfiriev（2011）将灾害放到应急框架下进行研究，将其分为致灾因素（自然、人为、生物、社会、技术及混合因素）、空间分布（事故地点、区域、省份、国家、地区、全球）、致灾类型（故意造成和意外事故）、发生的速度（暴发型、突发型、过渡型及缓和型），以及归属类别（工业、建筑业、交通业、住宅及公共区域、农业及林业）。Hallegatte S.（2016）指出，如果一个自然风险事故影响到人类社会体系，即从一间房屋到一个地区，并且对该体系造成显著的、较大的负面影响，那么这个自然风险事故即可称为自然灾害。

综上所述，自然灾害需要有三个因素共同存在：自然风险事件的发生、人类社会体系的存在及造成的负面结果。从经济视角来看，自然灾害可以定义为造成经济体系功能混乱，并对资产、生产要素、产出、就业或消费造成显著负面影响的自然事故。CRED 和慕尼黑再保险公司一直致力于提出为全世界广泛接受的关于自然灾害的定义，并根据定义筹建、完善灾害数据库。其中，CRED 将自然灾害定义为突发的、不可预期的情况或事件，并对社会影响较大，造成大量财产损失或者是给人们带来苦难，需要寻求外界帮助才能解决问题。同时，满足以下其中一条时才认为是灾害，并录入自然灾害数据库（EM－DAT）：（1）死亡人数达到或超过 10 个；（2）受影响人数达到或超过 100 个；（3）导致一个州宣布紧急状况；（4）需要国际协助或帮助。

二、 自然灾害的分类

根据不同的标准可以将自然灾害分成不同的类别，主要可以按以下几个标准进行分类。

第一，根据灾害发生的速度，可以分为突发性自然灾害和缓发性自然灾害。突发性自然灾害指当致灾因素的变化超过一定强度时，会在几天、几个小时，甚至几分、几秒钟内表现为灾害行为，如火山爆发、地震、洪水、飓风、风暴潮、冰雹、雪灾、暴雨等。此外，有些自然灾害虽然要在几个月的时间内成灾，但灾害的形成和结束仍然比较快速、明显，所以也归为突发性自然灾害，如旱灾、农作物和森林的病、虫、草害等。缓发性自然灾害通常是在致灾因素长期发展的情况下，逐渐显现成灾的，如土地沙漠化、水土流失、环境恶化等。这类灾害通常要几年或更长时间的发展，则称为缓发性自然灾害。

第二，根据灾害发生所处的不同过程可以将自然灾害分为原生灾害和次生灾害。许多自然灾害发生后常常会诱发出一连串的其他灾害，这种现象叫灾害链。在灾害链中，最早发生并起作用的称为原生灾害，而由原生灾害引起或诱发的灾害称为次生灾害。原生灾害通常是一些等级高、强度大的自然灾害，如地震、干旱等。地震灾害发生以后通常会造成暴雨、泥石流、滑坡等次生灾害。同时，很多灾害可能是次生灾害，也可能是原生灾害。比如，前面提到的地震之后的暴雨是次生灾害，但如果暴雨是灾害链中最初发生的灾害，则是原生灾害。

第三，基于灾害形成的物理原因进行分类。CRED 根据物理致灾因素把灾害分为五大类：生物、地质、水文、气象及气候，每一类灾害又分为不同亚类，如地质灾害包括地震、火山喷发及大范围移动（岩石崩塌、滑坡、雪崩及下沉）。慕尼黑再保险根据物理致灾因素把灾害分为四类：地质、水文、气象及气候，每一大类又有不同的亚类。我国自然灾害综合研究组则直接将自然灾害细分为八类：气象灾害、海洋灾害、洪水灾害、地质灾害、地震灾害、农作物生物灾害、森林生物灾害和森林火灾，这八类也可以归属到 CRED 的五大类中。

三、 我国常见的自然灾害

（一）地震灾害

我国位于世界两大地震带——环太平洋地震带与欧亚地震带之间，受太平洋板块、印度板块和菲律宾海板块的挤压，地震断裂带十分活跃。地理位置的特殊性使我国成为世界上地震灾害较为严重的少数国家之一。中国地震主要分布在 5 个区域（台湾地区、西南地区、西北地区、华北地区、东南沿海地区）和 23 条地震带上。

地震灾害是指由地壳运动所引起的强烈地面震动及随之而来的地面裂开和变形，从而使建筑物损毁、倒塌，基础设施被严重破坏，交通及通信被迫中断并且造成大量人员伤亡。同时，地震灾害可能会伴随着严重的次生灾害，包括火灾、爆炸、滑坡、塌陷及有毒物质泄漏等。地震灾害的发生通常与地理环境相关，受地震带影响较大。我国地震呈现以下特征：

1. 突发性强

突发性是自然灾害的共同特点，不同灾害的突发过程时间相差甚大。地震灾害从爆发到成灾的过程极为短暂，地震的发生和成灾几乎是同时出现的，尤其发生在夜间的地震，后果更为严重。例如，唐山大地震发生在凌晨3时42分，当时人们正在酣睡，事先毫无察觉，结果伤亡惨重，造成直接经济损失上百亿元。

2. 续发性

强烈的地震不仅可以直接造成建筑物、工程设施的破坏和人员的伤亡，而且往往引发一系列次生灾害和衍生灾害，造成更大的破坏。如由地震灾害诱发的火灾、水灾、毒气和化学药品的泄漏污染及细菌污染、放射性污染等，还有滑坡、泥石流、海啸等次生灾害等。例如，2008年5月12日的汶川大地震后相继发生多次余震，并引发山体滑坡、泥石流造成更大的灾害，在局部地区形成堰塞湖，并造成一定险情。

3. 社会影响深远

大地震由于突发性强、伤亡惨重、经济损失巨大，往往会引起一系列连锁反应，对于一个地区甚至一个国家的社会生活和经济活动造成巨大冲击，因此会引起社会、政府乃至国际上的高度重视。同时，一次地震的破坏区域虽然有限，震感范围却很大，波及面广，对人们可能会产生一定的心理影响，这些都可能造成较大的社会影响。例如，2008年汶川大地震使四川省21个市（州）中的19个市（州）不同程度受灾。重灾区面积超过10万平方千米，涉及6个市（州）、88个县（市、区）、1204个乡镇、2792万人。

4. 成灾率高、损失惨重

破坏性地震通常会造成大量的人员伤亡和巨额的财产损失，且随着经济社会的发展，地震造成的经济损失会逐渐增加。自20世纪以来，全球发生两次导致20万人死亡的强烈地震都发生在中国，包括1920年宁夏海原8.5级大地震，造成23万多人死亡；1976年河北唐山7.8级大地震，造成24万多人死亡。这两次地震造成的死亡人数之多在全世界也是绝无仅有的。2008年5月12日，汶川8.0级大地震造成69159人遇难、374141人受伤、17469人失踪，直接经济损失超过8451亿元人民币，是我国自唐山大地震以来损失最严重的一次地震。据统计，自 1900 年以来，中国地震造成的死亡人数超过 55 万人，占全球地震死亡人数的 53%。

5. 分布广

自 1949 年以来，100 多次破坏性地震袭击了 22 个省（自治区、直辖市）。其中，涉及东部地区 14 个省份，共造成 27 万余人死亡，占全国各类灾害死亡人数的 54%，地震成灾面积达 30 多万平方千米，房屋倒塌达 700 万间。

（二）地震灾害风险因子

影响地震灾害风险的因素有很多，主要可以分为自然因素和社会因素。其中，自然因素主要指与地震相关的因素，包括震级、震中距、震源深度，以及地震发生的时间、地点、地质条件等；而社会因素则与风险暴露和人类社会的易损性等相关，包括建筑物的抗震性能、地区人口密度、经济发展程度和社会文明程度等。

1. 自然因素

在自然因素中，地震灾害的强度通常可以通过地震的震级和震源深度来描述。其中，震级是衡量地震强度的主要指标，震级越大表明地震所释放的能量越大，可能造成的损失就越大。在地震科学中，按震动大小和破坏程度可以把地震分为以下几个类别：微震（小于 3 级）、有感地震（3～4.5 级）、中强震（4.5～6 级）、强震（6～7 级）及大地震（大于或等于 7 级地震）。在震级相同的情况下，震源深度越浅，震中烈度越高，破坏也就越重。震源深度是指地震波发源的地方离地面的垂直距离，根据震源深度可以把地震分为浅源地震、中源地震和深源地震。具体划分标准如表 2－1 所示。

表 2－1 地震划分标准

划分名称	浅源地震	中源地震	深源地震
震源深度	0～60 千米	60～300 千米	300 千米以上

破坏性地震一般是浅源地震。一些震源深度特别浅的地震，即使震级不太大，也可能造成“出乎意料”的破坏，如唐山大地震的震源深度为 8

千米。

除了地震强度，地震发生的时间也会对地震灾害后果有较大的影响。地震具有突发性特点，一旦发生可以在很快时间内造成损失，而且与具体发生的时间有较大关系。对于同样级别的地震，在同一地点不同时间发生造成的后果有较大差异，通常夜间发生的地震比白天发生的地震会造成更大损失。唐山地震伤亡惨重的原因之一正是由于地震发生在凌晨3时42分，绝大多数人还在室内熟睡。另外，地质条件也会对地震灾害造成影响，包括土质、地形、地下水位和是否有断裂带通过等。通常土质松软、覆盖土层厚、地下水位高、地形起伏大、有断裂带通过等都有可能使地震灾害加重。

2. 社会因素

社会因素主要涉及两个方面：风险暴露和易损性。风险暴露指在各种业务活动中容易受到风险因素影响的资产和负债的价值，或者说是暴露在风险中的头寸状况。地震灾害中的风险暴露主要指暴露在地震灾害风险中的生命财产，通过人口密度和经济发展程度来刻画。显然，如果没有风险暴露，即地震发生在无人区域，则不会造成人员伤亡和财产损失；反之，如果发生在人口密集地区及经济发达地区则会造成巨额损失。除风险暴露外，易损性也是影响地震灾害结果的一个主要因素。易损性通常可以通过建筑物的抗震性能来描述。如果建筑物抗震性能好，易损性相对较小，在发生地震灾害时不容易坍塌和严重破坏，因此可以减少受灾程度。

（三）我国地震灾害分布特点

我国位于世界两大地震带（环太平洋地震带与欧亚地震带）之间，受太平洋板块、印度板块和菲律宾海板块的挤压，地震断裂带十分活跃。从地理情况及历史数据来看，我国地震主要分布在5个地区，包括台湾地区、西南地区、西北地区、华北地区、东南沿海地区和23条地震带上。受地质条件和社会人口因素的制约，我国地震呈现出西部频数高、东部影响大的特征。西部地区相对于东部地区来说，地质条件更为复杂，地壳活动更为活跃，尤其是在青藏高原、四川龙门山断裂谷、云南横断山区、河西走廊等地区。上述地区地震频发，震级较大，但是由于经济发展相对滞后，其影响弱于东部沿海地区。相反，东部地震频数相对较低（除台湾地区），但人口基数大，社会经济条件较发达，社会财富雄厚，因此其灾害损失及后果影响程度往往比西部地区更严重。除地区分布不均之外，地震发生频率还与地震强度相关，震级越小，发生频率越高；震级越大，发生频率越低。我国除台湾地区以外，大多数地震发生在西部地区，多为中强震，强震及大地震的发生频率较小。另外，通过对我国1950—2019年破坏性地震数据进行统计分析（见表2－2），我国破坏性地震年平均发生频率为59.67次，其中中强震（52.8次/年）发生频率最大，大地震（0.52次/年）发生频率最小。

表2－2　1950—2019年不同等级地震年发生频率统计描述

等级（震级）	均值	方差	最小值	最大值
破坏性地震（≥4.5级）	59.67	35.41	13	191
中强震（4.5～6级）	52.8	31.19	10	178
强震（6～7级）	6.35	4.054	0	29
大地震（≥7级）	0.52	1.21	0	6

资料来源：中国地震信息网。

（四）地震次生灾害

在灾害链中，地震灾害通常是原生灾害，而地震灾害发生后通常还会引起一系列的次生灾害，包括山体崩塌、滑坡、泥石流、水灾等威胁人畜生命安全的各类灾害。总体而言，地震次生灾害可分为以下两大类：

一是社会层面的，如道路破坏导致交通瘫痪、煤气管道破裂形成的火灾、下水道损坏对饮用水水源的污染、电信设施破坏造成的通信中断，还有瘟疫流行、工厂毒气污染、医院细菌污染或放射性污染等。

二是自然层面的，如滑坡、崩塌落石、泥石流、地裂缝、地面塌陷、砂土液化等次生地质灾害和水灾，发生在深海地区的强烈地震还可引起海啸。

四、 气象灾害

前面讨论的地震灾害损失程度大，但发生频率小。而在所有自然灾害中，气象灾害是最为频繁而又严重的灾害，具有如下特点：（1）气象灾害种类繁多，主要有干旱、暴雨、洪涝、冻害等，总共可以分为 7 大类 20 余种。（2）气象灾害发生范围广，时间跨度长，一年四季任何地方都可能出现气象灾害。（3）气象灾害发生频率高。EM - DAT 数据库显示，2019 年仅洪水和暴雨灾害发生次数就占了所有灾害的 73%。（4）持续时间长。同一种灾害常常连季、连年出现。例如，1951—1980 年华北地区出现春夏连旱或伏秋连旱的年份就有 14 年。（5）群发性突出。某些灾害往往在同一时段内发生在许多地区，如雷雨、冰雹、大风、龙卷风等强对流性天气在每年 3 ~ 5 月常有群发现象。（6）容易形成灾害链。气象灾害的发生通常还会引起或加重其他灾害，如泥石流和病虫害等。（7）灾情重。EM - DAT 灾害数据库显示，2019 年全球因自然灾害造成人员死亡达 11755 人，超过 89% 是由气象灾害造成的，其中洪水、极端温度和暴雨造成死亡人数最高。

（一）干旱

干旱通常指某一地区可利用水资源长期不足，从而使空气及土壤处于长期缺水状态。与其他灾害不同，旱灾通常不会造成直接的死亡事件，而是对社会经济及当地的生态环境造成影响，其中影响最大的是农业。与正常年份的平均产量相比，干旱年份将会导致农作物减产超过 1/2，最终导致某些地区食物短缺，进而引起饥饿的发生，最终造成一些人因饥饿而死亡。

1. 形成原因

干旱形成的原因很多，既包括气象因素，也与人类活动所引起的温度变化相关。总结起来，造成干旱的因素主要有以下五点。

一是降雨量减少。降雨量减少是引起干旱的主要原因，年际间降雨量的变动及温差通常会影响干旱发生的频率及干旱程度。

二是海表边界条件通过其光学和热力性能的变化影响气候体系。

三是海平面温度（SST）的异常。海平面温度异常通常会持续几个月甚至几年，进而导致全球气候变化。有很多因素会引起海平面温度的异常，如深海温盐环流、积雪层等，但主要因素还是气流和日光照射。

四是地球地壳板块漂移。地壳板块漂移会导致地表水分流失，从而丧失水分，引起土壤缺水，不能满足农作物的水分需求。

五是地方植被覆盖水平。植被被破坏会导致水土流失，进而引起旱灾。

除了上述原因，旱灾还与天文潮汛及温室效应有关。

2. 分类

干旱有不同的类型，世界气象组织将干旱分为六类，包括气象干旱、气候干旱、大气干旱、农业干旱、水文干旱和用水管理干旱。其中，气象干旱通过特定历时降水量的绝对值来表示降水量的不足；气候干旱通过特定时期的降水量与平均值或正常值的比率来表示降水量的不足；大气干旱除了降雨量之外，还涉及温度、湿度、风速、气压等气候因素；农业干旱主要描述的是土壤含水量不能满足植物生长需求，或者是某种特定作物的水分需求量；水文干旱通常指河道水流量、湖泊或水库库容的减少；用水管理干旱通常由于用水管理操作，或者是水利基础设施脆弱所引起的缺水。

我国通常将干旱分为三类，即气象干旱、农业干旱和水文干旱。其中，气象干旱指持续性缺水导致区域水文不足的干燥天气；农业干旱指降水量不足对农业产量的不利影响；水文干旱指河流、水库、地下水含水层、湖泊和土壤中低于平均含水量的时期。

3. 分级

根据不同标准可以将干旱分为不同的等级，常见的较为简单的分级标准是根据不同季节中连续无降雨天数进行划分，按照该标准将干旱分为四个等级，具体如表 2－3 所示。

表 2-3 干旱等级分类

等级	连续无降雨天数
小旱	春季：16~30天；夏季：16~25天；秋冬季：31~50天。
中旱	春季：31~45天；夏季：26~35天；秋冬季：51~70天。
大旱	春季：46~60天；夏季：36~45天；秋冬季：71~90天。
特大旱	春季：超过61天；夏季：超过46天；秋冬季：超过91天。

除了根据上述标准，还可以通过不同指标来计算干旱指数，进而根据干旱指数及等级划分标准来确定干旱的分级，具体可参见《气象干旱等级》国家标准。其中，标准规定了单项指标和气象干旱综合指数CI的定义：单项指标包括降水量和降水量距平百分率、标准化降水指数、相对湿润度指数、土壤湿度干旱指数和帕默尔干旱指数；综合指数CI则是通过标准化降水指数、相对湿润指数和降水量所建立的综合指数。《气象干旱等级》国家标准中将干旱划分为无旱、轻旱、中旱、重旱和特旱五个级别。

（二）洪涝灾害

历史灾害数据显示，在所有自然灾害中，洪涝灾害发生频率最高、造成死亡人数最多、影响最广。中国气象局将洪涝灾害分为洪灾和涝灾两种。其中，洪灾指大雨、暴雨引起水道急流、山洪暴发、河水泛滥、淹没农田、毁坏环境与各种设施等；涝灾指水过多或过于集中或返浆水过多造成的积水成灾。洪灾和涝灾很多时候是同时发生在同一区域，因此很难区分，所以通常统称为洪涝灾害。

1. 洪涝灾害的形成需要具备的条件

（1）自然条件。洪水是形成洪水灾害的直接原因。只有当洪水自然变异强度达到一定标准，才可能出现灾害。主要影响因素有地理位置、气候条件和地形地势等。

（2）社会经济条件。只有当洪水发生在有人类活动的地方才能成灾。受洪水威胁最大的地区往往是江河中下游地区，而中下游地区因其水源丰富、土地平坦又常常是经济发达地区。洪水灾害的威胁会制约社会经济发展和影响人民生命财产安全。

2. 我国洪涝灾害形成的主要背景

（1）地理位置。我国处在欧亚大陆的东岸和太平洋的西岸，有明显的季风气候特点，雨量的季节性变化和地域性差异极其明显。

（2）地势西高东低，呈阶梯状向东南倾斜。大山、高原、盆地、丘陵和平原分布错落有序，对暴雨分布产生显著影响。

（3）气候条件。气候变动对洪涝灾害影响大，降雨量的年际变化大，各年的雨量变化不稳定，也是形成洪涝灾害的原因之一。

（4）河道的历史变迁。我国的河流因多沙闻名于世，江湖水系演变与洪涝灾害关系密切。

（三）台风灾害

台风一般只会发生在一些沿海地带，是热带气旋的一个类别，指形成于热带或副热带26℃以上广阔海面上的热带气旋。世界气象组织定义：中心持续风速在12~13级（每秒32.7~41.4米）的热带气旋为台风（typhoon）或飓风（hurricane）。北太平洋西部（赤道以北，国际日期线以西，东经100度以东）地区通常称为台风，而北大西洋及东太平洋地区则普遍称为飓风。每年的夏秋季节，我国毗邻的西北太平洋上会生成不少名为台风的猛烈风暴，有的消散于海上，有的则登上陆地，带来狂风暴雨，是自然灾害的一种。

台风的破坏力主要由强风、暴雨和风暴潮三个因素引起。

一是强风台风是一个巨大的能量库，其风速都在17米/秒以上，甚至在60米/秒以上。据测，当风力达到12级时，垂直于风向平面上每平方米风压可达230公斤。

二是暴雨台风是非常强的降雨系统。一次台风登陆，降雨中心一天之中可降下100~300毫米的大暴雨，甚至可达500~800毫米。台风暴雨造成的洪涝灾害，是最具危险性的灾害。台风暴雨强度大，洪水出现频率高，波及范围广，来势凶猛，破坏性极大。

三是风暴潮。所谓风暴潮，就是当台风移向陆地时，由于台风的强风和低气压的作用，使海水向海岸方向强力堆积，潮位猛涨，水浪排山倒海般向海岸压去。强台风的风暴潮能使沿海水位上升 5 ~6 米。风暴潮与天文大潮高潮位相遇，产生高频率的潮位，导致潮水漫溢、海堤溃决，冲毁房屋和各类建筑设施，淹没城镇和农田，造成大量人员伤亡和财产损失。风暴潮还会造成海岸侵蚀、海水倒灌造成土地盐渍化等灾害。

第二节　人为灾害

人为灾害指主要由人为因素引发的灾害。其种类很多，主要包括自然资源衰竭灾害、环境污染灾害、火灾、交通灾害、人口过剩灾害及核灾害。

一、 自然资源衰竭灾害

（一）森林资源衰竭灾害

森林对人类文明的发展产生过并继续产生着巨大影响。森林为原始人类提供了栖息环境和基本的生活条件，因而成为人类繁衍进化的发源地。历史上，森林曾覆盖了地球陆地面积的 2/3，进入 20 世纪以后，森林减少的速度进一步加快。在各类森林中，以热带雨林的消失速度最快，发展中国家的森林资源衰竭尤为严重。森林减少的主要原因是乱砍滥伐、只伐不植。随着社会的发展，人们对木材、燃料或耕地的需求在迅速增长，因此森林被大量砍伐。如果继续只伐不植，或多伐少植，那么森林资源的衰竭会以更快速度进行。

由于人类与森林资源的密切关系，森林资源的衰竭将给人类和人类社会带来多方面的危害，成为一种后果严重的灾害。森林的丧失对人类社会造成的主要影响如下：第一，使人类取得木材、药材、薪柴等生产和生活原料变得极其困难；第二，使生物圈初级生物产量大大降低，次级生物产量也随之降低，从而大大削弱了人类生存和发展的物质基础；第三，严重危害人们的健康；第四，使气候恶化，干旱、洪涝加剧，水土流失和土地沙漠化更为严重。

（二）物种资源衰竭灾害

地球自出现生命以来，至今形成了约 1000 万种动物、植物和微生物。人类的出现加速了物种的灭绝，特别是进入近代社会以来，这一趋势更加明显。造成物种资源衰竭的原因主要有三个方面：第一，生物栖息环境的改变和破坏；第二，乱捕滥猎；第三，环境污染。

物种资源衰竭会产生下述四个方面的严重后果：第一，破坏生态平衡；第二，影响优良品种的选育；第三，减少药物来源；第四，危害工业的发展。

（三）沙漠化灾害

土地沙漠化是当代世界一个重要的环境问题。沙漠化是在具有一定砂质物质基础和干旱大风的动力条件下，由于过度人为活动与资源、环境不相协调而产生的一种以风沙活动为主要标志的环境退化过程。目前，地球上已经受到和预计会受到沙漠化影响的地区（包括沙漠）面积将占全球土地面积的 35%。其中，非洲是受到沙漠化威胁最严重的地区。

沙漠化直接造成以下后果：沙丘及片状流沙的侵袭和增长；牧场的退化；旱作农地生产量及潜力的衰退；灌溉农地的水渍和盐渍化；森林及植被的破坏；地下水和地表水质和量的退化。

沙漠化的结果会造成土地滋生潜力的衰退和可利用土地的丧失，加剧食物的缺乏，形成连年饥荒。沙漠化还会造成气候状况的恶化，特别是引起干旱的加剧。

（四）水土流失灾害

在自然状态下，因自然因素引起的地表侵蚀速度非常缓慢，一般与自然土壤形成过程处于相对平衡的稳定状态。但是，由于人类的活动，特别是由于植被遭到破坏，自然因素（如风和水）的作用被扩大，土壤受到严重的侵蚀，水土流失加速进行，大大超过成土速度。

水土流失会造成大量耕地日益瘠薄，地力不断下降，有些甚至失去生产力，这在相当程度上加剧了土地资源的紧张和全球性食物短缺。流失的水土在河流、湖泊和水库中淤积，降低其容量，造成洪涝和干旱灾害的加剧，并妨碍航运、农业灌溉与电力能源生产。

（五）土地资源衰竭灾害

土地资源是人类生活和生产上已经开发利用和尚未开发利用的土地数量和质量的总和。由于土地具有承载、供给等基本功能，人类自存在以来，就与土地结成了不可分离的依存关系。人类的产生、生存和发展，都是以土地资源为依存基础的。近代人类活动使许多土地质量下降，可利用性降低或失去利用价值，使地球上的可利用土地越来越少。土地资源的衰竭主要表现在以下两个方面：一是森林的破坏和草原的退化；二是沙漠化、水土流失和盐碱化，耕地丧失。土地资源的衰竭是人类基本生活资料和生产资料的丧失，是人类生存环境的破坏，这将带来整个人类生活质量的下降。

（六）水资源衰竭灾害

水资源是指在目前经济技术条件下可以被人类利用的那一部分水，水资源是一种有限的资源。进入20世纪以来，人口高速增长，工农业生产迅速发展，城市急剧增加、扩大，水的消耗量增长很快。在用水量剧增的同时，工业废水、农业废水及生活废水大量排入水体，引起水质普遍恶化。

耗水量的剧增与水污染的加剧，导致全球性的水资源危机。目前，全球淡水不足的陆地面积约占60%，20亿人口饮用水紧缺，10亿多人口饮用水受到污染。另外，水资源的分布不均匀也在相当程度上引发和加剧了水荒，用水浪费也加剧了水荒。

水是生命之源，主要体现在以下三个方面：第一，水既是人体组成的基础物质，又是新陈代谢的主要介质，水的缺乏对人们的生活和健康极为不利，甚至会毁灭生命，全世界经常发生因干旱缺水而渴死大量人口的事件；第二，各种动植物离不开水，水的缺乏严重阻碍着动植物的生长发育，特别是降低农业动植物的生产量；第三，工业生产也离不开水，水的缺乏造成许多国家的工厂经常停工停产。此外，为了保护环境、生态平衡，也必须保持江河湖海一定的流量，以满足鱼类和水生植物的生长、冲刷泥沙、冲洗农田盐分、保持水体自净能力等，水资源的紧缺必然会造成生态环境的恶化。

二、 环境污染灾害

由于人们对工业高度发达的负面影响预料不够、预防不力，从而导致了全球性的三大危机：资源短缺、环境污染、生态破坏。环境污染是指自然的或人为的破坏，向环境中添加某种物质而超过环境的自净能力而产生危害的行为，或由于人为的因素，环境受到有害物质的污染，使生物的生长繁殖和人类的正常生活受到有害影响。

（一）环境污染的分类

一是按环境要素可以分为大气污染、水体污染、土壤污染、噪（音）声污染、农药污染、辐射污染、热污染。

二是按属性可以分为显性污染和隐性污染。

三是按人类活动可以分为工业环境污染、城市环境污染和农业环境污染。

四是按造成环境污染的性质来源可以分为化学污染、生物污染、物理污染（噪声污染、放射性污染、电磁波污染等）、固体废物污染、液体废物污染、能源污染。

（二）环境污染的特点

环境污染是各种污染因素本身及其相互作用的结果。同时，环境污染还会受社会评价的影响而具有社会性，它的特点可归纳为以下三点。

一是公害性。环境污染不受地区、种族、经济条件的影响，一律受害。

二是潜伏性。许多污染不易及时发现，一旦爆发后果严重。

三是长久性。许多污染长期连续不断的影响，危害人们的健康和生命，并不易消除。

专栏　国内外典型巨灾风险案例

一、地震灾害

“5·12”汶川大地震严重破坏地区超过10万平方千米。其中，极重灾区共有10个县（市），较重灾区共有41个县（市），一般灾区共有186个县（市）。截至2008年9月18日12时，“5·12”汶川大地震共造成69159人死亡、374141人受伤、17469人失踪，是自中华人民共和国成立以来破坏力最强的地震，也是继唐山大地震后伤亡最严重的一次地震。

二、干旱灾害

2009年秋季以来一直到2010年初，中国西南地区遭受严重干旱。特别是云南省发生自有气象记录以来最严重的秋、冬、春连旱，全省综合气象干旱重现期为80年以上一遇；贵州省秋冬连旱为80年一遇，贵州省中部以西、以南地区旱情达百年一遇。截至2010年3月23日，旱灾致使广西、重庆、四川、贵州、云南5省（自治区、直辖市）受灾人口达6130.6万人，饮水困难人口达1807.1万人，饮水困难大牲畜达1172.4万头，农作物受灾面积达503.4万公顷，绝收面积达111.5万公顷，直接经济损失达236.6亿元。

三、台风灾害

2015年9月9日，18号强台风“艾涛”登陆日本，受此影响，日本多地普降特大暴雨，其中茨城县、枥木县等地遭遇特大暴雨袭击。10日上午，茨城县城里町观测到每小时72毫米的降雨，而茨城县48小时内的降雨量接近300毫米。此外，关东地区枥木县24小时的降雨量最多处超过500毫米，这是通常年份9月一个月降雨量的2倍。受强降雨的影响，枥木县各地的住宅等建筑物被淹，一部分地区还发生了泥石流灾害。据报道，10日凌晨，枥木县鹿沼市内发生一起泥石流灾害，导致2人被埋，其中一人重伤获救，另一人下落不明。强降雨还导致枥木县盐谷町的一处水管破裂，致下游300多户居民家中停水。

本章小结

巨灾风险主要涉及自然灾害及人为灾害，本章需要了解自然灾害及人为灾害的定义、分类及特征。在自然灾害中，需着重了解地震灾害的特征及危害性，气象灾害的种类、特征及分级等问题；在人为灾害中，了解主要灾害种类，包括自然资源衰竭灾害和环境污染灾害。

◎专业术语

自然灾害　突发性自然灾害　缓发性自然灾害　灾害链　风险因子
次生灾害

◎思考题

1. 自然灾害的分类有哪些？
2. 地震灾害的特征有哪些？

3. 气象灾害的主要种类有哪些？

4. 人为灾害与自然灾害的主要区别是什么？

◎参考文献

[1] 葛全胜，邹铭，郑景云．中国自然灾害风险综合评估初步研究[M]．北京：科学出版社，2008.

[2] ALBALA－BERTRAND，J. M. Political Economy of Large Natural Disasters：With Special Reference to Developing Countries [M]. Oxford，1993.

[3] ALEXANDER，D. Natural Disasters [M]. London，1993.

[4] ALCÁNTERA－AYALA，I. Geomorphology，Natural Hazards，Vulnerability and Prevention of Natural Disasters in Developing Countries [J]. Geomorphology，2002 (47)：2－4.

[5] BARKUN，N. Disaster and the Millenium [M]. New Haven，1974.

[6] BELOW，R.，WIRTZ，A.，GUHA－SAPIR，D. Disaster Category Classification and peril Terminology for Operational Purposes [EB/OL]. http：//ipcc－wg2. gov/njli te _ down load. php? id＝5089 (8. 10. 2012).

[7] HALLEGATTE，S. Natural Disasters and Climate Change [M]. Springer International Pu，2016.

[8] HEWITT，K. Regions at Risk：A Geographical Introduction to Disasters [M]. Prentice Hall. New Jersey，1997.

[9] PORFIRIEV，B. Institutional and Legislative Issues of Emergency Management Policy in Russia [J]. Journal of Hazardous Materials，2001 (88)：2－3.

[10] TOBIN，G. A.，MONTZ，B. E. Natural Hazards：Explanation and Integration [M]. New York，1997.

[11] WESTGATE，K. N.，ÓKEEFE，P. Some Definitions of Disaster [M]. Bradford，1976.

第三章

巨灾风险评估模型

由于巨灾风险影响范围广，损失程度大，给社会造成较大的人身伤害及财产损失。因此，必须建立完善的巨灾风险管理机制来处理巨灾风险，而巨灾风险管理的基础便是建立巨灾损失评估模型。巨灾损失模型通常包括两类，即巨灾损失次数模型和巨灾损失金额模型。其中，巨灾损失次数一般使用泊松过程进行描述，但巨灾损失模型由于具有“厚尾”特征，往往很难用常见的损失分布模型进行拟合。从当前的研究来看，极值理论是分析巨灾损失数据的常用工具，在巨灾风险管理中应用广泛。极值理论主要包括两个方法，一个是广义极值分布及由此衍生出的区块极大化方法（Block Maxima Method，BMM）；另一个是研究超过某一阈值的样本分布情况及由此衍生出来的超越阈值模型（POT）。这两种方法均有其适用性，其中，POT 模型具有更为广泛的应用。然而，由于 POT 模型中的阈值估计存在较大的主观性及模型比较存在困难，很多学者在 POT 模型的基础上提出了混合模型及贝叶斯估计方法。

本章除了介绍极值分布和广义帕累托分布，还将讨论混合分布及其贝叶斯统计估计。本章最后以地震巨灾损失为例，说明混合模型及其贝叶斯统计方法在巨灾损失建模中的应用。

第一节　广义极值分布

在巨灾风险分析中，人们往往比较关注最大可能损失的情况。现假设 X_1，X_2，…，X_n 为具有独立同分布的损失随机变量，且其分布为 $F(x)$，令 $M_n = \max(X_1, X_2, \cdots, X_n)$ 为其极大值，则 M_n 的分布函数为

$$Pr(M_n \leqslant x) = [F(x)]^n$$

其证明如下：

$$\begin{aligned} Pr(M_n \leqslant x) &= Pr[\max(X_1, X_2, \cdots, X_n) \leqslant x] \\ &= Pr[X_1 \leqslant x, X_2 \leqslant x, \cdots, X_n \leqslant x] \\ &= Pr(X_1 \leqslant x) Pr(X_2 \leqslant x), \cdots, Pr(X_n \leqslant x) \\ &= [F(x)]^n \end{aligned}$$

【定理 3.1】 如果存在常数序列 $a_n > 0$ 和 b_n，使对某一非退化分布 H，当 $n \to \infty$ 时，极大值 M_n 经过线性变换以后，有

$$Pr\left(\frac{M_n - b_n}{a_n} \leqslant x\right) \to H(x), x \in R$$

则 H 是如下三种极值分布函数之一：

（1）Gumbel 分布

$$H_1(x) = \exp\left\{-\exp\left[-\left(\frac{x-\mu}{\sigma}\right)\right]\right\}, -\infty < x < \infty, \sigma > 0$$

（2）Frechet 分布

$$H_2(x) = \exp\left[-\left(\frac{x-\mu}{\sigma}\right)^{-\alpha}\right], x > \mu, \alpha > 0, \sigma > 0$$

（3）Weibull 分布

$$H_3(x) = \exp\left\{-\left[-\left(\frac{x-\mu}{\sigma}\right)\right]^{\alpha}\right\}, x \leqslant \mu, \alpha > 0$$

当 $\mu = 0$，$\sigma = 1$，$\alpha = 1$ 时，上述三种极值分布的密度函数、分布函数和生

存函数如图 3－1、图 3－2 和图 3－3 所示。

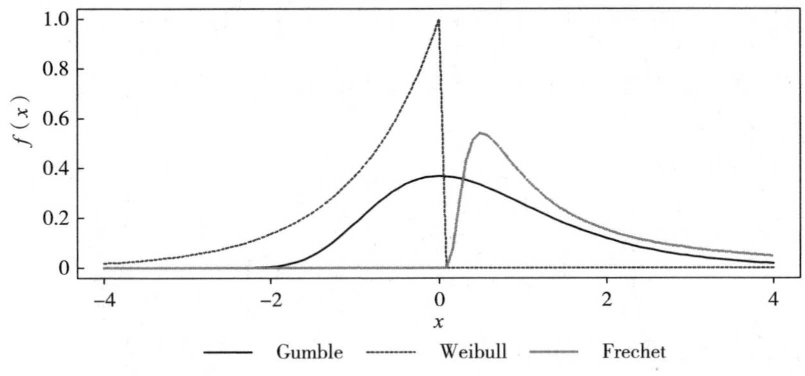

图 3－1　极值分布密度函数

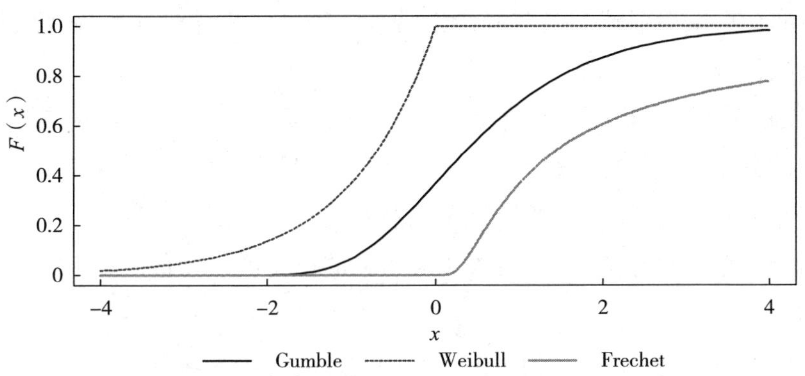

图 3－2　极值分布累计分布函数

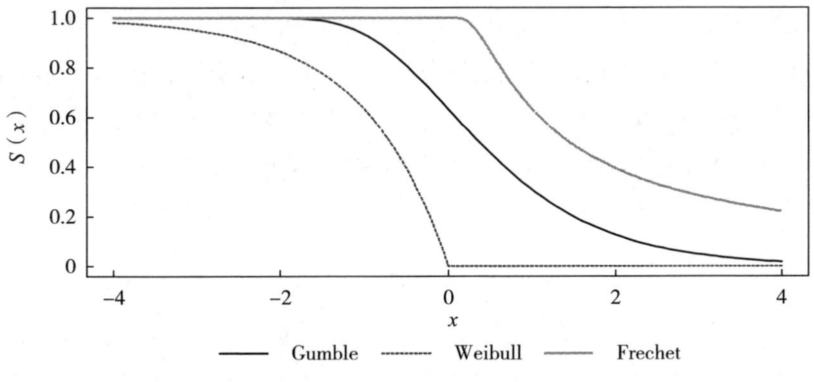

图 3－3　极值分布生存函数

上述三种极值分布可以统一表示为下述的广义极值分布（GEV）：

$$H_\xi(x) = \exp\left\{-\left[1+\xi\left(\frac{x-\mu}{\sigma}\right)\right]^{-1/\xi}\right\}, \xi \neq 0$$

当 $\xi \to 0$ 时，上述广义极值分布趋于 Gumble 分布，因此广义极值分布也可以表示为

$$H_\xi(x) = \begin{cases} \exp\left\{-\left[1+\xi\left(\frac{x-\mu}{\sigma}\right)\right]^{-1/\xi}\right\}, & \xi \neq 0 \\ \exp\left\{-\exp\left[-\left(\frac{x-\mu}{\sigma}\right)\right]\right\}, & \xi = 0 \end{cases}$$

其中，μ 为位置参数，σ 为尺度参数。

定理 3.1 表明，当 n 足够大时，样本观测值的极大值 M_n 将近似服从广义极值分布。广义极值分布具有稳定性特征，即广义极值分布的极大值仍然服从广义极值分布。

【定理 3.2】 对于位置参数等于 0，尺度参数等于 1 的广义极值分布，其极大值的分布服从位置参数为（$\xi^{-1}n^{\xi} - \xi^{-1}$），尺度参数为 n^{ξ} 的广义极值分布［证明略，可参见孟生旺（2017）第六章①］。

对于位置参数等于 0、尺度参数等于 1 的广义极值分布，其分布函数也可以表示为

$$H_\xi(x) = \begin{cases} \exp[-(1+\xi x)^{-1/\xi}], & \xi \neq 0 \\ \exp(-e^{-x}), & \xi = 0 \end{cases}$$

该理论提供了一种分析极值的方法，即区块极大化方法（BMM）。在使用 BMM 方法时，需要先将统计数据分成若干组，在每个小组中分别取最大值或最小值得到新样本，该样本的渐进分布为广义极值分布（GEV），即可以通过 GEV 拟合该组极值样本并最终得到关于极端值的理论推断。

---

① 孟生旺．风险模型：基于 R 的保险损失预测［M］．北京：中国人民大学出版社，2017.

第二节　广义帕累托分布

上一节介绍的 BMM 方法只研究分组数据中的最大值，会丧失所舍弃数据中的重要信息。为了解决这个问题，很多学者提出了超越阈值模型（POT）（Pickands，1975），研究超过某一个阈值 u 的样本损失数据分布，即广义帕累托分布。

一、分布函数

假设随机变量 x 服从广义帕累托分布，则其分布函数为

$$G(x \mid \xi,\sigma) = \begin{cases} 1 - \left(1 + \dfrac{\xi x}{\sigma}\right)^{-1/\xi}, & \xi \neq 0 \\ 1 - \exp(-x/\sigma), & \xi = 0 \end{cases}$$

其中，μ 为位置参数，ξ 为形状参数，σ 为尺度参数。其密度函数为

$$g(x \mid \xi,\sigma) = \begin{cases} \sigma^{-1}\left(1 + \dfrac{\xi x}{\sigma}\right)^{-(1+\xi)/\xi}, & (1 + x\xi/\sigma) > 0 \\ \sigma^{-1}\exp(-x/\sigma), & \xi = 0 \end{cases}$$

当位置参数 $\mu=0$、尺度参数 $\sigma=1$ 时，广义帕累托分布的密度函数、分布函数及生存函数如图 3－4、图 3－5 和图 3－6 所示。从这 3 个图中可以发现，在尺度参数不变的情况下，形状参数越大，分布的尾部越厚。广义帕累托分布的期望和方差分别为

$$E(y) = \frac{\sigma}{1-\xi}, \xi < 1$$

$$Var(y) = \frac{\sigma^2}{(1-\xi^2)(1-2\xi)}, \xi < \frac{1}{2}$$

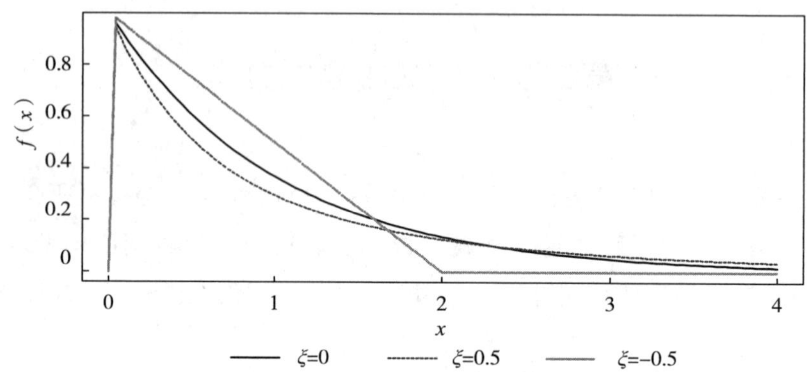

图 3-4　广义帕累托密度函数

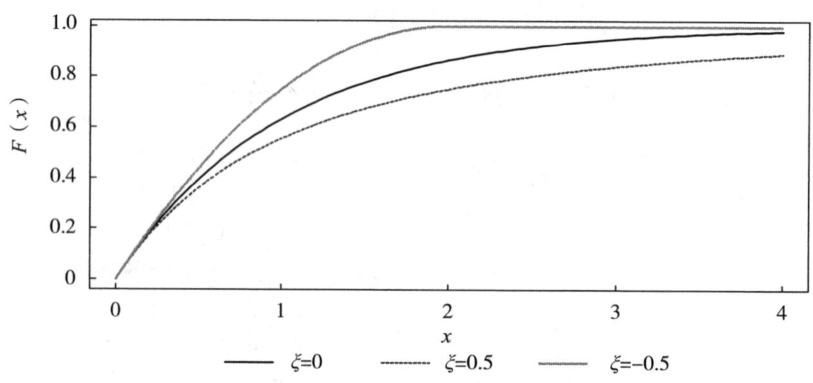

图 3-5　广义帕累托分布函数

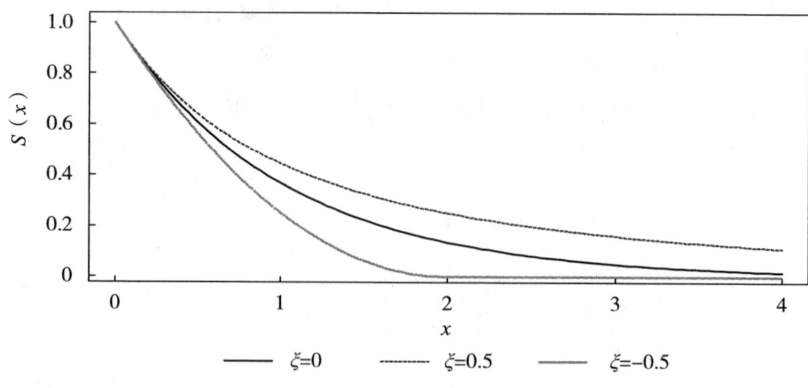

图 3-6　广义帕累托生存函数

二、 超额损失的分布：POT 模型

令 X 为某一损失随机变量，且具有分布函数 $H(x)$，则超过某一阈值 u 的超额损失可表示为

$$Y = X - u \mid X > u$$

其分布函数可以表示为

$$\begin{aligned} F_Y(y) &= Pr(Y \leqslant y) \\ &= Pr(X - u \leqslant y \mid x > u) \\ &= Pr(X \leqslant y + u \mid x > u) \\ &= \frac{F_x(y+u) - F_x(u)}{1 - F_x(u)}, y \geqslant 0 \end{aligned}$$

【定理 3.3】 如果原始随机变量 X 服从广义帕累托分布，形状参数为 ξ，尺度参数为 σ，则超额损失随机变量 $Y = X - u \mid X > u$ 仍然服从广义帕累托分布，形状参数为 ξ，尺度参数为 $\sigma + \xi u$。

证明如下：

$$\begin{aligned} F_Y(y) &= \frac{F_x(y+u) - F_x(u)}{1 - F_x(u)} \\ &= \frac{\left(1 + \xi \frac{u}{\sigma}\right)^{-1/\xi} - \left(1 + \xi \frac{y+u}{\sigma}\right)^{-1/\xi}}{\left(1 + \xi \frac{u}{\sigma}\right)^{-1/\xi}} \\ &= 1 - \left(\frac{1 + \xi \frac{y+u}{\sigma}}{1 + \xi \frac{u}{\sigma}}\right)^{-1/\xi} \\ &= 1 - \left(1 + \frac{\xi y}{\sigma + \xi u}\right)^{-1/\xi} \end{aligned}$$

证毕。

随机变量 Y 的期望称为平均超额损失函数，记为 $e(u)$，$\xi < 1$ 时有

$$e(u) = E(Y) = E(X - u \mid X > u) = \frac{\sigma + \xi u}{1 - \xi}$$

当阈值 u 足够大时，广义帕累托分布的平均超额损失函数是阈值 u 的线性函数。该性质可用于判断样本数据是否服从广义帕累托分布，具体将通过样本平均超越损失函数来进行验证。假设 x_1，…，x_n 为一组损失样本，给定阈值 u 时，样本平均超越损失函数定义如下：

$$e_n(u) = N_u \sum_{i=1}^{n} (x_i - u)_+, u > 0$$

其中，N_u 为损失超过阈值 u 的观测值个数，$(x_i - u)_+ = \max(x_i - u, 0)$。如果随着阈值 u 的增加，$e_n(u)$ 呈现线性增加趋势，就说明可以用广义帕累托分布来拟合超额损失函数。

【例 3.1】 生成 10000 个来自广义帕累托分布的随机变量，形状参数和尺度参数分别为：$\xi = 0.5$，$\sigma = 2$，绘制这组随机数的平均超越损失函数。

【R 语言代码】

```
library（evir）#极值包，包含广义帕累托分布
n = 10000
#产生广义帕累托分布随机数，rgpd，需要程序包“evir”，其中 xi 为形状参数，beta 为尺度参数
set. seed(00)
x < - rgpd(n,xi = 0. 5,mu  =  0,beta  =  2)
#计算平均超额损失函数
x < - sort(x)
en = NULL
for(i in 1:(n - 3)){
ex = pmax(x - x[i],0)            #超额损失
en[i] = mean(ex[ex > 0])         #平均超额损失
}
#绘图
```

```
plot(x[1:(n-3)],en,pch="o",ylab=expression(e(u)),xlab=expression(u))
```

图3－7为样本的平均超额损失函数。由该图可以看出，$e(u)$ 是 u 的线性函数，即可以说样本来自广义帕累托分布。

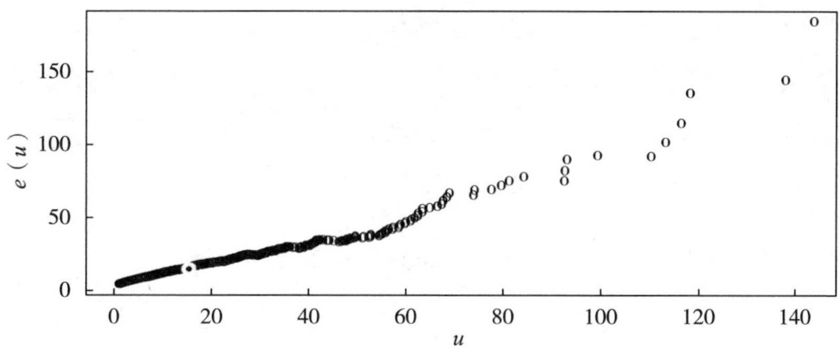

图3－7　平均超额损失函数

由定理3.3可知，来自广义帕累托分布的损失随机变量，其超额损失也服从广义帕累托分布。实际上，当阈值 u 足够大时，任意分布损失随机变量的超额损失分布均近似服从广义帕累托分布，具体见定理3.4。

【定理3.4】 令 X_1，…，X_n 表示独立同分布的随机变量序列，$M_n=\max(X_1,\cdots,X_n)$ 为序列最大值。如果存在常数序列 $a_n>0$ 和 b_n，当 $n\to\infty$ 时，下式趋近于极值分布 $H(x)$：

$$\Pr\left(\frac{M_n-b_n}{a_n}\leqslant x\right)\to H_\xi(x)$$

对于足够大的阈值 u，超额损失随机变量 $Y=X-u\mid X>u$ 近似服从广义帕累托分布，其分布函数为

$$G_{\xi,\sigma}(y)=1-\left(1+\frac{\xi y}{\sigma}\right)^{-1/\xi},y>0,1+\frac{\xi y}{\sigma}>0$$

定理3.4描述了超额损失随机变量的分布，常常被用于分析尾部风险或巨灾风险，也被称为POT（Peak Over Threshold）模型（Balkema and de Haan,

1974；Pickands，1975）。由于 POT 模型的应用较为简单，近年来，其在金融、保险及其他领域的极端风险分析中得到了广泛应用。

三、 阈值选择

POT 模型参数通常可以采用极大似然函数进行估计，但在估计之前需要先选定阈值 u。当前选择阈值的方法主要是图形法，包括平均剩余寿命函数图、阈值选择图等，均可以通过 R 语言程序包“POT”绘制，下面对剩余寿命函数图和阈值选择图绘制原理进行简单介绍。

（一）平均剩余寿命函数图（mean residual life plot）

令 X 为一损失随机变量，且假设 u_0 为一合适的阈值，使超额损失随机变量 $X-u_0 \mid X>u_0$ 服从广义帕累托分布，形状参数为 ξ，尺度参数为 σ。则可得

$$E(X-u_0 \mid X>u_0)=\frac{\sigma_{u_0}}{1-\xi}$$

其中，$\sigma_{u_0}=\sigma+\xi u$。现假设有一新的阈值 $u_1(u_1>u_0)$，则超越新阈值的超额损失仍然服从广义帕累托分布，且有

$$E(X-u_1 \mid X>u_1)=\frac{\sigma_{u_0}+\xi u_1}{1-\xi}$$

即 $E(X-u_1 \mid X>u_1)$ 是 u_1 的线性函数，或者说 $E(X-u_1 \mid X>u_1)$ 是超过新阈值的平均值，可用样本平均值进行估计，则由如下定义的点绘制的图即是平均剩余寿命函数图：

$$\left\{\left(u,\frac{1}{n_u}\sum_{i=1}^{n_u}x_{i,n_u}-u\right):u\leqslant x_{\max}\right\}$$

其中，n_u 是超过阈值 u 的样本个数，x_{i,n_u} 是超过阈值 u 中的第 i 个观测值，$x_{\max}$ 是样本中的最大值。R 语言程序包“POT”中的函数 mrlplot 可以直接绘制平均剩余寿命函数图（见图 3－8）。

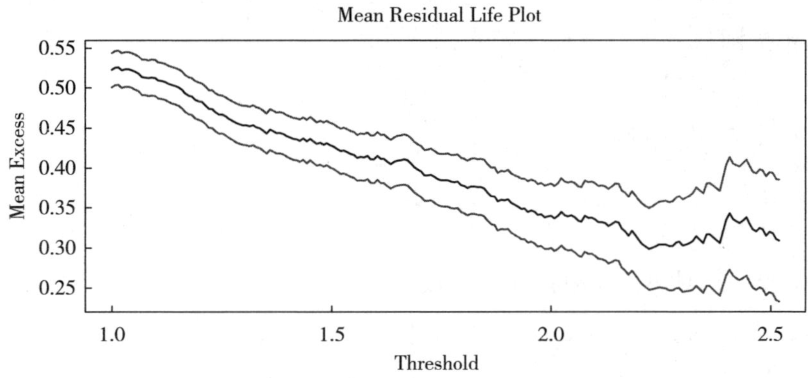

图 3 - 8 平均剩余寿命函数

【例 3.2】 模拟一组标准正态分布随机数，选择合适的阈值，使超越损失随机变量服从广义帕累托分布。

【R 语言代码】

```
library(POT)
x < - rnorm(10000)
mrlplot(x, u. range = c(1, quantile(x, probs = 0.995)), col = c("green" "black" "green"), nt = 200)
```

由图 3 - 8 可知，2.5 是一个合适的阈值。

（二）阈值选择图（threshold choice plot）

假设损失随机变量 $X - u_0 \mid X > u_0$ 服从形状参数为 ξ_0，尺度参数为 σ_0 的广义帕累托分布。现假设 $u_1(u_1 > u_0)$ 为一新的阈值，则由前面的讨论可知，$X - u_1 \mid X > u_1$ 仍然服从广义帕累托分布，形状参数为 $\xi_1 = \xi_0$，尺度参数为 $\sigma_1 = \sigma_0 + \xi_0(u_1 - u_0)$。令 $\sigma_* = \sigma_1 - \xi_1 u_1$，则 σ_* 与 u_1 相互独立，若 u_0 为一个合适的阈值，σ_* 与 ξ_1 的估计是一致的。由如下点绘制的图形即为阈值选择图（见图 3 - 9）。

$$\{(u_1, \sigma_*) : u_1 \leqslant x_{\max}\} \text{ 及 } \{(u_1, \xi_1) : u_1 \leqslant x_{\max}\}$$

【例 3.3】模拟一组标准均匀分布 $U(0,1)$ 的随机数，选择合适的阈值，使超越损失随机变量服从广义帕累托分布。

【R 语言代码】

```
x < - runif(10000)
par(mfrow = c(1,2))
tcplot(x,u. range  =  c(0.9,0.995))
```

由图 3 -9 可知，阈值在 0.98 附近。

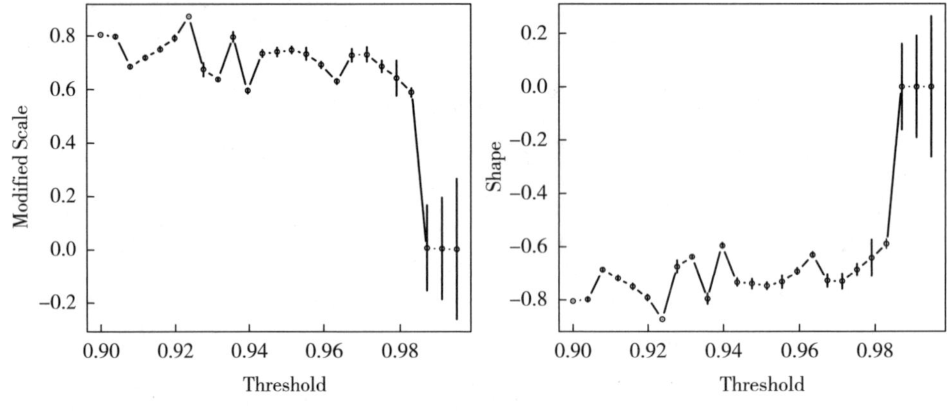

图 3 -9　阈值选择

四、 参数估计

选定阈值之后，即可对广义帕累托分布的参数进行估计，参数估计的方法很多，其中，极大似然估计法（MLE）是最常用的方法之一。广义帕累托分布的密度函数所相应的对数似然函数为

$$L(\xi,\sigma;y_1,\cdots,y_n) = -k\ln\sigma - \frac{1+\xi}{\xi}\sum_{j=1}^{n}\ln\left(1+\frac{\xi y_i}{\sigma}\right)$$

极大化上述对数似然函数即可得到广义帕累托分布参数的极大似然估计 $\hat{\xi}$ 和 $\hat{\sigma}$。

【例 3.4】从广义帕累托分布模拟一组随机数，并用极大似然估计法求参数估计。

【R 语言代码】

x < - rgpd(100,1,2,0)#产生随机数

fitgpd(x,thresh = 1,shape = 0,est = “mle”)#广义帕累托分布参数估计

输出结果:

```
> fitgpd(x, 1, "mle")
Estimator: MLE
 Deviance: 341.4207
      AIC: 345.4207

Varying Threshold: FALSE

  Threshold Call: 1
    Number Above: 100
Proportion Above: 1

Estimates
  scale    shape
 2.3817  -0.1607

Standard Error Type: observed

Standard Errors
 scale   shape
0.3428  0.1048


Asymptotic Variance Covariance
       scale     shape
scale   0.11753  -0.02936
shape  -0.02936   0.01098

Optimization Information
  Convergence: successful
  Function Evaluations: 34
  Gradient Evaluations: 9
```

第三节　混合模型及其贝叶斯估计

一般的损失分布有很多种，如伽马分布、对数正态分布、威布尔分布等，这些分布通常可以作为混合分布的前半部分，即小于阈值的分布。不同的损失分布与 GPD 相组合可以得到不同的混合模型。本章将考虑上述三种常见的损失分布及混合伽马分布，四种分布与 GPD 组合可以得到四种不同混合模型。下面将具体讨论各个模型的定义及其对应的贝叶斯参数统计估计方法。

一、 伽马—GPD 混合模型及其贝叶斯估计

伽马分布是常见的损失理论分布，其密度函数为

$$f_G(x \mid \alpha,\beta) = \frac{\beta^{\alpha}}{\Gamma(\alpha)}\exp(-\beta x)x^{\alpha-1}, x > 0$$

其中，$\alpha>0$ 为形状参数，$\beta>0$ 为速率参数。其分布函数为

$$F_G(x \mid \alpha,\beta) \equiv \int_0^x f_G(t \mid \alpha,\beta)\,\mathrm{d}t$$

伽马分布的期望和方差分别为 $E(x) = \alpha/\beta$ 和 $Var(x) = \alpha/\beta^2$。由伽马分布与 GPD 分布可得混合模型，记为 m_0：

$$F(x \mid \alpha,\beta,\xi,\sigma,u) = \begin{cases} F_G(x \mid \alpha,\beta), & x < u \\ F_G(u \mid \alpha,\beta) + [1 - F_G(u \mid \alpha,\beta)]G(x \mid \xi,\sigma,u), & x \geqslant u \end{cases}$$

其中，$G(x \mid \xi,\sigma,u)$ 广义帕累托（GPD）的分布函数，定义为

$$G(x \mid \xi,\sigma,u) = \begin{cases} 1 - \left(1 + \dfrac{\xi(x-u)}{\sigma}\right)^{-1/\xi}, & \xi \neq 0 \\ 1 - \exp[-(x-u)/\sigma], & \xi = 0 \end{cases}$$

根据定义，m_0 的似然函数为

$$L(\theta;x)=\begin{cases}\prod_{\{i:x_i<u\}} f_G(x_i\mid\alpha,\beta)\prod_{\{i:x_i\geqslant u\}}[1-F_G(u\mid\alpha,\beta)]g[(x_i-u)\mid\xi,\sigma], & \xi\neq 0\\ \prod_{\{i:x_i<u\}} f_G(x_i\mid\alpha,\beta)\prod_{\{i:x_i\geqslant u\}}[1-F_G(u\mid\alpha,\beta)]g[(x_i-u)\mid\xi,\sigma], & \xi=0\end{cases}$$

其中，$\theta=(\alpha,\beta,\xi,\sigma,u)$ 表示包括所有未知参数的参数向量。由于似然函数结构较为复杂，下面将讨论该模型的贝叶斯估计方法。在贝叶斯估计中，最重要的一个问题是指定参数的先验分布，该模型中的参数包括伽马分布中的参数（α,β）、阈值 u 及 GPD 中的参数（ξ,σ）。首先，对于 GPD 中的参数（ξ,σ），类似 Castellanos 和 Cabras（2007），本章将采取如下先验分布

$$\pi(\xi,\sigma)\propto\sigma^{-1}(1+\xi)^{-1}(1+2\xi)^{-1/2},\xi>-1/2,\sigma>0$$

该先验分布是基于 Jeffreys 准则所获取的。Castellanos 和 Cabras（2007）指出，该先验分布导致适当的后验分布，并且可以产生比其他先前分布更准确的贝叶斯推断。基于上述先验分布可得（ξ,σ）的后验分布为

$$\pi(\xi,\sigma\mid x_1,\cdots,x_n)\propto\sigma^{-(n+1)}(1+\xi)^{-1}(1+2\xi)^{-1/2}\prod_{i=1}^{n}(1+x_i\xi/\sigma)^{-(1+\xi)/\xi}$$

其中，$\xi>-1/2$，$\xi/\sigma>-1/max\{x_1,\cdots,x_n\}$，$\sigma>0$

对于阈值 u，将采取常用的正态分布 $N(\mu_u,\sigma_u^2)$ 作为其先验分布（Behrens等，2004）。其中，μ_u 和 σ_u^2 分别为先验分布的期望和方差，为预先给定的超参数。Nascimento 等（2012）指出，该先验分布的均值 μ_u 应该选取样本中较大顺序统计量，而且方差也应选取较大，从而使其分布不会过于集中。当然，如果具有足够多的先验信息，也可以选择较小的方差。对于下面的混合模型来说，（ξ,σ）和阈值 u 为共同参数，因此其先验分布的选取将与前述相同。

对于 m_0 中的另外两个参数（α,β）（伽马分布），将采用如下的先验分布：

$$\alpha\sim IG(a,b),\beta\sim Gamma(c^2/d,c/d)$$

其中，a、b、c 和 d 为正数，$IG(\cdot,\cdot)$ 表示逆伽马分布。基于上述指定的先验分布，在获得样本 $x=(x_1,\cdots,x_n)$ 后可得参数 θ 的后验分布为

$$\pi_0(\theta \mid x) \propto \prod_{i:x_i \leqslant u} \frac{\beta^{\alpha}}{\Gamma(\alpha)} x_i^{\alpha-1} \exp\{-\beta x_i\}$$

$$\times \prod_{x_i > u} \left\{[1 - F_G(u \mid \alpha,\beta)]\left[\frac{1}{\sigma}(1 + \xi \frac{x_i - u}{\sigma})\right]\right\}$$

$$\times \frac{b^a}{\Gamma(a)} \alpha^{-a-1} \exp\{-b/\alpha\} \frac{d^c}{\Gamma(c)} \beta^{c-1}$$

$$\times \exp\{-d\beta\} \sigma^{-1}(1+\xi)^{-1}(1+2\xi)^{-1/2}$$

$$\times \frac{1}{\sqrt{2\pi}\sigma_u} \exp\left\{-\frac{(u-\mu_u)^2}{2\sigma_u^2}\right\}$$

取对数后可得对数后验分布为

$$\ln\pi_0(\theta \mid x) = C_0 + \sum_{i:x_i \leqslant u} [\alpha\ln\beta - \ln\Gamma(\alpha) + (\alpha - 1)\ln x_i - \beta x_i]$$

$$+ \sum_{x_i > u} \left\{\ln[1 - F_G(u \mid \alpha,\beta)] - \ln\sigma + \ln(1 + \xi \frac{x_i - u}{\sigma})\right\}$$

$$-(a-1)\ln(\Gamma(a)) - b/\alpha + (c-1)\ln\beta - d\beta - \ln\sigma$$

$$-\ln(1+\xi) - 1/2\ln(1+2\xi) - \ln\sigma_u - \frac{(u-\mu_u)^2}{2\sigma_u^2}$$

其中，C_0 为常数项。该后验分布的密度函数形式较为复杂，无法直接从该后验分布抽取随机变量的样本。因此，将应用 Metropolis - Hastings 算法（Hastings，1970；Metropolis 等，1953）及 Gibbs 抽样方法（Geman，1984）从该后验分布获得参数的贝叶斯估计。

二、混合伽马—GPD 混合模型及其贝叶斯估计

对于一些复杂数据来说，单纯采用伽马分布将不足以刻画其分布情况，通常需要采用混合分布对复杂数据进行分析。由于非参数密度函数可以由正态分布的有限混合进行估计（Titterington 等，1985），Wiper 等（2001）提出了基于混合伽马分布来构建损失分布，k - 伽马有限混合分布（k - MG）可以定义为

$$f_{MG}(x \mid \alpha,\beta,p) = \sum_{j=1}^{k} p_j f_G(x \mid \alpha_j,\beta_j)$$

其中，$f_G(x \mid \alpha_j,\beta_j)$ 为伽马分布的密度函数。令 $\alpha = (\alpha_1,\cdots,\alpha_k)$，$\beta = (\beta_1,\cdots,\beta_k)$，$p = (p_1,\cdots,p_k)$ 满足 $\sum_{j=1}^{k} p_j = 1$。同时，令 $\gamma = (\alpha,\beta,p)$，则由混合伽马及GPD 的组合可得如下混合模型

$$F(x \mid \gamma,\xi,\sigma,u) = \begin{cases} F_{MG}(x \mid \gamma), & x < u \\ F_{MG}(u \mid \gamma) + [1 - F_{MG}(u \mid \gamma)]G(x \mid \xi,\sigma), & x \geqslant u \end{cases}$$

其中，

$$F_{MG}(x \mid \gamma) = \sum_{j=1}^{k} p_j \int_0^x f_G(u \mid \alpha_j,\beta_j)\mathrm{d}u$$

该混合模型记为 m_1，其似然函数为

$$L(\theta;x) = \begin{cases} \prod_{\{i:x_i<u\}} f_{MG}(x_i \mid \gamma) \prod_{\{i:x_i \geqslant u\}} [1 - F_{MG}(u \mid \gamma)]g[(x_i - u) \mid \xi,\sigma], & \xi \neq 0 \\ \prod_{\{i:x_i<u\}} f_{MG}(x_i \mid \gamma) \prod_{\{i:x_i \geqslant u\}} [1 - F_{MG}(u \mid \gamma)]g[(x_i - u) \mid \xi,\sigma], & \xi = 0 \end{cases}$$

其中，$\theta = (\gamma,\xi,\sigma,u)$。

下面将讨论该模型的半参数贝叶斯统计估计方法。在混合模型的估计过程中通常会碰到一个问题，即混合模型缺乏可识别性。为了使混合模型可识别，需要采用一些限制方法，其中最常用的限制是基于对高斯混合的均值顺序的限制（Diebolt and Robert，1994）。本章将对 α 采取类似的限制，具体限制条件如下：

$$C(\alpha) = \{\alpha \mid 0 < \alpha_1 < \cdots < \alpha_k\}$$

为了得到参数的贝叶斯估计，还需要指定满足上述限制条件的 α 的先验分布。根据 α 的定义，其先验分布选取如下：

$$p(\alpha_1,\cdots,\alpha_k) = K\prod_{i=1}^{k} f_{IG}(\alpha_i \mid a_i,b_i)I(\alpha_1 < \cdots < \alpha_k)$$

其中，$K^{-1} = \int_{C(\alpha)} \prod_{i=1}^{k} f_{IG}(\alpha_i \mid a_i,b_i)d(\alpha_1,\cdots,\alpha_k)$，$f_{IG}(\cdot)$ 表示逆伽马分布的密度函数。另外，β 的第 j 个元素先验分布选取为

$$\beta_j \sim Gamma(c_j^2/d_j, c_j/d_j)$$

其中，$c_j > 0, d_j > 0 (j = 1, \cdots, k)$。权重 p 的先验分布为 $p \sim D_k(\gamma_1, \cdots, \gamma_k)$，$D_k(\gamma_1, \cdots, \gamma_k)$ 表示 Dirichlet 分布，其中 γ_1，…，γ_k 为超参数。在上述的先验分布假设下，参数 θ 的对数后验分布为

$$\begin{aligned}
\log\pi_1(\theta \mid x) = C_1 &+ \sum_{i:x_i \leqslant u} \log\left[\sum_{j=1}^{k} p_j f_G(x_i \mid \alpha_j, \beta_j)\right] \\
&+ \sum_{i:x_i > u} \log\left[1 - \sum_{j=1}^{k} p_j F_G(u \mid \alpha_j, \beta_j)\right] \\
&- \sum_{i:x_i > u}\left[\log(\sigma) - \frac{1+\xi}{\xi}\log\left(1 + \frac{\xi(x_i - u)}{\sigma}\right)\right] \\
&+ \sum_{j=1}^{k}\left[(c_j - 1)\log(\beta_j) - d_j\beta_j - (a_j + 1)\log(\alpha_j) - b_j/\alpha_j\right] \\
&- \frac{1}{2}\left(\frac{u - \mu_u}{\sigma_u}\right)^2 - \log(\sigma) - \log(1+\xi) - (1/2)\log(1+2\xi)
\end{aligned}$$

其中，C_1 为常数。

三、 对数正态分布—GPD 混合模型及其贝叶斯估计

对数正态分布也是一种常见的损失理论分布，其密度函数如下：

$$f_{LN}(x \mid \mu, \sigma_l) = \frac{1}{x\sigma_l\sqrt{2\pi}}\exp\left\{-\frac{(\ln x - \mu)^2}{2\sigma_l^2}\right\}, x > 0$$

其中，μ 为位置参数，σ_l 为尺度参数。对数正态分布的累积分布函数为

$$F_{LN}(x \mid \mu, \sigma_l) = \Phi\left(\frac{\ln x - \mu}{\sigma_l}\right), x > 0$$

其中，Φ 为标准正态分布的累积分布函数。对数正态分布的期望和方差分别为

$$E(x) = \exp\{\mu + \sigma_l^2/2\}, Var(x) = (\exp\{\sigma_l^2\} - 1)\exp\{2\mu + \sigma_l^2\}$$

对于损失变量 x，若小于阈值 u 的部分为对数正态分布，则可得如下混合模型：

$$F(x \mid \mu,\sigma_l,\xi,\sigma,u) = \begin{cases} F_{LN}(x \mid \mu,\sigma_l), & x < u \\ F_{LN}(u \mid \mu,\sigma_l) + [1 - F_l(u \mid \mu,\sigma_l)]G(x \mid \xi,\sigma,u), & x \geqslant u \end{cases}$$

该模型记为 m_2。令 $\theta = (\mu,\sigma_l,\xi,\sigma,u)$ 为包括该模型所有未知参数的参数向量，则其似然函数为

$$L(\theta;x) = \begin{cases} \prod\limits_{\{i:x_i<u\}} f_{LN}(x_i \mid \mu,\sigma_l) \prod\limits_{\{i:x_i\geqslant u\}} [1 - F_{LN}(u \mid \mu,\sigma_l)]\left(\frac{1}{\sigma}\left[1 + \xi\frac{x_i - u}{\sigma}\right]_+^{-(1+\xi)/\xi}\right), & \xi \neq 0 \\ \prod\limits_{\{i:x_i<u\}} f_{LN}(x_i \mid \mu,\sigma_l) \prod\limits_{\{i:x_i\geqslant u\}} [1 - F_{LN}(u \mid \mu,\sigma_l)]\left(\frac{1}{\sigma}\exp\left\{\frac{x_i - u}{\sigma}\right\}\right), & \xi = 0 \end{cases}$$

为了得到模型 m_2 的参数估计，将选取下面的先验分布作为对数正态分布参数的先验分布：

$$\mu \sim N(\mu_{\mu0},\sigma_{\mu0}^2), \pi(\sigma_l^2) \propto (\sigma_l^2)^{-1}$$

其中，$\mu_{\mu0}$ 和 $\sigma_{\mu0}^2$ 为超参数。θ 后验分布的对数为

$$\begin{aligned} \log\pi_2(\theta \mid x) = {} & C_2 + \sum_{i:x_i\leqslant u}\left[-\ln x_i - \ln\sigma_l - \frac{(\ln x_i - \mu)^2}{2\sigma_l^2}\right] \\ & + \sum_{x_i>u}\left\{\ln[1 - F_{LN}(u \mid \mu,\sigma_l^2)] - \ln\sigma + \ln(1 + \xi\frac{x_i - u}{\sigma})\right\} \\ & - \ln\sigma_{\mu0}^2 - \frac{(u - \mu_{\mu0})^2}{2\sigma_{\mu0}^2} - \ln\sigma_l^2 - \ln\sigma - \ln(1 + \xi) \\ & - 1/2\ln(1 + 2\xi) - \ln\sigma_u^2 - \frac{(u - \mu_u)^2}{2\sigma_u^2} \end{aligned}$$

其中，C_2 为常数。

四、 威布尔分布—GPD 混合模型及其贝叶斯估计

当尺度参数为 $\lambda > 0$，形状参数为 $\eta > 0$ 时，威布尔分布的密度函数 $f_W(x \mid \lambda,\eta)$ 和分布函数 $F_W(x \mid \lambda,\eta)$ 分别为

$$f_W(x \mid \lambda,\eta) = \frac{\eta}{\lambda}\left(\frac{x}{\lambda}\right)^{\eta-1}\exp\{-(x/\lambda)^\eta\}, x \geqslant 0$$

及

$$F_W(x \mid \lambda,\eta) = 1 - \exp\{-(x/\lambda)^{\eta}\},x \geqslant 0$$

其期望和方差分别为

$$E(x) = \lambda\Gamma(1 + 1/\eta)$$

$$Var(x) = \lambda^2\{\Gamma(1 + 2/\eta) - [\Gamma(1 + 1/\eta)]^2\}$$

则由威布尔分布和 GPD 组合的混合模型可以定义如下：

$$F(x \mid \theta_1,\theta_2,u) = \begin{cases} F_W(x \mid \lambda,\eta), & x < u \\ F_W(u \mid \lambda,\eta) + [1 - F_W(u \mid \lambda,\eta)]G(x \mid \xi,\sigma,u), & x \geqslant u \end{cases}$$

其似然函数为

$$L(\theta;x) = \begin{cases} \prod\limits_{\{i:x_i<u\}} f_W(x_i \mid \theta_1) \prod\limits_{\{i:x_i\geqslant u\}} [1 - F_W(u \mid \theta_1)]\left(\frac{1}{\sigma}\left[1 + \xi\frac{x_i - u}{\sigma}\right]_+^{-(1+\xi)/\xi}\right), & \xi \neq 0 \\ \prod\limits_{\{i:x_i<u\}} f_W(x_i \mid \theta_1) \prod\limits_{\{i:x_i\geqslant u\}} [1 - F_W(u \mid \theta_1)]\left(\frac{1}{\sigma}\exp\{\frac{x_i - u}{\sigma}\}\right), & \xi = 0 \end{cases}$$

该模型记为 m_3。对于威布尔分布中的参数，其先验分布将采用 Jeffreys 先验准则进行构造（Guure，C. B. 等，2012），具体可得其先验分布为

$$\pi(\lambda,\eta) \propto \left(\frac{1}{\lambda\eta}\right)^{2c}$$

其中，$c>0$。基于上述先验分布可得其后验分布的对数形式如下：

$$\begin{aligned} \log\pi_3(\theta \mid x) = C_3 &+ \sum_{i:x_i\leqslant u}[\ln\eta + \ln\lambda + (\eta - 1)(\ln x_i - \ln\lambda) - (x_i/\lambda)^{\eta}] \\ &+ \sum_{x_i>u}\left\{-(u/\lambda)^{\eta} - \ln\sigma + \ln(1 + \xi\frac{x_i - u}{\sigma})\right\} \\ &- 2c(\ln\lambda + \ln\eta) - \ln\sigma - \ln(1 + \xi) \\ &- 1/2\ln(1 + 2\xi) - \ln\sigma_u^2 - \frac{(u - \mu_u)^2}{2\sigma_u^2} \end{aligned}$$

其中，C_3 为常数。

在上述混合模型中，本章主要探讨了贝叶斯统计估计方法。贝叶斯统计估计方法将阈值当成随机变量进行估计，解决了 POT 模型中阈值估计的主观性，同时也便于模型比较。但在上述贝叶斯统计估计过程中，后验分布不是

常见的一些标准分布，需要通过 MCMC 方法来从后验分布进行抽样。具体需要结合 Gibbs 抽样和 MH 算法，本章不再进行详细讨论，读者可以参考贝叶斯统计相关书籍进行学习。下面将以第一个混合模型 m_0 为例，说明其 Gibbs 抽样过程，具体步骤如下。'

给定初始值 $(\mu^{(0)},\eta^{(0)},u^{(0)},\sigma^{(0)},\xi^{(0)})$，则第 $(s+1)$ 次迭代值的抽取过程如下：

第一步：基于分布 $N(\xi^{(s)},V_\xi)I[-\sigma^{(s)}/(M-u^{(s)}),\infty]$ 抽取随机数 ξ^*，其中 V_ξ 为截尾正态分布的方差，其选择应使算法收敛，$M=\max(x_1,\cdots,x_n)$。则 $\xi^{(s+1)}=\xi^*$ 的接受概率为

$$\min\left\{1,\frac{\pi_0(\theta^*\mid x)\Phi\{[\xi^{(s)}+\sigma^{(s)}/(M-u^{(s)})/\sqrt{V_\xi}]\}}{\pi_0(\tilde{\theta}\mid x)\Phi\{[\xi^*+\sigma^{(s)}/(M-u^{(s)})/\sqrt{V_\xi}]\}}\right\}$$

其中，$\theta^*=(\alpha^{(0)},\beta^{(0)},u^{(0)},\sigma^{(0)},\xi^*)$，$\tilde{\theta}=(\alpha^{(s)},\beta^{(s)},u^{(s)},\sigma^{(s)},\xi^{(s)})$。

第二步：若 $\xi^{(s+1)}>0$，则从伽马分布 $Gamma(\sigma^{(s)\,2}/V_\sigma,\sigma^{(s)}/V_\sigma)$ 抽取随机数 σ^*，其中方差 V_σ 的选择同样需要使算法收敛，$\sigma^{(s+1)}=\sigma^*$ 的接受概率为

$$\min\left\{1,\frac{\pi_0(\theta^*\mid x)f_G(\sigma^{(s)}\mid\sigma^{*\,2}/V_\sigma,\sigma^*/V_\sigma)}{\pi_0(\tilde{\theta}\mid x)f_G(\sigma^*\mid\sigma^{(s)\,2}/V_\sigma,\sigma^{(s)}/V_\sigma)}\right\}$$

如果 $\xi^{(s+1)}<0$，则从截尾正态分布 $N(\sigma\xi^{(s)},V_\sigma)I[-\xi^{(s+1)}(M-u^{(s)}),\infty]$ 抽取随机数 σ^*，$\sigma^{(s+1)}=\sigma^*$ 的接受概率为

$$\min\left\{1,\frac{\pi_0(\theta^*\mid x)\Phi\{[\sigma^{(s)}+\xi^{(s+1)}(M-u^{(s)})/\sqrt{V_\sigma}]\}}{\pi_0(\tilde{\theta}\mid x)\Phi\{[\sigma^{(*)}+\xi^{(s+1)}(M-u^{(s)})/\sqrt{V_\sigma}]\}}\right\}$$

其中，$\theta^*=(\alpha^{(s)},\beta^{(s)},u^{(s)},\sigma^*,\xi^{(s+1)})$，$\tilde{\theta}=(\alpha^{(s)},\beta^{(s)},u^{(s)},\sigma^{(s)},\xi^{(s+1)})$。

第三步：从截尾正态分布 $N(u^{(s)},V_u)I(a^{(s+1)},\infty)$ 抽取随机数 u^*，其中方差 V_u 的选择应使算法收敛。如果 $\xi^{(s+1)}\geqslant 0$，则 $a^{(s+1)}=\min(x_1,\cdots,x_n)$；如果 $\xi^{(s+1)}<0$，则 $a^{(s+1)}=M+\sigma^{(s+1)}/\xi^{(s+1)}$。$u^{(s+1)}=u^*$ 的接受概率为

$$\min\left\{1,\frac{\pi_0(\theta^*\mid x)\Phi[(u^{(s)}-a^{(s+1)})/\sqrt{V_u}]}{\pi_0(\tilde{\theta}\mid x)\Phi[(u^*-a^{(s+1)})/\sqrt{V_u}]}\right\}$$

其中，$\theta^{*}=(\alpha^{(s)},\beta^{(s)},u^{*},\sigma^{(s+1)},\xi^{(s+1)})$，$\tilde{\theta}=(\alpha^{(s)},\beta^{(s)},u^{(s)},\sigma^{(s+1)},\xi^{(s+1)})$。

第四步：抽取(α,β)，先从条件伽马分布$\beta^{*}\mid\beta^{(s)}\sim Gamma(\beta^{(s)\,2}/V_{\beta},\beta^{(s)}/V_{\beta})$抽取随机数$\beta^{*}$，从条件伽马分布$\alpha^{*}\mid\alpha^{(s)}\sim Gamma(\alpha^{(s)\,2}/V_{\alpha},\alpha^{(s)}/V_{\alpha})$抽取随机数$\alpha^{*}$，其中$V_{\alpha}$和$V_{\beta}$的选取应使算法收敛。$\beta^{(s+1)}=\beta^{*}$，$\alpha^{(s+1)}=\alpha^{*}$的接受概率如下：

$$\min\left\{1,\frac{\pi_0(\theta^{*}\mid x)f_G(\alpha^{(s)}\mid\alpha^{*\,2}/V_{\alpha},\alpha^{*}/V_{\alpha})}{\pi_0(\tilde{\theta}\mid x)f_G(\alpha^{*}\mid\alpha^{(s)\,2}/V_{\alpha},\alpha^{(s)}/V_{\alpha})}\times\frac{f_G(\beta^{(s)}\mid\beta^{*\,2}/V_{\beta},\beta^{*}/V_{\beta})}{f_G(\beta^{*}\mid\beta^{(s)\,2}/V_{\beta},\beta^{(s)}/V_{\beta})}\right\},$$

$\theta^{*}=(\alpha^{*},\beta^{*},u^{(s+1)},\sigma^{(s+1)},\xi^{(s+1)})$，$\tilde{\theta}=(\alpha^{(s)},\beta^{(s)},u^{(s+1)},\sigma^{(s+1)},\xi^{(s+1)})$。

专栏　地震巨灾风险评估案例

2005—2015年，我国大陆地区共发生121次地震成灾事件，平均每年发生11次。基于历年的统计年鉴，我们获得了其中118次地震灾害损失数据，包括2008年汶川大地震，该次地震造成的经济损失达16530亿元，远远超过其他损失数据，为异常值，因此将其删除，最终样本量为117个，其中地震灾害导致的直接经济损失（GDP调整后，亿元）的描述性统计量见表1。由表1可以发现，损失最小值为0.031，最大值为830.1，均值为23.66，标准差为90.95，3/4分位数为7.151（75%的损失小于7.151亿元）。

表1　地震灾害直接经济损失（GDP调整后）描述统计量

最小值	1/4分位数	中位数	3/4分位数	最大值	均值	标准差
0.031	0.5472	2.01	7.151	830.1	23.66	90.95

在数据分析之前需要先检验损失分布是否存在“厚尾”现象，通常可作Q－Q图（见图1），图1为样本分位数与指数分布分位数的比较，从该图可以发现损失分布尾部较指数分布尾部厚，即样本数据明显存在“厚尾”现象，可用混合模型进行分析。

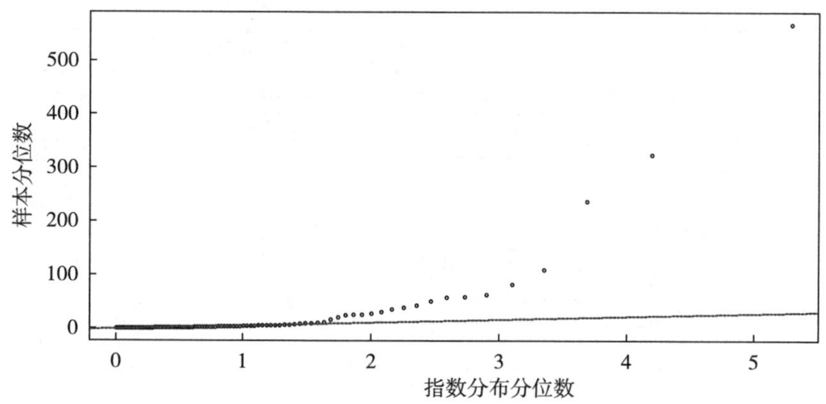

图1 损失数据 Q-Q 图

应用前面讨论过的四个混合模型：m_0（伽马—GPD 混合模型）、m_1（混合伽马—GPD 混合模型）、m_2（对数正态分布—GPD 混合模型）和 m_3（威布尔分布—GPD 混合模型）对损失数据进行拟合，并基于 MCMC 方法获取模型的贝叶斯参数估计。模型 m_0、m_2 及 m_3 中参数的贝叶斯统计推断，包括参数的估计标准差及95% 置信区间在表 2 中给出。其中，L_v 测度为模型选择统计量，其值越小表明模型表现越好。根据表 2 的结果，模型 m_2 的 L_v 测度值远小于其他模型，因此认为 m_2 为最优模型。

表2 参数估计及模型选择统计量

模型 m_0	名称	ξ	σ	u	μ_l	σ_l
	估计值	0.829	1.25	0.176	2.943	2.702
	标准差	0.277	0.305	0.425	0.627	0.59
	L_v 测度	528.6				
模型 m_1	名称	ξ	σ	u	α	β
	估计值	0.895	1.253	0.217	1.68	2.5
	标准差	0.274	0.301	0.069	0.242	0.651
	L_v 测度	569.03				

续表

	名称	ξ	σ	u	α_1	α_2	β_1	β_2	p_1	p_2
模型 m_2	估计值	0.878	1.295	0.146	2.166	2.8704	4.632	1.958	0.53	0.47
	标准差	0.278	0.339	0.188	0.544	0.892	2.025	2.007	0.281	0.28
	L_v 测度	623.2								
模型 m_3	名称	ξ	σ	u	λ	η				
	估计值	0.855	1.286	0.121	1.085	3.699				
	标准差	0.242	0.233	0.088	0.263	1.253				
	L_v 测度	588.6								

根据模型 m_2 的估计，可以进一步计算 VaR、ES 及 TVaR 值。我们主要计算5个不同的置信度水平（50%、75%、80%、90%、95%和99%）下的不同风险测度值，具体结果在表3中给出。表3中的风险测度是巨灾保险、再保险保额的确定、费率厘定及巨灾准备金提存的主要依据之一。例如，根据表3可得 $VaR[x;90\%]=11.21$，则在地震巨灾保险中，如果保险需要覆盖90%的损失责任，则保额可以设定为11.21亿元；$ES[x;90\%]=107.488$ 表示超出11.21亿元的平均可能损失为107.488亿元，ES值主要可用于再保险定价。

表3　风险测度统计量

名称	50%	75%	80%	90%	95%	99%
VaR	2.820454	5.058408	6.128616	11.210299	20.660247	86.540300
ES	35.97434	55.05024	64.17249	107.48779	188.03735	749.58637

本章小结

巨灾风险评估主要涉及两个方面的问题：损失次数通常应用泊松过程进行拟合，而损失金额由于存在极端值，导致其统计分析较为困难。本章介绍了研究损失金额的统计模型及方法，主要包括极值分布、广义帕累托分布、混合模型及其贝叶斯统计方法。

◎专业术语

广义极值分布　广义帕累托分布　混合模型　贝叶斯统计

◎思考题

1. 巨灾损失金额数据特点有哪些?

2. 假设损失随机变量 X 服从广义帕累托分布，形状参数为 $\xi=2$，尺度参数为 $\sigma=4$，试求 $X-2 \mid x>2$ 的分布，并求其期望值。

3. POT 模型阈值的选取：模拟一组来自 Gamma 分布（参数为 $\alpha=3$，$\beta=2$）的损失随机样本，选取合适的阈值，使超额损失服从广义帕累托分布。

4. 随机模拟计算：模拟一组来自广义帕累托分布（参数为 $u=0$，$\xi=0.5$，$\sigma=1$）的随机数，用极大似然估计方法对所获取的样本数据进行拟合，比较估计值与真实值的区别。

5. 混合模型及贝叶斯估计与 POT 模型有何区别?

◎参考文献

［1］孟生旺．风险模型：基于 R 的保险损失预测［M］．北京：中国人民大学出版社，2017.

［2］ARNOLD，M. Natural Disaster Hotspots Case Studies（Vol. 6）［M］. World Bank Publications，2006.

［3］BALKEMA，A.，& DE HAAN，L. Residual Life Time at Great Age［J］. Ann. Prob，1974（2）：792－804.

［4］BEHRENS，C. N.，LDPES，H. F.，GAMERMAN，D.，Bayesian

Analysis of Extreme Events with Threshold Estimation [J]. Stat. Model, 2004 (4): 227 -244.

[5] BLUMENTHAL S., D, AHIYA R. C. Estimatingthe Binomial Parametern [J]. J. Am. Statist. Assoc, 1981 (76): 903 -909.

[6] CABRAS, S., CASTELLANOS, M. E., GAMERMAN, D., A Default Bayesian Approach for Regression on Extremes [J]. Stat. Model, 2011, 11 (6): 557 -580.

[7] CARREAU, J., BENGIO, Y. A Hybrid Pareto Mixture for Conditional Asymmetric Fat - tailed Distributions [J]. IEEE Trans. Neural Netw. Learn. Syst, 2009, 20 (7).

[8] CASTELLANOS, M. A., CABRAS, S., A Default Bayesian Procedure for the Generalized Pareto Distribution [J]. J. Statist. Plann. Inference, 2007, 137: 473 -483.

[9] DILLEY, M., CHEN, R. S., DEICHMANN, U., LERNER - LAM, A. L., & ARNOLD, M. Natural Disaster Hotspots: A Global Risk Analysis [R]. The World Bank, 2005.

[10] DRAPER N., GUTTMAN I.. Bayesian Estimation of the Binomial Parameter [J]. Technometrics, 1971 (3): 667 -673.

[11] DIEBOLT, J., ROBERT, C. Estimation of Finite Mixture Distributions by Bayesian Sampling [J]. J. R. Stat. Soc. Ser. B Stat, Methodol, 1994, 56: 363 -375.

[12] FISHER, R., TIPPET, L. Limiting Forms of the Frequency Distribution of the Largest or Smallest Member of a Sample [J]. Proc. Cambridge Philos. Soc, 1928, 24: 180 -190.

[13] GEMAN, S., GEMAN, D. Stochastic Relaxation, Gibbs Distributions and the Bayesian Restoration of Images [J]. IEEE Trans. Pattern Anal. Mach. Intell, 1984 (6): 721 -741.

[14] GUURE, C. B., IBRAHIM, N. A. Bayesian Analysis of the Survival

Function and Failure Rate of Weibull Distribution with Censored Data [M]. Math. Probl. Eng, 2012.

[15] HALL DB. Zero – inflated Poisson and Binomial Regression with Random Effects: a Case Study [J]. Biometrics, 2000, 56: 1030 – 1039.

[16] HASTINGS, W. K. Monte Carlo Sampling Methods Using Markov Chains and Their Applications [J]. Biometrika, 1970, 57: 97 – 109.

[17] LAMBERT D. Zero – inflated Poisson with an Application to Defects in Manufacturing [J]. Technometrics, 1992, 34: 1 – 14.

[18] LEADBETTER, M. R., LINDGREN, G., ROOTZÉN, H. Extremes and Related Properties of Random Sequences and Series [M]. Springer, London, 1983.

[19] LUKIĈ, T., GAVRILOV, M. B., MARKOVIĈ, S. B., KOMAC, B., ZORN, M., MLAđAN, D., & KUZMANOVIĈ, B. Classification of Natural Disasters Between the Legislation and Application: Experience of the Republic of Serbia [J]. Acta geographica Slovenica, 2013, 53 (1): 149 – 164.

[20] METROPOLIS, N., ROSENBLUTH, A. W., ROSENBLUTH, M. N., TELLER, A. H., TELLER, E. Equations of State Calculations by Fast Computing Machines [J]. J. Chem. Phys, 1953, 21: 1087 – 1091.

[21] NASCIMENTO, F. F., GAMERMAN, D., LOPES, H. F. A Semiparametric Bayesian Approach to Extreme value Estimation [J]. Stat. Comput, 2012, 22: 661 – 675.

[22] PICKANDS, J. Statistical Inference Using Extreme Order Statistics [J]. Annals of Statistics, 1975 (3): 119 – 131.

[23] RAFTERY, ADRIAN E. Inference for the Binomial N Parameter: A Hiearchica Bayes Approach [J]. Binmetrika, 1988.

[24] RICHARDSON S., GEEEN P. J. On Bayesian Analysis of Mixture with an Unknown Number of Components (with Discussion) [J]. Journal of the Royal Statistical Society B, 1997, 59: 731 – 792.

[25] ROEDER, K. , l. WASSERMAN. Pratical Bayesian Density Estimation Using Mixtures of Normals [J]. Journal of American Statistical Association, 1997, 92: 894 -902.

[26] SCARROTT, C. , MACDONALD, A. A Review of Extreme Value Threshold Estimation and Uncertainty Quantification [J]. REVSTAT—Statist. J, 2012 (10): 33 -60.

[27] SMITH, R. L. Threshold Methods for Sample Extremes [J]. Statist. Extremes Appl, 1984, 131: 621 -638.

[28] TITTERINGTON, D. , SMITH, A. F. M. , MAKOV, U. , Statistical Analysis of Finite Mixture Distributions [M]. Wiley, New York, 1985.

[29] WIPER, M. , RIOS INSUA, D. , RUGGERI, F. Mixtures of Gamma Distributions with Applications [J]. J. Comput. Graph. Statist, 2001, 10: 440 -454.

第四章

巨灾风险的可保性

风险的可保性是保险业进行风险聚集和风险转移的基础；基于风险可保性特征的分析也是相关保险产品设计，包括承保条件、费率厘定、赔付条件等的基础。因此，是否具备可保性是巨灾风险能否通过保险市场进行转移的前提条件，也对巨灾保险的诸多方面产生影响。本章将围绕巨灾风险的可保性问题进行讨论。

第一节　风险可保性经典理论

一、 风险可保性的经典定义

可保性风险是指可被保险人所接受的风险，即可以通过保险机制转移的风险。传统保险理论认为，满足以下条件的风险才具有可保性：第一，风险必须是纯粹风险，有损失机会而无获利可能。第二，风险还必须是偶然的、随机的，即风险发生的对象、时间、地点和损失程度都是不确定的。第三，有重大致损的可能性，只有当风险的发生可能造成重大或较大损失时，保险才有必要；如果风险发生造成的损失程度轻微，选择保险方式则是不经济的。第四，有大量同质、独立的风险单位存在，即存在大量标的同时面临某一种风险的情况下，风险的经营才能符合大数法则和概率论的分布要求。第五，保险费应是被保险人在经济上能承受的。

在传统可保风险理论中，风险可保性的内涵体现了三个特征：第一，风险是否具备可保性是从保险人的角度来定义的，体现了风险可保性的主体特征；第二，风险可保性与保险人所处的外部环境密切相关，其中，相关制度与法律规范常常起着决定性作用，这是风险可保性的制度特征；第三，风险的可保性是动态变化的，这是风险可保性的时间特征，这一特征是由主体特征和制度特征的动态变化所决定的。这三个特征共同决定了风险可保性的两个先决条件：一是保险人的风险识别能力；二是保险人能否对具体风险厘定费率。①

二、 经典理论下不可保风险的相对性

风险可保性的内涵决定了可保与不可保风险之间存在着相对性。随着保险的实践发展，经典理论下风险可保性的界限已经逐步被模糊，特别是随着实践的认知、风险分散渠道和方法的增多、保险业承保实力的增强，这种相对性会更加明显，主要体现在以下三个方面。

第一，保险责任范围存在相对性。为了满足被保险人不同的保险需求，保险人一般对同一风险或保险标的设有不同的保险条款或保险险别，由此产生的同一风险或保险标的有不同的保险责任或除外责任。例如，在海洋货物运输保险中的平安险、水渍险和一切险，其保险责任范围由小到大依次排列，保险责任范围存在着相对性。

第二，重大损失的相对性。在可保性风险经典定义里，可保风险必须有重大致损的可能性，但这种损失是有上限的，即该损失必须是保险人测算后在其可以承受的范围内，否则保险人也不会接受。而保险人可接受的损失上限与其自身的承保能力等相关。对保险人而言的重大损失在不同保险人之间、

① 田玲，邢宏扬，高俊．巨灾风险可保性研究［J］．保险研究，2013（1）．

保险市场发展的不同阶段是不尽相同的，具有相对性。

第三，风险不符合大数法则的相对性。不符合大数法则的风险一般有两类：一是不存在大量同质风险单位，如核能风险、航天风险等。在保险实践中随着相关技术的提高，此类风险在特定的情形下已逐步转变为可保性风险。二是存在大量同质风险单位，但同一风险对它们的影响存在高度的正相关，个体损失风险没有服从一定的指数分布。随着风险管理技术的发展及风险分散渠道的多样化，这些风险也有逐步转变为可保风险的可能。

第二节　关于风险可保性的新认知

一、 可保性风险的新定义

基于上述分析，对于风险可保性的认知需要随着保险业务实践的发展而逐步丰富和完善。从保险实践发展的角度看，凡是符合法律法规的，与风险转移相关的保险方案，包括保险条件、保险费率和责任限制等主要条件为保险主要当事方所接受的，保险交易发生并成功实现风险由被保险转移至保险人并使各方从保险转移中获得效用改进或者说带来帕累托改进，那么该风险就是可保的。①

按照这一定义，可保性风险需具备如下几个特征：

第一，合法性。可保性的风险必须符合法律或法规。承保的风险和标的物必须是合法的；保险经营管理活动也必须是合法的。

第二，纯粹性。被保险人不能通过风险转移而获利。

第三，偶然性。

第四，意外性。

第五，损失在经济上的可衡量性。损失必须能用金钱来衡量。

---

① 石兴．巨灾风险可保性与巨灾保险研究［M］．北京：中国金融出版社，2010.

第六，效用性。风险转移方案所对应的价格能被保险当事人所接受，风险转移安排还能有助于相关方提高各自的效用。

二、 风险可保性的方法

从发展的视角看，判断风险是否具备一定的可保性，至少可以从以下七个方面讨论。

第一，价格可保性。价格可保性是指保险人能够运用保险精算原理和大数法则，将服从一定指数分布的风险单位集合在一起，测算每一风险单位的价格，以便保险人筹措建立保险基金实现对少数成员因该风险事故所致经济损失的补偿行为和保险必要的盈利目的，同时这一风险单位价格也要为被保险人所接受。价格可保性是所有风险可保性解决的基础。

第二，分保可保性。分保可保性是指一个危险单位的保额较大或风险较高，一家保险公司难以独家承保，可以通过将风险部分转移给其他保险公司实现风险的可保性。

第三，共保可保性。共保可保性是风险在保险人之间的横向分配与分散。

第四，选择性风险转移可保性。随着保险技术的创新和资本市场的发展，诞生出了很多风险转移衍生工具。保险人可利用此类工具将风险转移到资本市场，进一步提高其承保风险的能力，同时也为资本市场上的众多投资者提供了新的投资品种。

第五，时间可保性。保险公司是永续经营的企业，业务年度或某项业务的亏损可以利用其他业务年度或续保来弥补。

第六，多样可保性。保险公司可以通过扩大承保的业务险种，以分散所承保的某一风险可能带来的亏损，从而实现该风险的可保性。

第七，地域可保性。不同的地域所面临的风险存在着差异，保险经营主体可以利用经营地域空间来实现风险的可保性。例如，国际再保险公司因其可以将承保的风险在全球范围内进行分散，从而大大降低了各年度保险赔付的波动幅度。

第三节 巨灾风险的可保性分析

如果用经典可保风险理论来衡量巨灾风险的话，巨灾风险发生的对象、时间、地点和损失程度都是不确定的，一旦发生会给人们带来严重的经济损失，属于纯粹风险而非投机风险，因此巨灾风险符合前几个条件。但巨灾风险一旦发生，大量保险标的将因同一风险事件而同时遭受损失，导致保险人的赔付责任短期内大量积累，严重影响其稳定经营。同时，部分巨灾风险不符合大量同质风险单位这一要求，不能满足传统技术要求的大量同质的风险单位存在的条件来测定其损失，如果能够测定保险人根据损失可能合理收取保费的话，意味着极高的保险费付出，投保人将难以承受，因此对于后几个条件巨灾风险的满足程度较低。所以按照传统理论，大部分巨灾风险是具有较弱的可保性或不具有可保性的。

巨灾风险是人类必须面对的一类风险。根据对风险可保性的新认知，对巨灾风险的可保性也有了进一步分析的基础。

一、巨灾风险可保性的理论依据

（一）风险平衡理论：风险年度平衡理论向风险时期均衡理论转变

与普通风险相比，巨灾风险更适合在时间跨度上实现纵向分散，即用非巨灾业务年度的保费收入和盈余弥补巨灾业务年度的赔付和亏损。传统保险经营强调风险年度平衡，即本会计年度由包括风险附加保费在内的保费构建的保险基金来实现对所承保的各风险单位实际损失的赔偿或给付。而风险时期均衡理论认为，通过风险时期均衡方法，在经过一段时期（数年）经营后再计算承保风险的损益，将年度随机的利润和损失转化为时期内的年平均利润或损失，求得好的和坏的损失经验均衡。实践中，保险公司可运用风险时期均衡理论审核风险的可保性，拓展风险可保性的限制，极大地弱化了传统可保条件。

（二）风险分散理论：风险实现跨区分散与跨时分散结合

经典的 Arrow. Borch 模型基于完美市场的假设，讨论市场均衡时风险在不同个体间的帕累托最优分配问题。随着跨区分散与跨时分散风险管理理论的发展，新型风险管理技术被普遍应用，为保险公司承保高风险作了理论和技术准备。该理论的推进实质上是在时空跨度上扩展运用大数定律。保险公司是进行风险管理的金融中介，具有在代际（跨期）间熨平风险的优势。金融市场提供的金融衍生工具和风险转移合约，扮演着管理金融风险的角色，能有效分担横向风险。巨灾风险在全球范围内就具备一定的可保性。而再保险理论与实践的发展，推动全球性的跨区域再保险体系的建立健全，则为保险公司适当放宽承保条件作了转嫁分担风险的财务安排。保险公司可将超过其自身承担能力的风险责任转嫁给再保险人，从而使自身赔付分布得以修正，减少发生超赔的可能性，稳定自身经营，保证了保险的可持续发展。

（三）风险分解理论：保险证券化理论与金融工程理论的发展

风险的相关性日益增强、巨灾损失不断扩大及可保风险逐渐泛化的条件下，保险风险证券化应运而生。保险证券化引发了一场传统再保险经营理念的变革，它通过保险和金融市场的结合，实现了保险风险管理方法的转变。可保风险泛化理论、保险功能深化回归理论、风险管理整合层际理论为保险证券化提供了理论基础。作为一项风险管理创新，保险风险证券化的运行方式就是通过证券的创造和发行将承保风险转移到金融市场上，将巨灾风险联结于全球资本市场，从而实现风险的有效分散。伴随着金融创新浪潮的出现，金融工程学逐渐发展为西方国家金融领域最前沿最尖端的科学，是金融创新最核心的部分，包括创新型工具与金融手段的开发和实施，以及对金融问题的创造性解决。随着金融工程理论的发展，学者们提出了如灵敏度分析、波动性方法、在险价值（Value at Risk，VAR）、压力测试及极值理论等丰富的风险管理方法，为巨灾风险管理工具的设计、开发和推广奠定了理论基础。

（四）风险期望理论的发展

期望效用理论、均值—方差模型及由此衍生的收益—风险类决策模型等，已经成为不确定性情形下风险决策的两类重要理论框架。

二、巨灾风险可保性的现实条件

第一，现实需求不断增强。不断出现新的巨灾风险，引起了社会对巨灾保险的新需求。慕尼黑再保险公司统计显示，全球自然灾害造成的损失从2019年的1660亿美元增加到2020年2100亿美元的水平。[①] 巨灾风险的频发严重影响了人们的生活，对此类风险转移的需求意愿在不断增强。

第二，科学技术的发展尤其是灾害学和灾害工程技术的发展为巨灾风险的可保性评估及保险产品化提供了良好的评估基础。只有有了科学的自然灾害评估理论和技术，保险业承保巨灾保险才能有章可循、有的放矢。

第三，现代保险经营技术的迅速发展也为此类风险的转移提供了可能。决策论、概率论和数理统计等相关理论的发展，对保险经营管理提供了有益启发，促进了保险精算、保险产品定价、现值理论等保险经营管理技术的成熟，为保险风险的转移至资本市场及保险市场和资本市场的融合对接提供了理论依据。另外，随着计算机和通信等高新技术的不断发展，金融基础设施的改善，为金融创新和保险工程提供了强大的技术支持，使原来的不可能变为可能，大大提高了保险经营管理的能力。

第四，保险业本身承保能力的增强也进一步为此类风险成为可保风险提供了基础能力。随着保险行业的发展，自身规模及经验技术的积累，使保险业在应对风险、扩大承保范围及能力方面有了更强的实力。

第五，相关法规的配套健全，也为巨灾风险的可保性提供了制度保障。

---

① 资料来源：中国新闻网。

三、 巨灾风险实现可保性的路径

基于上述分析，在一定条件下巨灾风险具备了可保条件，如何使之成为可保风险是讨论的重点。

（一）克服无大量同质风险单位存在的瓶颈

采取某些措施，通过时间或空间的互换，使有足够多标的同时面临某一种风险，使风险的经营符合大数法则和概率论的分布要求。在一个国家或地区，无论是常态巨灾风险还是异态巨灾风险，在一年之内发生且造成一定程度损失的次数是数得清的，所以属于某种自然灾害巨灾保险范围的致灾因子不存在大量的、同质的风险，这与大数法则相悖。但是，由于自然灾害活动的区域很广，如我国主要的自然灾害地震、台风、雪灾等分别覆盖我国大部分领土，如果通过合适的制度安排在某种自然灾害所活动的区域内公民或单位都购买该种自然灾害巨灾保险，就会有足够大的样本数量承载可能遭受损失的样本数量。同时，在同一受灾区域，众多的保险标的也会存在毁坏程度的不同，有的可能还完好无损。从时间角度来说，各种自然灾害的发生不大可能集中在同一时间，是随机的。所以，广袤区域足够多的或者无数的保险标的面临着少数的、同质的自然灾害风险，承载着因其在某个时间、某个区域发生局部的、较多数量的损失，这在时间和空间上有一定的分散性，与大数法则是相吻合的。

（二）避免大多数风险单位同时遭受损失的瓶颈

一般来说，自然灾害一般不可能在一个国家或地区的每个角落同时发生，且造成全部的、不可恢复的损失。如果同一国家或地区不同保险公司之间的共保，不同国家或地区之间的风险相互交换或分保往来，加上国家财政与被保险人共担，巨灾风险就会变得具有可保性，同样还可以通过在该种巨灾风险影响区域范围内的强制性政策保险和准确的费率精算，使之变得具有可保性。另外，绝大多数自然巨灾都有一定的前兆性、规律性、区域性和季节性，甚至有缓慢的或持续性过程，所以有一定的可预测性。随着技术装备和预测水平的提高，预测的精度也在提高，我们可以采取一些防灾减损措施，增加其可保性。

（三）突破被保险人不能承受巨灾保险保费的瓶颈

巨灾风险的高损失率和高费用率导致巨灾保险的费率很高，这就产生了投保人的经济负担能力问题。为解决巨灾保险市场失灵的问题，寻找恰当的巨灾保险模式，加强政府在其间的作用，可进一步增强巨灾风险的可保性。

专栏　从宁波巨灾赔付看巨灾保险

我国作为世界上自然灾害最为严重的国家之一，灾害种类多，发生频率高。每当发生重大灾害时，国民往往会面临巨大的财产损失。尽管政府在灾后救助方面发挥了重要作用，但如何最大限度地有效分散巨灾损失，对国民的财产做到更有效、更全面的保障是一个值得探讨的话题。

巨灾发生后带来的巨大赔付责任使传统商业保险很难独自运作。2014年“菲特”台风侵袭宁波，全市平均降雨量达397毫米，超过历史纪录。台风登陆时恰逢天文高潮位，宁波大部分地区出现高潮位，进而影响积水排泄，加重灾害。此次台风导致的特大洪涝灾害造成的直接经济损失达333.6亿元，全市受灾人口达248万①。从当地保险监管部门统计的数据看，灾后保险赔付超过35亿元，其中，车险赔付16.13亿元、非车险赔付18.34亿元。这个数据接近2008年特大雨雪冰冻灾害全国保险赔付金额，相当于汶川大地震保险赔付金额的2倍。保险对灾后居民财产补偿和企业、农民减损作出了重要贡献，起到了社会稳定器的作用，“受台风影响，工厂部分产品和机器设备被淹，幸亏我们连续多年投保了企财险，灾害发

① 资料来源：中国宁波网。

生后一个星期，1880万元理赔款就到账了，这对工厂解决流动资金问题、迅速恢复生产起到了重要作用”，金马实业有限公司总经理助理魏士德说。但巨额赔付也让保险企业面临巨大亏损。35亿元，这是自中华人民共和国成立以来宁波保险业累积利润总和的3倍。保险业几十年的利润，一场大灾全部赔光。

然而，从另一个角度看，近334亿元的直接经济损失、35亿元赔付额，保险赔付占比仅为10%左右。尽管这个数字在我国大灾保险赔付方面已相对较高，但近90%的损失仍由个人、企业和政府承担，尤其相比发达国家30%~40%的保险赔付占比，仍然较低。“宁波是我国保险业相对较发达的地区，但中小企业投保率不足20%。即使投保的企业，没有保全、保足的也比较普遍。这些年销售额只有几千万元的中小企业，抗风险能力很弱，一场大灾就无法承受”，宁波市金融办副主任王勉说。对于家庭财产而言，投保率就更低了。大灾面前，我国保险覆盖面和保障水平不足问题凸显出来。

台风、地震、洪水等巨灾损失具有一定的公共产品属性，仅靠商业保险企业自身实力难以承担。建立一个稳定的巨灾损失补偿机制，构建有效的巨灾风险保障体系已成为一项重要课题。

2016年，中国保监会、财政部联合印发《建立城乡居民住宅地震巨灾保险制度实施方案》（保监发〔2016〕39号），统筹考虑现实需要和长远规划，以地震巨灾保险为突破口，开发城乡居民住宅地震巨灾保险产品，成立中国城乡居民住宅地震巨灾保险共同体（以下简称住宅地震共同体），在全国范围内推动城乡居民住宅地震巨灾保险制度；在此之前，深圳、宁波、云南等多地进行的巨灾保险试点，为我国建立巨灾保险制度奠定了良好的基础。但巨灾保险制度的建立还任重道远。巨灾保险制度的建立，从根本上首先需要决定选择什么模式，模式选择决定了一个国家巨灾保险制度的性质及谁“兜底”的问题；从核心上，需要解决巨灾保险基金的问题，基金归集的渠道、规模、效率关乎着巨灾保险保障功能大小的发挥；

从技术上，巨灾风险和常规风险存在较大不同，传统的保险精算技术难以对巨灾风险定价，对巨灾风险定价是巨灾保险制度建立的技术基础。

时任人保财险副总裁王和认为，建立巨灾保障制度一方面有“水到渠成”的问题，需要与之相适应的经济和社会发展环境；另一方面也有“逐步完善”的问题，任何一个国家和地区的巨灾保险制度都是在发展中不断完善的。

本章小结

本章从巨灾风险的特征出发，从可保风险的传统理论及现代发展视角分析了巨灾风险的可保性问题。

第一，从保险人的角度来看，风险的可保性具有主体性特征、制度性特征和动态特征三种内涵。

第二，从传统理论来看，巨灾风险具有弱可保性特征，但随着社会的发展，巨灾风险的可保性正在得到逐步增强。

第三，克服无大量同质风险单位存在的瓶颈、避免大多数风险单位同时遭受损失的瓶颈、突破被保险人不能承受巨灾保险保费的瓶颈，是实现巨灾风险可保性的路径，对市场及政府提出了明确的角色要求。

◎专业术语

可保风险　巨灾风险的可保性　可负担性

◎思考题

1. 巨灾风险可保性的方法有哪些？

2. 巨灾风险与一般可保性风险比较，其差异在哪里?

◎参考文献

［1］石兴. 巨灾风险可保性与巨灾保险研究［M］. 北京：中国金融出版社，2010.

［2］卓志，丁元昊. 巨灾风险：可保性与可负担性［J］. 统计研究，2011.

［3］谢家智，陈利. 我国巨灾风险可保性的理性思考［J］. 保险研究，2011.

［4］雷冬嫦. 基于巨灾风险的可保性研究［J］. 经济问题探索，2010.

［5］田玲，邢宏洋，高俊. 巨灾风险可保性研究［J］. 保险研究，2013.

［6］胡秋明. 保险公司可保风险条件弱化的理论和现实思考［J］. 海南金融，1999.

第五章

巨灾保险

巨灾保险的基本内涵、概念及基本特征是理解巨灾保险运行模式和巨灾再保险市场运行的基础，巨灾保险市场供需分析是理解巨灾保险运行模式中公共部门和其他第三部门介入的理论基础。本章作为全书承上启下的重要章节，主要阐述巨灾保险的基础知识和巨灾保险市场供需特征等内容。

第一节　巨灾保险概念界定及基本特征

一、 巨灾保险的基本含义

（一）现有文献对巨灾保险的定义

巨灾保险作为一种可以转移分散巨灾风险的风险管理手段，由于其特殊性，目前鲜见文献对其进行精准定义。主要原因在于：从保障范围来看，巨灾风险既可能会导致人员伤亡，也可能导致财产的直接损失或间接损失，也可能会导致责任主体的赔偿责任。从受灾主体来看，既可能包括自然人，也可能包括企事业单位或各级政府。从其保障责任来看，既可能涵盖人身保险的范畴，也可能涵盖或交叉于财产保险的范畴。总之，大量的文献认为，巨灾保险既属于经济问题，也属于社会问题。

（二）界定巨灾保险的要点、思路和基础

1. 界定巨灾保险基本要点与思路

魏华林，林宝清（2006）对保险进行定义的时候认为，研究保险的自然属性，是研究某事物区别于其他事物的质的规定性，因此，在尝试对巨灾保险下定义的过程中，也应充分考虑巨灾保险与一般保险或其他保险的质的差异性。具体到巨灾保险，既然巨灾保险是保险属的一个种，保险是属，因此可以借用较为常见的“种差式”的定义方法，将巨灾保险从保险中区别出来，区别的根本依据在于巨灾保险质的规定性，即巨灾保险转移或分散的风险是巨灾风险，因此补偿的损失也应是巨灾产生的损失。

介于目前文献关于巨灾保险尚无明确定义，但巨灾保险从属于保险范畴的这一基本情况，本书将尝试从保险的基本概念出发，结合巨灾、巨灾风险的基本特征对巨灾保险进行定义。意在对巨灾保险下的定义既能把握巨灾保险的基本属性，能典型地区别于一般保险，也能较好地运用于实践和理论研究。

2. 界定巨灾保险的基础概念分析

（1）保险。国内外经典教材中对保险的理解不尽相同，但大多数文献均认为保险是与风险相伴相生的，是一个属的概念，其内涵和外延能够包括所有的保险现象。一般而言，保险既可以从风险管理的角度，也可以从金融的角度，还可以从法律的角度，也有文献从制度的角度对其进行界定。例如，Harold D. Skipper（1999）直接认为，保险是转移风险和分散风险的工具。基于对价（被保险人的保费），当个人或组织（被保险人）发生损失时，可从保险组织（保险人）获得经济补偿①。魏华林、林宝清（2006）将保险定义为：保险是集合同类危险的众多单位或个人，以合理计算分担金的形式，实现对少数成员因该危险事故所导致经济损失的补偿行为。② 这是一个典型的从

---

① 小哈罗德·斯凯博等．国际风险与保险：环境——管理分析［M］．北京：机械工业出版社，1999：5.

② 魏华林，林宝清．保险学（第二版）［M］．北京：高等教育出版社，2005：29.

风险管理的角度、侧重表达保险运作过程所下的一个定义，具有显著的普适性，但这一定义仅强调了保险的补偿功能。与之类似的还有袁宗蔚（2000）对保险下的定义：保险者，为确保经济生活的安定，对特定危险事故发生所致的损失，集合多数经济单位，根据合理计算，共同聚资，以为补偿之经济制度。[①] 这一定义除了表达了保险的基本运作过程和原理，还提出保险是一种经济制度。同样认为保险是一种制度的还包括《现代保险词典》对保险广义的定义：广义的保险是指保险人向投保人收取保险费，建立专门用途的保险基金，并对投保人负有法律和合同规定范围内的赔偿和给付责任的一种经济保障制度。[②] 这一定义除了表述清楚保险是一种经济制度，还清楚地表达了保险的一种法律关系，即存在于投保人和保险人之间的一种契约关系。根据梳理的不同保险定义，不难得出一个启示，在对事物进行界定的过程中，应该/可以/需要根据具体适用范围和研究目的进行选择性的界定。

（2）巨灾。为进一步对巨灾保险下一个相对有说服力的定义，需厘清巨灾及巨灾风险的基本含义和特征。国内外对巨灾的界定和理解也有多个维度，有从定性的角度，也有从定量的角度，但从整体来说，对巨灾的理解主要结合损失承受主体的可承受能力，即普遍认为超过损失承受主体的承受能力的灾害损失就是巨灾，这个承受主体可以是政府、家庭或企业单位，也可以是保险公司或保险行业。《简明保险词典》中用列举的方式将巨灾损失界定为大火、洪水、地震、飓风等巨大灾害而引起的损失。[③] 这一定义尽管明晰地陈述了巨灾损失可能的风险事故和风险载体，但是并未充分表达出巨灾的根本自然属性。卓志（2014）认为，巨灾界定既需要把握巨灾的基本属性，也需要抓住巨灾的承载主体，还应落脚到具体的财产损失和人员伤亡；在此思路下，其将巨灾界定为突发的、不可预见的、难以避免的，能够带来巨大财产损失和人身伤亡的自然灾害事件，主要包括地震、洪水、台风、干旱，以及各类

---

① 袁宗蔚．保险学——危险与保险（第 34 版）［M］．北京：首都经济贸易大学出版社，2000：52.

② 刘金章，王晓炜．现代保险词典［M］．北京：中国金融出版社，2004：19.

③ 谢盛金等．简明保险词典［M］．北京：经济科学出版社，1986：14.

地质灾害和气象灾害。并指出，随着经济社会的发展，未来巨灾的范围将会变得更加广泛，航空航天灾难、重大爆炸、森林火灾、重大安全事故和重大环境污染事件，以及各类突发性公共安全事件和恐怖袭击事件等也可能被界定到巨灾的范围以内①。这一定义充分呈现了巨灾的基本性质，即是突发的、不可预见的、难以避免的，是客观存在的表现，同时也用演进的视角提出巨灾范围不断在变化，人为的可能带来巨大损失（包括财产损失和人员伤亡）的事件均可以被认为是巨灾。不难看出，这一定义既是一个相对静态的描述，也提供了动态的思考视角；这种定义思路后续为巨灾保险下定义提供了新的视角和启示。

（3）巨灾风险。风险是保险存在的基础，巨灾风险自然成为定义巨灾保险的重要起点。一般而言，风险可以从主观构建和客观实体两个方面进行理解，其较为常见的定义是指结果发生的不确定性，包括是否发生、发生时间、发生状况及结果的不确定性；也表示实际结果与主观预期的背离，不确定性越大，背离程度越大，风险也就越大。事实上，从风险的构成要素来看，风险不应局限于对风险事件或巨灾损失的理解，还应包括风险因素、风险事故和损失程度。因此，对于巨灾风险的界定应涵盖以上三个方面。但由于人们对事件的感知最为明显，往往在定义风险的过程中会选择的落脚词为风险事件。在此，本书将巨灾风险定义如下。巨灾风险是客观存在的，不以人的意志为转移的，能够直接导致实际损失偏离预期损失、累积损失远远超过主体承受能力，进而引发经济主体出现财务危机的不确定性事件。② 从这一概念界定可以看出，巨灾风险是突破人们预期和承受能力的一种客观存在。因此，与一般的风险一样，巨灾风险一方面具有自然脆弱性，即有自身的发生频率、强度和空间分布规律；另一方面有区别于一般风险的内部差异化明显的社会脆弱性，即个人或团体等灾害承受主体的受灾概率与灾后恢复能力。由于阶级、群族、性别不同或不平等而呈现出不同，进而产生显著的差异性影响，而不可承受的灾害发生

① 卓志等．巨灾风险管理制度创新研究［M］．北京：经济科学出版社，2014：47.

② 卓志等．巨灾风险管理制度创新研究［M］．北京：经济科学出版社，2014：49.

之后，其后果会恶化群体之间的差异，甚至产生社会分化或政治危机。

（三）巨灾保险的界定

详细地分析了巨灾、巨灾风险、巨灾保险与保险的基本概念，明确了它们之间的相互关系之后，本书尝试给巨灾保险下一个定义。根据巨灾损失既可能包括人员伤亡也可能包括财产损失这一特征，本书认为巨灾保险既应该呈现出补偿性特征，也应包括给付性特征；根据巨灾风险是客观存在且只会带来损失的特征，巨灾风险至少在一定程度上是可测的且可保的，那就应该存在巨灾保险；根据巨灾风险强调的是突破人们预期及主观承受能力之外的损失，巨灾保险就应侧重为这部分损失提供保障，包括损失的补偿或给付；根据巨灾风险可能会呈现出显著差异的社会脆弱性这一特征，巨灾风险在很大程度上其承保或承担主体不仅局限于单一的机构或个人、家庭，可能还需要政府，也就是社会稳定的最终责任主体。

基于这一分析，本书将巨灾保险界定为：以对价（保费）为基础，承保人（保险人或其他可分散巨灾风险的人，或需承担巨灾风险损失的其他责任人）向投保人收取保险费，建立专门用途的巨灾保险基金，对投保人负有法律和合同规定范围内的赔偿和给付责任的一种经济保障制度；这种法律和合同规定范围内的赔偿或给付责任主要是对超出投保人自身承担能力的，进而可能引发投保人出现财务危机的巨灾风险事件导致的财产损失或人员伤亡进行赔偿或给付。

二、巨灾保险的基本特征

巨灾保险的特征表明其与其他一般保险的质的差异性或特殊性，可以将其与其他保险区分开来。根据之前关于巨灾保险基本含义的分析不难发现，巨灾保险与其他保险的理解类似，从不同角度和不同层面对巨灾保险有不同的理解：从宏观层面可以理解为一种巨灾保障制度，从中观层面可以理解为一种风险管理（转移）方法（方式），从微观层面可以理解为一个契约或一个商业交易的对象，即商品或服务。因此，可从不同层面来分析巨灾保险的性质或特征。

（一）宏观层面巨灾保险的特征分析

从宏观层面来看，巨灾保险表现为一种制度，这一特性区别于其他大多数保险。根据之前关于保险概念的分析不难看出，保险，尤其是商业保险大多数情况下可以被理解为一种风险管理方法或商业交易行为。然而，综观大多数关于巨灾保险的理论文献不难发现，巨灾保险的出现往往伴随着“制度”二字，这与其本身的基本属性、保障范围、保障内容、保障层次、参与主体等要素不无关系。具体来说，从宏观层面分析，本书将巨灾保险作为一种制度来看，巨灾保险具有以下鲜明特征。

1. 有明显的公共物品属性

巨灾保险作为一种经济保障制度，其有明显的公共物品属性。从公共物品的定义和划分标准出发，主要强调如果一个物品具有外部性、效用的不可分割性、消费上的非竞争性和非排他性，则可认为该物品具有公共物品属性。根据所具备的特征程度不同，可以将公共物品分为纯公共物品、纯私人物品和准公共物品。借鉴卓志（2014）关于巨灾风险管理基本属性研究的基本结论①，巨灾保险既具有公共物品的性质，也具有私人物品的性质，属于典型的准公共物品。一方面，作为一项经济保障制度，其存在对所有受益人产生了效用的不可分割性、明显的社会正外部性、个人消费的非排他性和非竞争性；另一方面，在具体情况下，可能会产生消费的竞争性，即在一定社会经济环境下，尤其在主要依赖市场的情况下需要支付成本才能得到巨灾损失的保险赔付。

2. 有效均衡的巨灾保险市场难以自发形成

从巨灾保险的公共物品属性基本特征可以推断出，一个有效均衡的巨灾保险市场难以自发形成。主要原因在于：市场供给动力的不足和有效需求的不足或潜在受灾主体的可负担保费或成本的能力有限。这可以从公共经济学基本理论中得以诠释，也可以从现实实践中得以验证：尽管大多数的国家、企业、个人或

---

① 卓志等．巨灾风险管理制度创新研究［M］．北京：经济科学出版社，2014：88－89.

家庭都有可能遭受巨灾的可能性，但基于可负担能力或由于社会治理文化、社会从众心理或其他慈善危机（Charity Hazard）① 的存在而不会主动购买巨灾保险。

3. 正式制度化的必要性和相对必然性

基于前两个特征的基本分析，不难得出巨灾保险区别于一般保险的运作和实施方式，大多数国家或地区实践也已证明以正式制度的方式在政府的干预下进行巨灾保险运作模式更有效。

（二）中观层面巨灾保险的特征分析

1. 风险损失和发生频率的可识别性和可测性较低

一方面，由于巨灾风险发生概率相对较低，往往缺乏足够的历史数据，而其风险损失与脆弱性紧密相关，因此巨灾风险事故有相对隐蔽性，从而造成识别困难。此外，巨灾风险发生损失有明显的"厚尾"或"长尾"分布特征，而风险单位在空间或时间上会相互影响，例如，地震之后可能会导致洪水、飓风等其他地质或气象灾害，在相似时间或相同的空间内，巨灾发生的概率也会相似。然而，不同地区巨灾的脆弱性不同会导致巨灾损失评估的困难性：直接损失、间接损失的可测性低。总之，巨灾风险单位之间很难相互独立进行评估或通过传统的精算模型进行定价或预测，可测性较低。

另一方面，巨灾风险脆弱性呈现出自然和社会的双重属性，由于受灾主体的主观可承受能力不同，而呈现出来的风险度有所差别，即可能导致对风险的感知程度和定义不同，进而对其转移或管理的需求意愿不同，巨灾风险的转移意愿或共同形成风险汇聚分散机制的可能性降低。

2. 风险特征难以满足传统的风险分散和汇聚基础

正是由于巨灾风险之间往往存在正相关性（表现为地域、时间、空间、

① 慈善危机：个体因为对政府、慈善机构等外界群体的依赖，而对自身购买保险等防灾减灾行为采取较为消极的态度。参见：BROWEN M J，HOYT R E. The Demand for Flood Insurance：Empirical Evidence［J］. Journal of Risk and Uncertainty，2000，20（3）：291 – 306. 转引自：田玲，姚鹏，王含冰. 政府行为、风险感知与巨灾保险需求的关联性研究［J］. 中国软科学，2015（9）：70 – 81.

种类之间），而一定统计范围内风险单位数量不足，因此很难满足传统的风险分散和汇聚理论基础：大数法则和中心极限定理。传统的风险分散和汇聚理论认为，当风险单位之间存在负相关性或不相关的情况下，大量风险单位的汇聚会产生降低整体风险的效果，巨灾风险显然很难满足这一要求。因此，巨灾保险不应仅作为一种风险转移、汇聚、分散的风险管理工具进行理解，还应有更丰富的内涵。

（三）微观层面巨灾保险的特征分析

一般来说，一个保险产品包括保障责任、保障范围、保险价格、参与主体等几个核心要素，而参与主体则包括需求者、供给者等。巨灾保险作为保险的一个种类，若将其作为产品或服务来看，也应包括这些要素。除具备一般保险的基本特征外，巨灾保险在这些要素方面还表现出自身的特征。

1. 保障标的、内容、范围的广泛性和综合性

相对来说，巨灾保险比一般保险的保险标的更不易简单进行描述，因为巨灾保险的核心在于转移受灾主体难以承受的灾害损失，这个损失既可能以财产或责任为载体，也可能以人的身体或寿命为载体。因此，巨灾保险的保险标的极为广泛。此外，由于巨灾风险本身也是一个综合的概念，因此其风险事故也可能呈现出多元或综合的状态。例如，由于地震导致损失的具体灾害事故有可能是建筑物倒塌导致的人员伤亡或财产损失，也有可能是地震引起的泥石流导致的人员伤亡或财产损失。因此，巨灾保险的保障范围和承保的保险事故类型相对具体的保险险种（如火灾保险、货物运输保险等）更加多元和综合。从巨灾保险的责任履行方式来看，由于其对人员伤亡及财产责任损失提供保障，因此巨灾保险从性质上来看，既具有补偿性，也具有给付性。

2. 保障层次相对较高

如前所述，巨灾保险应对的是巨灾风险，强调的是应对或转移超出受灾主体承受能力范围的一种风险损失。因此，相对而言，其保障的层次相对较

高。这一特征也进一步折射了巨灾保险相对较低的保险需求意愿和较高的价格需求弹性，因为受灾主体往往会对较低概率发生的风险事件持过于乐观的态度而认为不会发生在自己身上。

3. 参与主体的多元化

正是由于巨灾风险保障标的、范围的广泛性和综合性及巨灾保险有效均衡市场自发形成的困难性，其参与主体往往突破了纯粹商业保险产品的参与主体，即投保人、被保险人和保险人，而需要政府的干预。实践中，政府干预的程度和方式因巨灾风险类型、损失程度、受灾主体的可负担性、脆弱性、金融市场和文化环境等因素不同而可能不同。

4. 巨灾保险定价的困难性

自 1961 年博尔奇将期望效用理论引入保险经济学中以来，保险市场的定价机制均以期望效用理论为基础，而保费费率厘定的主要理论依据主要是大数法则和各类经验得出的统计预测模型或生命表。通常在预定赔付率、投资回报率的基础上，利用期望效用理论得出纯保费，进而根据经验确定附加保费，最终得到总保费。毫无疑问，针对巨灾保险而言，风险发生的低概率和高损失特征决定了很难得出有说服力的预定赔付率，而可能发生的大额赔付导致极不稳定的资金流也很难保证预期投资收益的稳定性。由于保险人自身对未来赔付的不可测性往往会驱使其用较高的附加保费来弥补，从而导致很难达到一个被保险人认可并接受的程度。

第二节　巨灾保险市场供需分析

一、 巨灾保险市场的基本含义和构成

（一） 巨灾保险市场

从广义上说，市场是一个过程，是由形形色色的个人，在分工合作的

行为下相继相荡而发动的[①]。因此，保险市场（insurance market）是实行风险转嫁和交易的场所及其相关活动的总称[②]，也可以理解为是指保险经济关系的总和[③]，而这种经济关系主要表现为供需关系。因此，保险市场主要表现为保险供给、保险需求、保险商品（服务）等要素的总和。进一步，保险供给（Insurance Supply）可理解为在一定费率水平上，保险市场上供给方愿意并能够提供的保险产品，而保险需求（Insurance Demand）可理解为在一定费率水平上，保险市场上需求方愿意并有购买能力的保险产品[④]。

具体到巨灾保险市场，可以理解为巨灾保险供给、巨灾保险需求和巨灾保险产品（服务）三个要素的综合构成，为需求方提供巨灾风险转移，为供给方提供通过巨灾风险有效汇聚实现盈利的一种经济关系，其交易的连接点是巨灾保险产品（服务），价格是帮助实现这种经济交易关系的基础。

（二）巨灾保险市场的构成要素

一是巨灾保险市场主体。巨灾保险市场主体具体包括巨灾保险市场供给主体、巨灾保险市场需求主体和可能的巨灾保险市场中间人，即保险代理人、经纪人、公估人等。巨灾保险供给主体主要表现为经营巨灾保险、巨灾再保险、巨灾保险衍生品等能够实现巨灾风险汇聚的经营主体，巨灾保险需求主体则主要表现为厌恶巨灾风险且能够支付巨灾保险费用的个人、企事业单位、政府部门或其他组织。

二是巨灾保险市场客体。巨灾保险市场客体主要表现为巨灾保险产品，与其他保险产品一样，保险产品（服务）既包括损前发生的风险预防、管理

① 路德维希·冯·米塞斯．人的行为［M］．夏道平，译．上海：上海社会科学院出版社，2015：254.

② 胡炳志，刘子操．保险学［M］．北京：中国金融出版社，2004：158.

③ 全国保险业标准化技术委员会．保险术语［M］．北京：中国财政经济出版社，2009：54.

④ 全国保险业标准化技术委员会．保险术语［M］．北京：中国财政经济出版社，2009：54.

服务，也包括损失发生之后的减损控损和保险赔付服务，是交易双方实现市场交易的载体。

三是巨灾保险价格。巨灾保险价格，即巨灾保险保费费率，是实现巨灾保险有效供给和有效需求、实现市场交易的关键。

二、　巨灾保险市场整体特征分析

亚当·斯密在《国富论》中指明了市场竞争可以引导追求私人利益（利润）的个人、单位、团体自发进行市场交易行为，从而实现市场效率最优，这就像被一只看不见的手所引导。一般来说，如果市场竞争可以带来有效的市场供给和市场需求，使资源配置更有效，则认为市场是有效的。然而，在“帕累托效率”的衡量标准下，人们发现市场竞争并非随时可以提供最优（有效）的状态，即可以通过改变其中一些人的状态让其中一些人的状态变得更优，但不会影响其他人的效用，一个典型的例子就是可增加对（准）公共产品的公共供给以提高整体市场效率。经典的公共经济学认为，市场失灵的原因包括不完全竞争、公共物品、外部性、不完全市场、不完全信息、失业和其他宏观经济扰动等①，可以明显看出，巨灾保险的市场供需在很大程度上就具备类似的特征，即存在市场失灵。表5－1呈现了全球巨灾风险事件、经济损失及受保险保障的基本情况，全球受保险保障的损失占总损失42.7%，个别地区（亚洲、拉丁美洲地区等）仅有16%的损失有保险保障的这一客观现实证实了巨灾保险市场不能充分为巨灾风险提供保障，存在市场失灵这一理论假设。

① 约瑟夫·E. 斯蒂格利茨著. 公共部门经济学（第三版）［M］. 郭庆旺，等，译. 北京：中国人民大学出版社，2013：73.

表 5－1　2017 年全球各地区巨灾风险事件、受害人数、经济损失及保险保障情况

地区	灾害事件数量（件）	受害者数量（人）	占比（%）	受保险保障损失		经济损失		保险保障损失占比（%）
				损失总量（10 亿美元）	占比（%）	损失总量（10 亿美元）	占比（%）	
北美	66	466	4.1	119.1	82.5	244.2	72.4	48.8
拉丁美洲地区	19	1375	12.1	5.1	3.5	31.6	9.4	16.1
欧洲	46	536	4.7	12.0	8.3	23.7	7.0	50.6
非洲	40	2919	25.6	0.8	0.5	2.9	0.9	27.6
亚洲	112	5546	48.6	5.0	3.5	31.2	9.2	16.0
大洋洲	5	100	0.9	2.1	1.4	3.3	1.0	63.6
海洋地区	13	462	4.1	0.3	0.2	0.3	0.1	100.0
全球	301	11404	100	144.0	100	337	100	42.7

资料来源：SwissRe. Natural Catastrophes and Man－made Disasters in 2017：A Year of Record－breaking Losses［J］. Sigma，2018（1）：6.

注：最后一列占比由作者计算得出。

（一）巨灾保险产品（服务）有显著的准公共物品属性

与其他一般商业财产保险产品不同，巨灾保险产品有显著的准公共物品属性，即存在效用的不可分割性、明显的社会正外部性、个人消费的非排他性和非竞争性等特征。

（二）巨灾保险有效供给不足

事实上，关于准公共物品或公共物品的产品，经济学理论普遍认为就会存在市场失灵问题，而表现为有效供给不足。针对巨灾保险市场，这一观点和结论同样适用，同时还可以充分结合巨灾风险本身的一些基本特征对巨灾保险供给能力产生的影响进行分析。如前所述，巨灾风险有高损失、低概率、“厚尾”或“长尾”的个体风险特征，而风险单位和风险单位之间可能存在明显的正相关性，从而难以对巨灾风险损失进行有效的评估和风险单位之间的汇聚分散。具体而言，就是巨灾风险难以满足风险可保性的基本要求，这使

大多数保险供给主体会从谨慎经营的角度出发，减少对巨灾保险的供给或提高保费费率进行供给。此外，巨灾风险的赔付会最大限度地影响保险公司的财务稳定性，从而可能会导致公司破产，从政府对巨灾风险管理的直接参与等因素也在一定程度上降低了巨灾保险供给动力和意愿。石兴（2010）认为，巨灾风险是国家安全风险，巨灾保险是政策性保险①，从而存在巨灾保险市场失灵；事实上保险公司对未来赔付不确定性的厌恶会明显降低巨灾保险的供给动力。

（三）巨灾保险有效需求不足

经济学中将有效需求定义为愿意购买并能够支付产品成本的一种需求状态。根据巨灾风险的基本特征可以看出，巨灾的发生往往伴随着巨大的财产损失或人员伤亡，且在地域、时间上呈现出明显的相关性或相继性。从巨灾保险的保障程度可以看出，其提供保障的往往是突破了人们本身承担损失的能力的巨灾损失。因此，无论从巨灾风险本身的特征还是从巨灾保险的产品属性来看，都会导致巨灾风险有效需求不足。

第一，在需求意愿方面：（1）潜在的受灾主体的风险认知能力和意识会降低购买意愿。人们会由于巨灾发生的概率较低而存在明显的侥幸心理，短视或轻视心理对自己所处的灾害环境过于乐观而不愿意购买巨灾保险。（2）潜在的受灾主体会由于风险责任意识进一步降低购买意愿。由于巨灾风险一次发生影响的广泛性，往往会得到政府或其他公共部门的充分重视，而形成一种稳定的救灾机制，一些风险暴露明显的受灾主体会因此得到较大的生存或经营环境的改善，如在政府的支持下搬迁或获得更好的生产基础。这种客观的存在会让大多数的潜在受灾主体形成对政府减少灾害损失的惯性依赖，甚至会产生赌博心理而降低巨灾风险的自我管理责任，降低巨灾保险的需求。

第二，在支付能力方面：大多数的巨灾保险供给主体会通过提高巨灾保险保费费率来实现自己可能赔付的财务平滑，而巨灾风险是一个相对的概念，即往往是自我承担损失能力较低的受灾主体更容易呈现出转移风险的需求，

---

① 石兴．巨灾风险可保性与巨灾保险研究［M］．北京：中国金融出版社，2010：145－149.

而这些主体往往都是财富更少的个体，对巨灾保险的可负担性更低。因此，巨灾风险脆弱性的差异、受灾主体的财富差异会导致支付能力的差异，降低了整体支付能力。

巨灾保险与一般的商业性财产保险市场供需有较大的差异，主要体现在其产品具有明显的准公共物品属性上，而风险本身的特征使巨灾保险的有效供给和有效需求均存在不足的情况，进而难以自发形成有效的巨灾保险市场均衡。即使有需求主体愿意出较高的保费支付巨灾保险，但这些需求主体往往也会伴随着更大的巨灾风险，从而出现市场逆选择问题，最终导致有效需求和市场均衡的难以持续和问题。

三、 巨灾保险市场供需能力的拓展与市场效率的提高

之所以难以自发形成有效的巨灾保险市场的根本原因在于产品的公共物品属性、巨灾风险可保性低、巨灾风险可负担性低等方面。因此，如何拓展巨灾保险的供需能力，提高巨灾保险市场效率，实现一定程度上的帕累托改进是值得关注的话题。针对巨灾风险本身可保性弱、巨灾风险可负担性低等具体问题，则需更有效的分析；然而，可保性弱和可负担性低都是一个相对的概念，本书可以通过市场边界的拓展和多层次框架的建立，实现供需能力的提高。

（一）政府适当介入，提高供需能力

不难看出，完全由政府来应对巨灾风险损失，会导致“慈善危机”而增强民众的依赖性和对商业巨灾保险的“市场挤出”。针对准公共物品导致市场失灵问题，经济学理论一般建议可以通过政府的介入，由政府增加产品供给来得以实现。事实上，巨灾保险市场失灵、政府责任共同决定了政府参与的必要性，而巨灾风险数据获取和收集的困难性决定了政府供给巨灾保险的可能性和相对优势；然而，政府供给可能存在的低效现象及巨灾保险的准公共物品属性又决定了政府在巨灾保险市场中的有限参与特征。

一般认为政府是风险中立的，因此政府可以通过：（1）对巨灾保险的监

管，尤其是承保人和投保人之间划分赔付责任共保比例的监管；（2）巨灾保险价格的干预；（3）巨灾保险供给方和需求方动力的有效撬动等来实现对巨灾保险市场的市场干预。在实践中，较为常见的现象是，有的政府充当了巨灾保险市场的最后责任人，而增强了巨灾保险市场供给动力；有的政府制定了强制巨灾保险投保或承保的制度通过行政手段提高巨灾保险供需，降低逆选择，保障巨灾保险市场的稳定和可持续性。

（二）市场边界的延伸和有效桥接，实现风险横向转移

1. 巨灾保险再保险市场的培育，实现第一次风险转移

保险市场一般至少包括原保险市场和再保险市场，毫无疑问，巨灾保险的再保险是另一个非常值得关注和需要培育的巨灾风险转移场所。因此，若能将巨灾保险市场的理解进行延伸，将其理解为原保险市场和再保险市场的共同构成，就可以在很大程度上实现第一次的巨灾风险的横向转移。在实践中，巨灾再保险供给主体可以是普通的保险人，也可以是专业的再保险人，还可以是政府。总之，再保险市场的重视会增强风险的分散维度，进而提高原保险市场的供给能力，在一定程度上提高了风险可保性，降低保费费率而实现有效需求的提高，最终提高市场效率，实现帕累托改进。

2. 保险市场与资本市场的桥接，实现第二次风险转移

20 世纪 90 年代，资本市场开始出现了巨灾衍生金融工具，这一现象的出现为进一步转移、分散巨灾风险提供了机会。目前，实践中巨灾衍生金融工具主要包括巨灾债券、巨灾期权、巨灾互换、应急资本等。事实上，保险市场和资本市场的有效对接是增强保险供给能力的重要手段，对于一般的商业保险，保险公司承保之后所获得的保费与面临的赔付有很长的时间差，为其盈利提供可能，因此将保险资金投资到资本市场是保险公司的另一项主要经营活动。若资本市场可以通过保险证券化，提供能够实现巨灾风险的直接转移和分散的金融衍生工具，那可以进一步帮助保险人赔付成本的财务平滑，巨灾风险在更大的时间和空间内分散，超越再保险市场的局限，从而提高巨

灾风险的可保性及原保险市场中原保险人的巨灾保险供给能力。

原保险市场、再保险市场和资本市场的有效对接示意如图 5 - 1 所示。

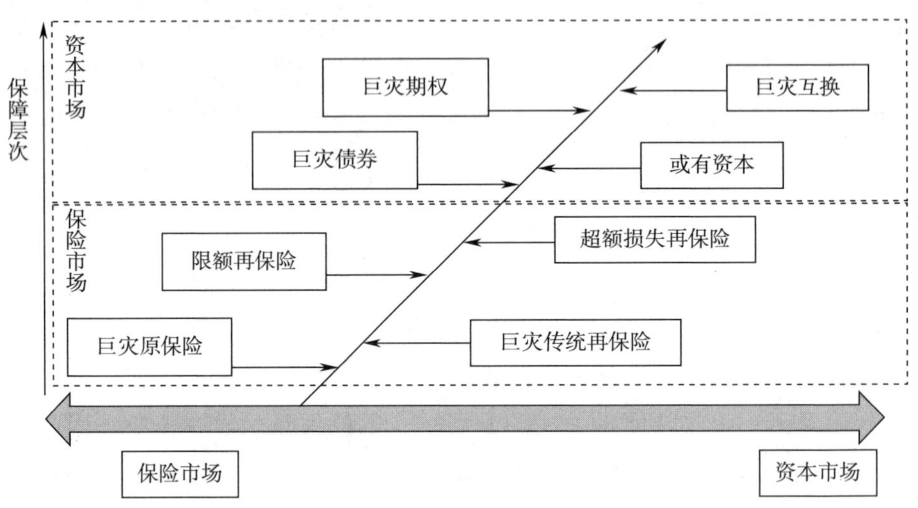

图 5 - 1　保险市场和资本市场有效对接与巨灾风险的横向转移示意

（三）多层次市场的建立，实现风险纵向分散

政府、原保险公司、再保险公司、资本市场都是巨灾保险市场的重要拓展。综合分析巨灾风险最基本的特征、政府的责任、保险市场供给主体和资本市场供给主体追求盈利的本质属性，本书认为如果要想实现巨灾风险的有效分散，提高整体的市场效率，非常重要的一个基础是巨灾保险市场体系的多层次建立。

具体而言，巨灾保险市场可以在横向上通过再保险市场、资本市场实现风险分散和转移，但这些风险应该是突破了一定的可负担能力的基础上的一种选择，整个巨灾保险市场应根据巨灾风险特征差异形成纵向的有效安排：第一，对于高概率、损失严重且影响面广、有明显负外部性的巨灾风险，政府应该承担最基础的保障责任或鼓励受灾主体自行承担；第二，针对有明显的社会负外部性，损失程度较高、概率较高的巨灾风险，可以通过政府介入（提供税收支持或保费补贴）主要依靠保险市场和再保险市场进行转移分散；

第三，发生概率更低，损失程度更大，有较强投机可能的巨灾风险，可以通过巨灾衍生品的发行和资本市场实现转移和分散，因为这样的风险特征往往伴随着更高收益的可能性，更容易产生有效的衍生品供给和需求；第四，针对损失概率极低、损失程度极大的巨灾损失，则可以寻求更广范围内的风险分散，如全球市场范围内的国际政府合作或国际捐助等。多层次的巨灾风险纵向分散示意如图 5－2 所示。

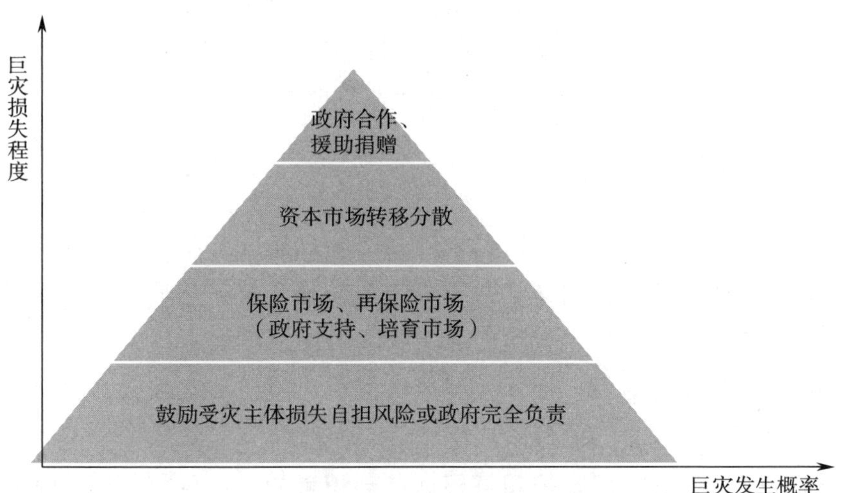

图 5－2　多层次市场的建立与巨灾风险的纵向转移示意

第三节　巨灾保险的实施方式和运营模式

相比一般的财产保险或人身保险，实践中巨灾保险存在不同的实施方式和运营模式，主要表现在供给主体的多元化和政府介入程度的不同。

一、 巨灾保险的实施方式

巨灾保险的实施方式主要强调的是通过市场自发形成交易还是通过政府

的介入形成交易。一般而言，可以根据政府在其中介入程度不同，将保险的实施方式分为商业（自愿）保险、强制保险（法定保险）和政策性保险三大类。商业保险是指保险双方当事人通过签订保险合同，或是需要保险保障的人自愿组合、实施的一种保险；强制保险又叫法定保险，是国家对一定的对象以法律、法令或条例规定其必选投保的一种保险，其保险关系不是产生于投保人和保险人之间的合同行为，而是产生于政府的法律效力；政策性保险往往是指政府为了政策上的目的，运用普通保险的技术而开办的一种保险，政策保险一般包括社会政策保险和经济政策保险两大类别。[①]

具体到巨灾保险的实践中，也存在着这三种实施方式。

（一）商业性的巨灾保险

商业性的商业巨灾保险是指完全依靠市场自发调节产生的有效需求和有效供给，需求主体和供给主体自愿完成市场交易，其完全是商业化的运作方式。典型代表是英国的洪水保险，以及我国目前市场上由不同财产保险公司提供的部分附加型的地震、洪水、飓风等巨灾风险扩展条款或附加险。潜在的受灾主体可以根据自己的风险厌恶程度、风险转移需求和可负担能力进行保险产品的选择，而各保险公司可根据自己积累的巨灾风险数据、财务赔付的可偿付能力和再保险或资本市场的安排进行产品的开发或供给。

（二）强制性的巨灾保险

强制性的巨灾保险是指根据某个国家/地区的法律法规的相关规定，对某些巨灾风险实施强制性的投保约束或承保约束。潜在的受灾主体必须对满足一定特征，包括风险种类、风险损失程度、风险损失载体或风险事故类型等条件的风险采用投保的方式转移，而承保主体必须对满足一定触发条件的巨灾风险进行承保或进行再保险。

实践中，这种强制性的规定可以是直接在法律法规中具体说明的，也可

---

① 魏华林，林宝清．保险学（第二版）[M]．北京：高等教育出版社，2005：114－115.

以是通过附加一些其他的行政手段，如税收优惠或政府其他支付条件来实现。例如，美国的洪水保险计划就是在《联邦洪水保险法》《国家洪水保险计划》《洪水灾害防御法》的规定下，强制性地规定如果居民或企业不购买洪水保险，则不能享受相应的经济优惠政策（如所得税减免、灾害救济或贷款资格等），从而强制实施了洪水保险。

（三）政策性的巨灾保险

政策性的巨灾保险是指政府为实现一定的政策目标，借助普通保险的经营技术和市场基础开展的一种巨灾保险。从其性质和政府的目的来看，政策性的巨灾保险既是一种社会政策保险，也是一种经济政策保险。具体表现在：巨灾保险的实施一方面可以帮助政府实现社会稳定的基本责任，也可以帮助政府实现财务稳定的目标。在政策性保险中，政府往往起到一个支持者或引导者的角色，而不是直接的保险供给者，如为了促进出口贸易而开展的出口信用保险等。政策性的巨灾保险和一般的政策保险一样，往往是在政府的支持下由市场供给的。典型的例子为美国加州地区的地震保险就是由可以享受免收联邦所得税的加州地震局（California Earthquake Authority，CEA）向公众提供住宅地震保险的，CEA 是全球最大的住宅地震保险机构之一，拥有约 90 亿美元的保险赔付能力，该机构的组成来源于保费、成员投入、投资收益等，与政府财政没有关系①，类似于一个政府特许经营的私营再保险公司。

二、 巨灾保险的运营模式

巨灾保险的运营模式实质上强调的是巨灾风险损失责任分担的问题，具体来说模式的区分实际上是看谁是巨灾风险最终的实际承担者的问题。实践中，已经取得一定成效的实施方式包括纯粹的商业市场模式、政府主导供给模式、政府直接供给模式、混合供给模式等类型，其核心差异在于政府和市

① 卓志等．巨灾风险管理制度创新研究［M］．北京：经济科学出版社，2014：120.

场的责任边界不同。值得说明的是，巨灾保险实施方式的具体选择是在具体的风险环境、历史、社会、经济、文化、制度框架的背景下进行的。

（一）商业化运作的巨灾保险模式

商业化运作的巨灾保险模式的典型代表是英国的洪水保险。英国洪水保险产品由私营的保险公司提供，洪水保险的保费费率由保险公司自行确定，政府提供非保险实质的资助或责任分担。由约定的洪水灾害导致的承保损失由商业保险公司和商业再保险公司自行承担。政府在洪水保险市场的运营中主要提供各类基础工程、房屋住宅的洪水防灾防损责任，主要通过制定建设有效的洪水排涝和防洪基础设施得以实现，其目的在于降低全国洪水发生的概率和损失，提高商业性洪水保险的可保性，从而降低费率以提高其可负担性，实现自发的商业保险市场交易。英国洪水保险基本的运营模式详见图 5－3。

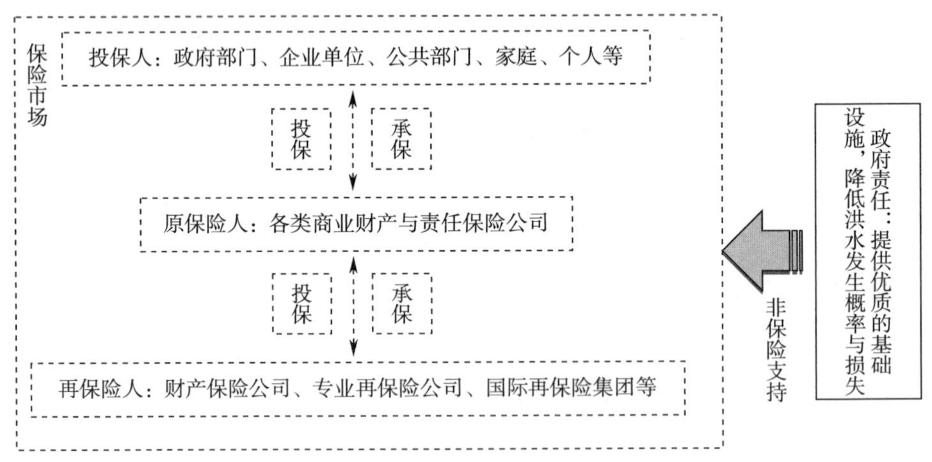

图 5－3　英国洪水保险运营模式示意

（二）政府直接供给（主导）的巨灾保险模式

政府直接供给的巨灾保险模式的基本特征是巨灾损失的最终赔付责任主体是政府，实践中，可能是通过商业市场完成的，也可能是由专门的政府部门完成的。典型代表是美国的洪水保险计划和新西兰的地震保险。新西兰的地震保险是一种强制保险，其承保的主要保险事故包括地震、山体滑坡、火山爆发、海啸、暴风、洪水等，是一种综合性的巨灾保险，保险标的以居民住宅及屋内财产为主。实践运营中，保险公司在法定赔偿限额内进行赔付，投保人必须对法定限额内的住宅或财产进行投保，超过部分居民可自愿选择商业保险公司投保。保险公司代政府部门，主要是直属于财政部的地震委员会收取限额内的保费，并代其履行限额内的保险赔付责任；对于已核定的地震灾害损失，由地震委员会承担所有限额内的赔付责任；超出部分由投保人自愿选择的商业保险公司自行承担。新西兰地震保险基本的运营模式详见图5－4。

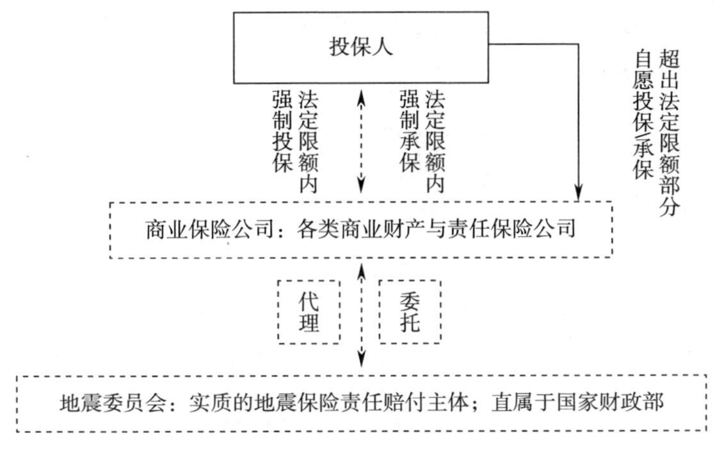

图5－4 新西兰地震保险运营模式示意

（三）政府与市场合作的混合供给巨灾保险模式

政府与市场合作的混合供给巨灾保险模式是指政府和保险公司在巨灾风险认知能力培养、巨灾风险事前防范、巨灾风险转移、巨灾保险产品供给、巨灾保险赔付等多维度进行合作，共同承担巨灾风险损失的一种运营方式。实践中，往往会根据政府和市场的各自优势承担相应的责任，例如，政府主要通过制定相关法律制度为巨灾保险的运营提供基础保障，承担最后的再保险人和最终的赔付责任；市场则在一定范围内承担巨灾保险的供给和损失的赔付责任。实践中，典型代表是日本的家庭财产地震保险和法国的自然灾害保险。

日本地震保险承保是由于地震、地震引起的火灾等风险事故造成的损失，在一定的法定限额内由商业保险公司进行承保，超出部分由居民自行向商业保险公司投保；但法定限额内的地震保险由商业保险公司承保后以比例再保险的方式全部转移给专门成立的地震再保险公司，地震再保险公司根据赔偿能力将其部分自留、部分转移到商业保险市场或转移给中央政府。在这种运营模式下，承保了限额范围内的商业保险公司基本上没有承担实际的地震损失赔偿责任，仅承担了部分的分保责任，而政府充当了实际的最后再保险人；超出法定限额部分的巨灾风险仍然由商业保险市场进行转移。日本地震保险基本的运营模式详见图 5 –5。

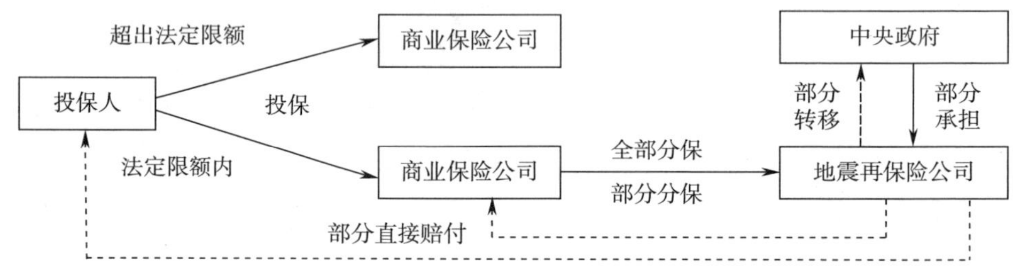

图 5 –5　日本地震保险运营模式示意

三、 综合比较

综合巨灾保险的实施方式和运营模式可以发现，由于巨灾保险区别于一般商业保险，其有效市场的形成和市场效率的帕累托改进往往需要政府的介入，纯粹的商业保险市场难以实现巨灾风险的有效汇聚和分散。可简单将政府与市场在其中的角色和责任进行比较如表 5 –2 所示。

表 5－2 巨灾保险不同实施方式和运营模式中政府和市场的角色比较

代表性国家/地区	巨灾保险险种	模式	政府职责	市场（保险公司）角色
英国	洪水、泥石流、地震等	纯粹商业化运作	监管者、市场培育者	主导者、产品供给者，提供保险服务
美国、新西兰	洪水、地震、火山喷发等	政府主导、直接供给	主导者，提供实质保障	参与者、代表政府实施者，保险销售和保险理赔（一定限额内）
法国、日本	地震、海啸、火山喷发	混合供给巨灾保险模式	合作者（制度政策的制定，承担部分最后保险人角色）	合作者（提供主要的风险保障）

资料来源：由作者自行整理得出。

专栏 国内外典型巨灾保险产品列举

根据巨灾保险的发展实践，我们梳理了当前国内外比较具有代表性的巨灾保险产品，这些巨灾保险的实施方式和运营模式各不相同，具体如表1所示。

表 1 世界主要国家/地区提供的代表性巨灾保险产品

国家/地区	承保风险	保险标的
法国	洪水、泥石流、地震等	房屋
美国	洪水、地震、飓风	房屋
日本	地震、海啸、火山喷发	房屋
土耳其	地震	房屋
新西兰	地震、洪水、火山喷发	房屋
中国台湾	地震	房屋

资料来源：丁元昊．巨灾保险需求研究——基于需求行为的实证［D］．成都：西南财经大学，2012：36.

具体到我国，目前主要由商业保险市场提供巨灾保险产品，我们查阅了在中国银保监会备案的巨灾保险产品（条款），发现大多数集中由财产保险公司供给，且大多数保险产品以附加险或附加条款的形式存在，具体如表 2 所示。

表 2　中国银保监会备案的代表性巨灾保险产品列举

保险产品（条款）	产品供给主体	承保风险	保险产品类型（险种）
预防降雨、洪水等安全措施特别条款	现代财产保险（中国）有限公司、鑫安汽车保险股份有限公司等	洪水、降雨	工程保险附加险（条款）
洪水扩展条款	现代财产保险（中国）有限公司、阳光财产保险股份有限公司等	洪水	企财险附加险（条款）
洪水特约条款	鑫安汽车保险股份有限公司	洪水	工程保险附加险（条款）
附加暴风、暴雨、洪水保险条款	阳光财产保险股份有限公司	洪水、暴风、暴雨等	企财险附加险（条款）
地震扩展条款	天安财产保险股份有限公司	地震	企财险附加险（条款）
地震海啸扩展条款	阳光财产保险股份有限公司	地震、海啸	企财险附加险（条款）
财产保险地震责任扩展条款	阳光财产保险股份有限公司	地震	企财险附加险（条款）
地铁工程保险附加地震除外保险	阳光农业相互保险公司	地震	工程保险附加险（条款）
“尊享泰和”家庭财产保险附加地震保险条款	英大泰和财产保险股份有限公司	地震	家财险附加险（条款）
破坏性地震扩展条款	永安财产保险股份有限公司	地震	企财险附加险（条款）
台风、飓风扩展条款	天安财产保险股份有限公司、现代财产保险（中国）有限公司、鑫安汽车保险股份有限公司等	台风、飓风	企业财产保险附加险（条款）
台风特别措施条款	天安财产保险股份有限公司	台风	工程保险附加险（条款）
恐怖活动扩展条款	天安财产保险股份有限公司、现代财产保险（中国）有限公司、阳光财产保险股份有限公司等	恐怖活动	企财险附加险（条款）
恐怖活动扩展条款	天安财产保险股份有限公司	恐怖活动	工程保险附加险（条款）
物业管理责任保险附加恐怖活动条款（2009 年版）	信达财产保险股份有限公司	恐怖活动	责任保险附加险（条款）

资料来源：根据中国银保监会网站整理得出。

本章小结

本章在保险、巨灾、巨灾风险等基本概念基础上，对巨灾保险进行了界定，并厘清了巨灾保险和保险的种属关系；进一步结合巨灾保险承保的巨灾风险特征对巨灾保险的基本特征进行了系统分析，进而分析了巨灾保险市场呈现出的具体特征，并分析了难以自发形成有效的巨灾保险均衡市场的关键原因。以此为基础，本章最后结合全球巨灾保险的运营实践阐述了巨灾保险的实施方式和运营模式，并对其进行了简要比较。作为本书的重要理论性章节，本章意在为读者剖析巨灾保险与一般保险的根本性差异及产生差异的内在原因，为读者理解巨灾保险实践提供有益的视角和理论支撑。

◎专业术语

巨灾保险　混合供给巨灾保险模式　强制性巨灾保险

◎思考题

1. 分析难以自发形成巨灾保险有效均衡市场的原因。
2. 分析巨灾保险有效需求不足的原因。
3. 分析巨灾保险有效供给不足的原因。
4. 分析巨灾保险的基本特征。
5. 阐述实践中常见的巨灾保险的实施方式。
6. 阐述实践中常见的巨灾保险的运营模式。

◎参考文献

［1］小哈罗德·斯凯博等著．国际风险与保险：环境——管理分析［M］．北京：机械工业出版社，1999：5.

［2］魏华林，林宝清．保险学（第二版）［M］．北京：高等教育出版社，2005：29；114－115.

［3］袁宗蔚．保险学——危险与保险（第34版）［M］．北京：首都经济贸易大学出版社，2000：52.

［4］刘金章，王晓炜．现代保险词典［M］．北京：中国金融出版社，2004：19.

［5］谢盛金等．简明保险词典［M］．北京：经济科学出版社，1986：14.

［6］卓志等．巨灾风险管理制度创新研究［M］．北京：经济科学出版社，2014：47；49；88－89；120.

［7］路德维希·冯·米塞斯著．人的行为［M］．夏道平，译．上海：上海社会科学院出版社，2015：254.

［8］胡炳志，刘子操．保险学［M］．北京：中国金融出版社，2004：158.

［9］中国保险业标准化技术委员会．保险术语［M］．北京：中国财政经济出版社，2009：54.

［10］田玲，姚鹏，王含冰．政府行为、风险感知与巨灾保险需求的关联性研究［J］．中国软科学，2015（9）：70－81.

［11］约瑟夫·E. 斯蒂格利茨著．公共部门经济学（第三版）［M］．郭庆旺，等，译．北京：中国人民大学出版社，2013.

［12］石兴．巨灾风险可保性与巨灾保险研究［M］．北京：中国金融出版社，2010：145－149.

［13］丁元昊．巨灾保险需求研究——基于需求行为的实证［D］．成都：

西南财经大学，2012：36.

[14] BROWNE M J，HOYT R E. The Demand for Flood Insurance：Empirical Evidence [J]. Journal of Risk and Uncertainty，2000，20（3）：291 -306.

[15] SWISSRE. Natural Catastrophes and Man - made Disasters in 2017：A Year of Record - breaking Losses [J]. Sigma，2018（1）：6.

第六章

巨灾再保险

巨灾再保险是对巨灾风险的二次分散，是巨灾风险管理的一种重要方式和手段。随着社会经济和科学技术的不断发展，社会财富的日益增长，人口数量不断增加等使巨灾风险累积趋于复杂，导致世界各地对巨灾保险和再保险保障需求的增加。本章主要介绍巨灾再保险的基本概念和功能、巨灾再保险的方式与安排、巨灾再保险市场，从而使读者对巨灾再保险有一个整体的认识与把握。

第一节　巨灾再保险概述

一、巨灾再保险的基本概念

（一）再保险的定义

再保险（Reinsurance）也称为分保，是保险人在原保险合同的基础上，通过签订合同，将其所承保的部分风险和责任向其他保险人进行保险的行为。[①] 因此，国际上把再保险称为保险的保险。德国《商法》第 79 节将再保

---

① 魏华林，林宝清．保险学（第四版）［M］．北京：高等教育出版社，2017：188.

险定义为“对保险人分担危险的保险”。美国保险监管国民协会的定义是：从分出公司转移危险损失给再保险接受人。英国关于再保险的定义来自判例格拉斯哥保险公司案（1914S. C320）：再保险合同是再保险人与原保险人之间的约定，此约定不转移直接保险持有人的权利。《中华人民共和国保险法》（以下简称《保险法》）第二十八条规定：“保险人将其承担的保险业务，以分保形式部分转移给其他保险人的，为再保险。”

在再保险业务中，分出业务的公司称为原保险人（original insurance）或分出公司（ceding company），接受分出业务的公司称为再保险人（reinsurer）或分保接受人、分入公司（ceded company）。如果分保接受人又将其接受的业务再分给其他保险人，这种业务活动称为转分保（retrocession）或再再保险，双方分别称为转分保分出人和转分保接受人。再保险和转分保在发达市场上是比较流行的风险管理工具。例如，美国在既定年份中大约有50%的风险进行了再保险，其中近20%进行了转分保。

与直接保险转嫁风险一样，分出公司向分入公司转嫁风险责任也要支付一定的保费，这种保费称为分保费或再保险费；同时，由于分出公司在招揽业务时支出了一定的费用，分出公司需要向分入公司收取一定费用加以补偿，这种由分入公司支付给分出公司的费用称为分保佣金或分保手续费。

（二）巨灾再保险的定义

关于巨灾再保险的界定目前国内外尚未有统一的定义，有的学者认为巨灾再保险是与飓风、地震、风暴等自然灾害有关损失的保险；而有的学者从合同的视角来进行界定，认为巨灾再保险是再保险人同意在规定的时间内向发生灾难性事件，造成大量财产索赔的保险人支付一定赔偿数额的合同[①]；而国内的学者，大多基于《保险法》中再保险的概念，将巨灾再保险定义为保险人将其保险业务中所承担的巨灾风险责任，以分保的形式部分转移给其他

① ANNE GRON. Insurer Demand for Catastrophe Reinsurance [M]. University of Chicago Press, 1999: 23-50.

保险人的保险。它是对分出公司承保的巨灾保险的赔偿责任提供保障的再保险，当分出公司承保的地震、洪水、飓风等巨灾保险业务的赔偿责任发生时，由分入公司按比例承担赔偿责任；或当分出公司的赔偿责任超过其自负责任时，由分入公司对超过的部分承担赔偿责任。

虽然学者们的表述各有差异，但不难看出都有一个共同之处，那就是巨灾再保险是与地震、洪水、飓风等巨灾风险有关的、特定领域的一种再保险，其目的是为了转移分出公司承担的巨灾风险责任，在更大范围内进行巨灾风险的分散，稳定公司的业务经营。

随着再保险证券化的发展，巨灾再保险逐渐演变成为一种证券化的再保险产品，通过发行巨灾债券、巨灾期权、巨灾期货等金融手段，实现巨灾风险在资本市场的分散，由原保险人、再保险人、投资者共担风险。

二、 巨灾再保险的危险单位、 自留额和分保额

在再保险业务中，分保双方责任的分配与分担是通过确定的自留额和分保额来体现的，而自留额和分保额都是按危险单位来确定的。

（一） 危险单位

危险单位是指保险标的发生一次灾害事故可能造成的最大损失范围。危险单位的划分既重要又复杂，应根据不同的险别和保险标的来决定，其划分的关键是估计一次危险事故可能造成的最大损失范围，而不一定和保单份数相等同。危险单位的划分并不是一成不变的，有时需要专业的知识。再保险公司或将巨灾看作一个独立大型事件，导致一家或多家保险公司损失，或者将巨灾看作一个小型事件，使大量保险公司产生损失。

（二） 自留额和分保额

自留额又称为自负责任，是指对于每一危险单位或一系列危险单位的责任或损失，分出公司根据其自身的偿付能力确定的所能承担的限额；经过分

保，由接受公司所承担的责任限额称为分保额或分保责任或接受额，它是分保接受人所能承担的分保责任的最高限额。

巨灾自留额和分保额可以保额为基础计算，也可以赔款为基础计算。计算的基础不同，决定了巨灾再保险的方式不同。保险公司可使用各种方法来确定理想的巨灾自留额和分出水平。例如，它可以找到一个分界点，在此之上，降低再保险成本的边际收益已不足以弥补自留损失的边际增加额；或者公司可设定一个最低的偿付能力目标，例如，考虑在 100 年的回归期内，公司的净损失加理赔费用（购买巨灾再保险之后）之和必须小于盈余的 50%。又或者保险公司也可以根据风险调整收益确定自留额或分出额，例如，自留特定的巨灾风险层的边际收益可能是巨灾保费的变化减去可回收的变化之差除以所需资本的变化的函数。当巨灾再保险分保费太高时，自留额和分出额的确定会变得非常复杂；保险人可以通过增加自留额来获得企业价值，但同时也增加了保险人遭遇财务困境的可能性。

为了确保保险企业的财务稳定性及偿付能力，许多国家通过立法将再保险安排，特别是巨灾风险的处理、危险单位的划分、自留额的大小等列为国家管理保险业的重要内容。我国《保险法》第一百零四条规定："保险公司对危险单位的划分方法和巨灾风险安排方案，应当报国务院保险监督管理机构备案。"

三、 巨灾再保险的功能与重要性

再保险是原保险人通过业务开展将巨额风险集中之后，考虑自身承受能力，为防止标的遭受巨额损失或灾害集中而影响其正常经营而采取的风险分散手段。通过再保险安排，原保险公司一方面分散了风险，增加了财务安全；另一方面提高了自身承保能力，扩大了盈利范围，从而最终保障了经营的稳健。

作为特殊的再保险产品，巨灾再保险除了具有上述功能，在整个巨灾保险制度构建过程中还发挥着特殊的关键性作用。

（一）巨灾再保险是巨灾保险的制度基础

巨灾保险同普通保险的最主要区别在于其所承保的风险集中、数额巨大，要使此种风险具有可保性，就必须通过特殊的制度设计，尽可能地分散风险。然而，现有再保险市场是建立在商业性保险基础之上的，商业性保险机构是其构成主体；保险公司基于自身经营考虑，一般不愿意经营巨灾保险此种风险巨大、盈利微小的险种。在保证保险公司不亏损的情况下基于社会公共利益提供巨灾保险产品，这就需要政府动用财政预算对巨灾保险制度进行直接的经济参与。巨灾再保险的制度功能在于一方面拓宽风险分散渠道，使巨灾风险具有可保性；另一方面为政府直接支持搭建平台。只有具备了此渠道和平台，巨灾保险制度的构建才能真正具有现实可操作性。因而，巨灾再保险制度是巨灾保险制度的基础。

（二）巨灾再保险运作的畅通是巨灾保险稳健经营的保障

保险公司在经营过程中为了谋取高额的保费收入，通过提高保险费率的方式，会适当对一些超额风险进行承保。承保之后，为了进一步分散风险，保险公司通常通过再保险的方式将超额保险分保出去，从而降低自身经营风险。巨灾保险正是这样一种对保险公司稳健经营构成挑战的超额保险，要对其进行承保，就必须通过完善的再保险安排将风险尽快分散出去。否则，一旦风险发生，保险公司将可能面临灭顶之灾。

（三）巨灾再保险是政府对巨灾保险系统进行监督、管理的途径之一

巨灾保险的政策性属性决定了政府在这一制度运行过程中发挥基础性的主导作用。传统的保险市场以商业性构成为主，政府在市场之外对市场主体的行为进行事前和事后的监管。而在巨灾再保险市场中，政府成为市场中的特殊主体，直接参与再保险合同法律关系。除了一般性的监管，政府还在再保险合同缔约、履约等环节，对保险公司的巨灾保险经营行为进行全方位的审查与掌控，从而维护整个巨灾保险体系的有序运行。

第二节 巨灾再保险的方式与安排

一、 巨灾再保险的方式

对于巨灾风险，分出公司可选择比例分保或非比例分保，也可以选择以合约形式或临时形式进行再保险。

（一）比例再保险和非比例再保险

1. 比例再保险

比例再保险是以保险金额为基础来确定原保险人自留额和再保险人分保额的再保险方式。原保险人的自留额和再保险人的分保额均是按照保险金额的一定比例确定的，原保险人与再保险人对于保险费的分配及赔款的分摊也是按分配保险金额的同一比例进行。比例再保险在实际运作中又具体分为成数再保险、溢额再保险、成数和溢额混合再保险三种形式。

（1）成数再保险是指原保险人与再保险人在合同中约定保险金额的分割比率，将每一危险单位的保险金额，按照约定的比率在原保险人和再保险人之间进行分割的再保险方式。按照成数再保险方式，无论分出公司承保的每一危险单位的保险金额大小，只要在合同规定的限额内，都按照双方约定的比率来分担责任，对每一危险单位的保险费和发生的赔款，也是按双方约定的固定比率进行分配和分摊。如果原保险人自留保险金额多，自留保险费就多，赔款责任也承担得多，再保险人也同样如此。通常针对每一危险单位或每张保单，双方会规定一个最高限额，在这个限额内原保险人和再保险人按成数分摊责任，超过限额的部分须由分出公司另外安排分保或自己承担。

成数再保险的优点是操作手续简便，且发生的赔款都能按比例摊回，缺点是缺乏弹性且不能均衡风险责任。

（2）溢额再保险是原保险人事先确定自己承担的风险责任额也就是自留额，保险责任超过自留额的部分称为溢额，原保险人将溢额部分办理再保险。分保双方按自留额和分保限额占保险金额的比例，计算分享保费，分摊责任和赔款。

溢额再保险的优点是原保险人可以灵活确定自留额，节省分保费支出，缺点是再保险接受人只负责溢额部分的赔偿，而自留部分仍由原保险人自己承担，不能完全体现合同双方利益的一致性。

（3）成数溢额混合再保险是将上述两者结合使用的分保方式。它将两者结合在同一个合同中，自留额限度内的业务以成数分保方式分出，超过部分以溢额方式分出。如果一笔实际业务的保额不超过成数合同的限额，则全部保额由成数分保合同的分出公司和接受公司承担，而超过部分的溢额则由溢额分保合同的接受公司承担，直至该溢额合同规定的最高线数①。成数溢额混合再保险可以弥补上述两者方式单独使用时的不足，取长补短。

2. 非比例再保险

非比例再保险是与比例再保险相对而言的，它是以保险的损失为基础确定自留额和分保额，又称为损失再保险。原保险人事先确定一个自己负担的赔款额度（赔付率），对超过自负额度（赔付率）的赔款才由分保接受人承担赔偿责任，两者无比例关系。非比例再保险主要包括险位超赔再保险、事故超赔再保险和赔付率超赔再保险。

（1）险位超赔再保险是以每一危险单位所发生的赔款来计算自负责任额和再保险责任额。如果总赔款金额不超过自负责任额，全部损失由分出公司赔付；总赔款金额超过自费责任额，则超过部分由接受公司赔付。通常接受公司为了控制自己的赔付责任，也是规定了一定限度的。

（2）事故超赔再保险是以一次事故所发生赔款的总和来计算自负责任额和再保险责任额。它是险位超赔在空间上的扩展，用来保障保险分出人的累

① 线数也就是自留额的倍数，一线也就是自留额的一倍。

积责任。事故超赔再保险的责任计算，关键在于一次事故的划分。巨灾事故如飓风、洪水和地震，以时间条款来规定持续多长时间为一次事故，有的还有地区规定。例如，规定台风、飓风、暴风连续48小时内为一次事故；地震、洪水连续72小时内为一次事故，洪水还有地区上的规定，如以河谷或以分水岭来划分洪水地区；其他巨灾事故连续168小时内为一次事故。对于持续时间较长的风险，如森林大火和地震，按一次事故或几次事故在责任分摊上是不同的。

【例6.1】假设有一份200万元的巨灾超赔分保合同，一次台风持续6天，该事故共损失500万元。

若按一次事故计算：

500万元赔款，原保险人先自负100万元赔款，再保险人承担200万元赔款，剩下的200万元赔款仍由原保险人承担，也就是说原保险人共承担了300万元的赔款。

若按二次事故计算，则赔款的分摊如表6-1所示。

表6-1　按二次事故计算的赔款分摊　　单位：万元

损失情况	原保险人	再保险人
第一个72小时损失300万元	100	200
第二个72小时损失200万元	100	100
合计	200	300

但在实际情况中，可能无法区分一次台风在某一时间内的损失，则由原保险人和再保险人各负责250万元。

在超额赔款巨灾再保险中，有一种分“层”的安排方法，即将整个超赔保障数额分割为几层，便于不同的再保险人接受。

【例6.2】某保险公司将其承保的500万英镑的巨灾业务分为四层安排超额再保险：

第一层为超过10万英镑之后的40万英镑，即原保险人的自负责任为10万英镑的赔款，超过10万英镑但少于50万英镑的责任由第一层再保险人承担。

第二层为超过 50 万英镑之后的 50 万英镑。

第三层为超过 100 万英镑之后的 100 万英镑。

第四层为超过 200 万英镑之后的 300 万英镑。

以上四个层次的超赔责任范围可分别由四个再保险人来承担。其中，二层、三层、四层的超额分保是把原保险人的自留责任与前几层的分保责任合并，作为本层的自留基础，也就是本层的起赔点。

（3）赔付率超赔再保险是按赔款与保费的比例来确定自负责任和再保险责任的一种巨灾再保险方式，即在约定的某一年度内，当原保险人的赔付率超过一定标准时，超过部分由再保险接受人负责至某一赔付率或金额。赔付率超赔再保险的赔付按年度进行，有赔付率的限制，并有一定金额的责任限制。由于这种再保险可以将原保险人某一年度的赔付率控制在一定的标准之内，所以对于原保险人而言，有停止损失再保险或损失中止再保险之称。

当然，对于巨灾再保险而言，比例分保和非比例分保并不是非此即彼的。保险公司可以独特的方式组合风险自留与分出的各种不同要素，以获得特定的结果。例如，在最初的自留额之后，保险公司可能寻求通过成数巨灾再保险将其承担的日本台风风险的 70% 转移（它仍然自留所出现的每个新台风风险的 30%）。或者，它可以通过引进 15% 的巨灾超额损失层，将实际成数再保险下的自留额减半；该层只有当特别大的损失发生时才生效。

（二）临时再保险和合约再保险

1. 临时再保险

临时再保险是指保险人承保风险后，有分保需要时，临时选择再保险人，经分保双方协商达成协议，逐笔成交的再保险安排方法。其本质在于，对于某一危险，原保险人是否要进行再保险，再保险多少，完全由原保险人所承担的风险责任情况及自留的多少决定，逐次向再保险人接洽；而再保险人是否接受，接受多少，可根据危险的性质、本身的承保能力、与原保险人的业务关系等，酌情自行决定。每一风险的分出和接受要根据其自身情况进行分析，并单独协商签订合同。当风险非常巨大且独特，或需要特殊分析和考虑时，常常会用到临时再保险合同。例如，核污染、恐怖主义、洪水和龙卷风等巨灾再保险就常常采用临时再保险的形式。因为潜在的逆向选择和道德风险，再保险公司通常要求原保险公司提供大量详细的承保资料，同时要求使用合约协议（特别是比例分保，其中双方按百分比分担风险）。

临时再保险可用于比例分保和非比例分保，分为成数临时分保、溢额临时分保和险位临时分保等多种形式。

2. 合约再保险

合约再保险是指原保险人与再保险人预先订立分保合同，在一定时期内对某宗或某类业务进行缔约人之间的约束性的再保险安排方法。合同将业务范围、地区范围、除外责任、分保手续费、自留额、合同最高限额、账单编制和付费等各项分保条件固定下来，以明确双方的权利和义务。凡属于合同规定范围的业务，分出公司自动分出，接受公司必须接受，对双方都有强制性。合约再保险是巨灾再保险的主要承保形式，如美国地震、美国飓风、欧洲风暴及日本地震和新马德里地震带地震等风险事故大多数都是通过合约安排得到转移的。

合同分保适用于各种形式的比例再保险和非比例再保险。

二、巨灾再保险的安排

巨灾风险常常涉及广大区域，随机性比较大，所以保险费和自留额不能按常规处理，需要由政府财政、企业风险管理和保险公司联合在一起综合处理，形成必要的基金和补偿机制及特殊的分散风险的再保险方式。下面将以地震保险、风暴保险和核责任保险为例来说明巨灾再保险的安排。

（一）地震保险的再保险

地震是由移动的地壳板块之间的摩擦造成的，如果大量密集的人口及财产处于或靠近主要的地震断层地区，一旦发生严重地震，就会造成巨灾性的损失。例如，我国2008年的汶川大地震造成直接经济损失超过8451亿元人民币，2010年的玉树地震造成直接经济损失超过6400亿元人民币。

由此可见，如果要对地震风险进行承保，对保险人来说，有必要尽最大的可能，广泛地在国际再保险市场上分散风险责任。由于地震风险的责任很大，因此在国际再保险市场上其分保的前提条件是要有充分的保费和合理的分保条件，符合直接保险水平并能及时汇付保费，同时每个再保险市场上的分保接受人都事先决定愿意接受的份额并加以控制，以避免遭受巨灾损失。关于地震保险的再保险安排主要有比例分保和非比例分保两种。

1. 比例分保

在许多情况下，地震风险的超赔分保合同是以比例分保作为基础的。由于巨灾的性质，不宜单独组织比例分保合同，所以经常与火灾业务结合在一起。

一般情况下，地震保险的保额不能超过火险的保额。只有当建筑物的房基也包括在保险责任范围内时，作为管理再保险业务责任的整体，地震保险的保额可以高于火险的保额。地震保险的分保费按承担风险的比例计算，即使在保单期内未发生损失，其盈余也不能视为利润，应作为保证巨灾风险事故后果的准备金。

2. 非比例分保

地震再保险的非比例分保方式通常情况下是与比例再保险结合应用的，以保障原保险人可能的巨大损失积累。非比例分保合同的年保险费是根据巨灾的最大可能损失，以及分保人的自负责任和合同责任的大小来计算的。其计算原理与直接保险的地震保费计算大致相似，要考虑历史的损失资料。

（二）风暴保险的再保险

风暴是发生比较频繁和威胁人们经济生活的最主要的世界性自然灾害，近年来在西欧连续发生的四次重大风暴，不仅标志着灾害事故发生频率的增加，而且每次事故造成的经济损失和保险损失也日益增大。这四次灾害事故造成的损失分别是34亿美元、16亿美元、45亿美元和100亿美元[①]，这给保险业带来了与地震相似的甚至更加严重的影响。风暴灾害的巨大潜在累积责任，要求巨额再保险的保障。

风暴保险的再保险安排既可以采用比例分保的形式，也可以采用非比例分保的形式。理论上，在比例分保合同中，风暴风险可以包括在一般财产保险合同范围内承保，也可以分开承保，并要求分保费与承保的风险等量。但在实际中，风暴风险的分保市场还缺乏基于良好的承保原则而设计出的风险费率表，通常的做法是把风暴包括在火险或其他财产保险保单中并增加一个金额，这样就难以实现分保费同承保的风险等量。在这种情况下，就会在计算分保费时与原保费偏离：由签约双方协议确定分保费，或者降低分保手续费，或者对每次事故损失规定一个免赔额。在非比例分保合同中，无论是巨灾超赔保障还是赔付率超赔保障，对任何一次事故都有一个特定的限额，同时还必须有时间条款的限制。在德国、法国和英国，雹灾风险也包括在风暴项下，以规定的地区和时间结构来限制一次损失事故的组成。

风暴保险的再保险安排还必须注意以下两个方面的问题。

1. 比例分保合同

（1）必须应用适当的累积控制制度保证关于承担风暴责任的充分透明度。

（2）在任何时候发现分保业务的原保费不足时，应计算合适的分保价格。

（3）如果可行，须针对每一个国家或地区的特点确定分保序列或损失限额。

2. 非比例分保合同

（1）对承保风险范围要保持充分的透明度。

（2）支付适当的分保费。

（三）核责任保险的再保险

除了地震、风暴等自然巨灾，人为因素巨灾，如公共责任风险、漏油、

---

① 刘金章．再保险理论与实务［M］．北京：清华大学出版社、北京交通大学出版社，2014：99.

化学和原子巨灾也会给人们带来严重的损失。以核事故造成的公众责任为例，美国三里岛和苏联切尔诺贝利核泄漏事故造成的财产和人身伤害损失惊人，原来各国签订的补偿公约数字根本不足以赔付这些损失。据估计，核工厂主和政府的潜在责任，在法国、德国和比利时损失可达600亿美元，分摊到100个核工厂主，每人为6亿美元。这样高的风险责任，是任何保险人所无法承担的，必须要动用全世界的承保能力才能承担如此高额的风险。

目前，每个拥有核工业的国家一般采用共同保险和再保险的方式来分散核责任风险。对于采用共同保险的方式来分散核责任风险，通常是组织国家的核保险集团，把全国所有承保这类业务的保险公司的承保能力集中起来，共同承保核风险业务。目前，世界上大部分核电厂的运营期风险都是通过核保险共同体来承保和分散的。主要核电国家，如美国、英国、法国、德国、日本等国家的核共体成立于20世纪五六十年代，至今运行60多年。而对于采用再保险的方式来分散核责任风险，通常是把超过本国承保能力的部分在各国核保险集团之间通过办理再保险的方式分保出去。例如，瑞典的12个核工厂要求有12亿美元的保障，除国内保险集团根据政府签订的公约规定自己负责承保之外，超过部分就向国际保险市场分保。一般来说，各国核保险集团同时经营分出业务和分入业务。由于风险较大，在核保险集团以外几乎不可能再找到其他分保接受人，因此原保险人在与保户商谈保险责任时，首先必须考虑到是否可能得到各国保险集团的分保支持，否则将独自承担巨额风险。

第三节　巨灾再保险市场

一、再保险市场及其构成

（一）再保险市场的定义

再保险市场是指从事各种再保险业务活动的再保险交换关系的总和。它是从保险市场发展而成的，当直接保险人对其承保的巨大风险或特殊风险不能承受时，有必要进入再保险市场，以进一步分散危险。所以再保险市场是与保险市场紧密相连的，两者相互依存，且再保险市场的交易是以再保险双方互相信任为基础的。特别是对于签订长期再保险合同，往往是在双方良好往来的基础上，由分出公司和接受公司充分磋商，接受公司向分出公司提供技术等方面的咨询等，从而建立起固定的再保险关系。

一个完善的再保险市场的形成需要具备以下条件：比较稳定的政局，健全的金融体系和发达的原保险市场；发达的股票市场和比较宽松的外汇制度；现代化的通信设备和信息网络；知识和经验丰富的律师、会计师和精算师等专业人才。

（二）再保险市场的构成

再保险市场是由再保险的买方、卖方和再保险人的中介人所组成的。再保险买方的自留能力、风险分散和累积责任及当地市场接受分保的能力、总保险资金、保费收入和所提存的准备金等，都会影响国内分保市场的规模及与国际分保市场的需求关系；而再保险的卖方投入资本总额、保费收入和总准备金，又是决定再保险市场承受能力和市场规模的基本因素。关于再保险市场有两个方面需要加以注意：第一，再保险的卖方市场和买方市场的界限并不是清晰的，原保险公司和再保险公司在再保险市场上扮演着双重的角色，两者既需要把自己承保的风险分散出去，又需要积极接受其他保险公司分出的业务；第二，在再保险市场上，大量的业务都需借助再保险中介来完成，特别是在伦敦再保险市场和北美再保险市场。

再保险的买方。再保险商品的买方有直接保险公司，它是再保险市场上最重要的买方主体，此外还有专业再保险公司、国家再保险公司、专属保险公司、劳合社承保人和再保险联营组织等。

再保险的卖方。再保险商品的卖方主要有专业再保险公司、兼营再保险业的保险公司、再保险集团、专属保险公司与前台公司、劳合社承保组合等。

再保险中介。在世界再保险市场上，通过保险经纪人来接洽再保险业务是一个通行且成功的做法。再保险经纪人是促成分出公司与接受公司建立再保险关系的中介人，他们熟悉再保险市场情况，并且具备丰富的专业知识和实务经验，作为再保险市场的一个重要组成部分，对再保险信息的沟通、产品的开发和业务的开展发挥着重要的作用。再保险经纪人的种类主要有综合经纪人、伦敦市场经纪人、国际经纪人、临时分保经纪人、专属保险公司经纪人等。

（三）世界主要的再保险市场

目前，世界上主要的再保险市场包括欧洲再保险市场、北美洲再保险市场和亚洲再保险市场。

1. 欧洲再保险市场

欧洲再保险市场主要由英国伦敦再保险市场和欧洲大陆再保险市场组成。伦敦再保险市场主要包括劳合社再保险市场和伦敦保险人协会再保险市场，它是世界再保险的中心市场之一。它具有巨大的承保能力和一流的技术人才，在世界保险市场上，60%以上的航空航天保险及能源等保险的承保能力都集中在伦敦再保险市场上。欧洲大陆再保险市场主要由专业再保险构成，包括德国再保险市场、瑞士再保险市场和法国再保险市场，其再保险中心是德国的慕尼黑和瑞士的苏黎世，二者分别位居世界专业再保险公司的前两位。

2. 北美洲再保险市场

北美洲再保险市场由纽约再保险市场和百慕大专属再保险市场构成。纽约再保险市场的保费收入几乎占全球保费收入的一半，其业务偏重于互惠交换、共同再保险和联营方式，主要来源于美洲和伦敦市场，它拥有世界上著名的再保险公司，如美国雇主责任再保险公司和综合科隆再保险公司等。

百慕大市场一直以再保险为中心，目前约有1300家保险公司在此从事商业保险和再保险业务。百慕大的再保险业务仅次于伦敦和纽约，其责任超赔分保已成为国际上责任保险和巨灾保险的一个新分保中心。

3. 亚洲再保险市场

亚洲再保险市场主要包括日本再保险市场、韩国再保险市场、新加坡再保险市场和巴林再保险市场。日本再保险市场有东亚专业再保险公司和杰西专业再保险公司两家，其他都是属于兼营再保险业务的保险公司。韩国保险业历史较短，但发展很快。巴林是中东的主要金融中心和再保险中心，由阿拉伯国家共同投资，总部设在巴林首都麦纳麦的阿拉伯保险集团（ARIG）已跻身世界100家最大的再保险集团。新加坡是东南亚的金融中心，再保险业务的发展极具潜力。

二、 世界巨灾再保险市场发展现状

在20世纪90年代经历了再保险市场的重大滑坡以后，至2007年，全球巨灾再保险市场才趋于稳定，保险份额率逐渐降低，巨灾再保险市场的资本实力大大增强，原因主要包括人们对巨灾风险的恐慌开始缓和、现有再保险人对巨灾保险市场资本投入的增加、资本市场资金的注入等。同时，鉴于巨灾的巨大损失风险，许多国家政府始终给予其一定支持。

（一）寻求资本市场的融资——巨灾保险衍生品的发展

由于承保能力的限制，保险、再保险公司开始向资本市场进行融资。例如，在安德鲁飓风和北岭地震发生后，特定行业的风险承保能力下降了25%~40%。在“9·11”事件之后，全球股票市场急速下跌，再保险公司的资本收缩了25%，造成风险承保能力显著下降。巨灾保险衍生品的发展能够弥补承保能力的不足。1992年，由芝加哥贸易委员会（Chicago Board of Trade）首次发行巨灾期权，之后又发行了巨灾看涨及看跌期权。现有的保险衍生品市场主要包括巨灾债券、行业损失担保（Industry loss Warranties ，ILWs）、巨灾期权（Catastrophe Futures）和一些其他衍生品。巨灾债券的操作机制如下：通过一个完全被抵押的特殊目的机构（Special Purpose Vehicle,

SPV）。SPV 发行浮动利率债券，投资者投入资金购买巨灾债券，巨灾一旦发生并达到债券的触发点（每个债券均有唯一触发机制），投资者可能损失投资资本的一部分甚至全部，投资本金归债券发起方保险、再保险公司或其他企业所有，用于偿付灾难损失。作为回报，如果灾难未发生、债券没有被触发，债券发起者将给予投资者较高的利息。这样，便将风险从债券发起者转移到投资者手中。行业损失担保的保险标的是某一种特定事件的发生而带来的整个保险行业的损失，而不涉及买者的损失，其中的条款也可以被附加到其他再保险或衍生品形式中。巨灾期权交易主要在纽约贸易交易所（New York Mercantile Exchange，NYMEX）、芝加哥贸易交易所（Chicago Mercantile Exchange，CME）和芝加哥气候期权交易所（Chicago Climate Futures Exchange，CCFE）交易。

NYMEX 和 CCFE 主要交易保险行业损失，其操作机制类似于 ILWs；CCFE 主要交易基于风暴的期权，其他衍生品主要是基于前三种保险产品的一些组合。

再保险市场和资本市场的融合在 2004 年和 2005 年的美国飓风以后加速发展，评级机构提升了巨灾风险承销的资本要求，由此带来了再保险市场更高的资本需求。此后，高收益及基本不受金融市场上市场风险影响的特性吸引了更多的投资者，推动了该市场的发展。但随着经验的成熟，保险衍生债券市场的交易成本成功削减。因此，巨灾债券市场的收益率不断下降，带来了预期损失的一定上升和收益的有所下降。

（二）政府参与巨灾再保险

政府作为再保险一方，其优势是显然的。政府有远高于私有保险、再保险的负债能力，且在必要时能征税筹资，同时，政府也具有强制再保险的能力，从而可以在一定程度上解决再保险市场的逆向选择问题。从国际经验来看，在主保险市场遭遇打击后，政府再保险计划会被设立。美国的国家洪水保险计划（National Flood Insurance Program）覆盖了所有可能受洪水威胁的地区，截至 1997 年，对洪水风险地区共提供资金 4200 亿美元。但是，美国的国家洪水保险计划并未参与国际再保险，因此，在一定程度上削弱了私有保险、再保险的发展。法国国有再保险公司成立于1981年Saone Valley大洪水之后，该公司现提供自然灾害如洪水、地震、干旱等的强制性补偿，包括所有房地产及交通设施等。保险方出让给国有再保险的保费资本是该机构资金的主要来源，其出让比例为40%～90%，平均约为45%。日本的地震保险是由保险公司、再保险公司和政府三方共同分担责任的结构，且由政府承担最后地震险赔付责任，其投保率达13%。保险公司将地震险保单出售后，再根据卖出的地震保险到日本地震再保险株式会社全额购买地震再保险（A特别签约），而日本地震再保险株式会社则将所有保险公司购买的地震再保险分成三部分，一部分反向向各普通保险公司购买地震“再再保险”（B特别签约），一部分向日本政府购买地震“再再保险”（C签约），最后一部分作为自己承担份额保留。此结构，大大分散了再保险所承担的风险。

三、 中国的巨灾再保险市场

（一）中国巨灾再保险市场的发展现状

近30年来，我国原保险和再保险市场发展迅猛，保费收入年平均增长速度维持在10%左右。2020年12月，我国保险市场总资产已经达到232984亿元，净资产达到27525亿元。截至2020年6月，国内共有再保险机构13家，其中，中资再保险公司6家、外资再保险公司7家，再保险公司总资产达到5133亿元。但我国巨灾保险和巨灾再保险市场发展却非常缓慢，面临较多问题，与我国保险业在全球的地位非常不匹配。

1. 巨灾再保险供求格局失衡

目前，我国巨灾保险市场供给与需求严重不足，再保险没有发挥出与自身地位相适应的功能。从再保险需求来看，中国原保险费连续多年来的增长直接反映了对再保险的需求，尤其是中国是世界上自然灾害严重的少数国家之一，频发的自然灾害也增大了对巨灾再保险的需求。从再保险的供给看，中国再保险市场规模很小，承担巨灾风险的能力有限，再保险供给严重不足。中国商业再保险市场是世界上最小的市场之一，仅占全球市场份额的0.1%。据中国保监会估计数据，2008年初的大规模雪灾带来的损失将近1111亿元，但保险业的理赔仅约10.4亿元，不足1%。再保险的比例则更低，而发达国家这一比例平均约为36%。可见，中国巨灾保险的覆盖率和投保率是极其低下的，亟须大力发展巨灾保险和巨灾再保险。

2. 保险公司自留风险过大

从自留比例来看，中国直接保险公司的自留风险比例偏高。一些保险公司甚至超过最低偿付能力标准规定的最大可接受保费进行承保。高自留比例说明我国直接保险公司普遍存在超额自留即超承保能力承担风险责任现象。此外，我国一些商业保险公司开展了洪水保险和少量的地震附加保险，有研究表明，目前，在国内有效保单中，洪水、风暴的累积责任约为13000亿美元，其中至少有80%~90%风险累积在国内，未向国际再保险市场分保。这说明，目前我国国内保险公司在自然巨灾等方面存在的责任累积数额巨大。

3. 再保险法规及监管缺乏

再保险监管的不充分容易带来巨灾保险的高价格及低数量的风险转移。中国没有专门的再保险法规，其监管主要是依据《保险法》对自留保费收入、每一危险单位自留额及国内优先分保等几条原则规定。总体来看，我国现有的关于再保险的规定主要集中于对再保险业务的规定，没有对再保险组织等的管理规定。缺乏独立的再保险立法，关于再保险制度的规定不健全，与国际再保险立法存在很大差距。

（二）发展中国巨灾再保险市场的政策建议

1. 建立保险、再保险、政府三位一体的巨灾保险机制

由于中国人口稠密、自然灾害频发，洪水、地震给中国带来的损失数额是巨大的。保险、再保险任何一方都不可能单独承担全部灾害赔偿，仅有政

府救助计划也是不可行的。可考虑建立保险、再保险和政府三位一体的巨灾保险机制，但是应把握政府补助的比重不可过大，尤其是中国正处于巨灾再保险市场发展的初期，过多政府资助所带来的道德风险不利于巨灾保险市场的发展。同时，对灾难风险不同地区进行划分，指定分等级的保险费率，对灾难风险较低的地区实行低保费，减少逆向选择。

由瑞士再保险提出的巨灾共同体计划是可行的，其核心思想是根据损失的大小，所有利益相关方在承担灾害损失的时候扮演不同角色。在损失很小时，由购买保险的个人自己承担免赔额以内的损失；发生中小型灾难时，保险公司承担大部分损失；对于重大自然灾害，由再保险公司或由资本市场承担大部分损失；若发生罕见的自然巨灾损失，金融行业无力提供足够保障，政府可参与，成为最后的保险人。其优点在于，将灾难进行分等级，且设定免赔额，减少道德风险；同时因为对重大自然灾害的损失由再保险和资本市场共担，可提高再保险的供给激励；政府在金融行业无力提供保障后才充当最后的保险人，一方面可激励私有保险市场及保险衍生品市场的发展，另一方面可发挥政府提供公共物品的优势。

2. 加快发展巨灾风险的资本市场融资

在巨灾共同体计划中，涉及再保险公司和资本市场共同承担重大自然灾难的损失，由此带来要求，应加大国内再保险的资本市场融资力度，尤其是中国遭受的灾害损失巨大，向资本市场寻求资金来源是有效分散巨灾风险的方式。但是，鉴于中国再保险市场的发展还处于起步阶段，可考虑国家开发银行与瑞士再保险等成熟国际再保险公司建立合作关系，向中国市场发行巨灾债券，前期采取本金保证型、未来逐步引进本金风险型的发行模式。前者将保证投资者的本金可得到足额偿还，风险较低，且初期可设定较高的收益率，吸引投资者；同时，加大对巨灾债券的宣传，使投资者认识其运作机制。

3. 加强风险建模及对灾害的损失评估机制研究

建立完善的风险评估机制对巨灾保险、再保险的风险管理至关重要，将影响到其保险产品的定价等，也是建立保险业完整的风险管理体系所不可或缺的一方面。由于地震等巨大自然灾害的不可预测性较强，目前对基于计算机模拟的风险建模依赖性越来越大。与国际上如国际巨灾风险建模公司 AIR 环球相比，我国在巨灾风险模型方面发展较为滞后，对灾难损失的评估速度相对也较慢，同时，也存在评估的准确度低等问题。

4. 加强再保险立法及监管

一方面，完善再保险相关法律法规，完善再保险公司的市场准入和退出制度，尤其在中国目前再保险主体数量不足的前提下，不可盲目增大再保险公司数目，应该严格考察其公司的资本金要求、营业范围要求、组织形式要求、保证金要求等，以保证再保险体系的稳定性。另一方面，随着未来巨灾再保险和资本市场的融合，对保险品衍生市场的监管也应加强，可适当参考国外对衍生品市场的法规建设。

专栏　日本地震再保险运行机制

日本的地震保险制度是一种政府与市场的合作模式，最突出的特点就是将再保险制度运用于地震保险体系之中，即以日本地震再保险公司（Japan Earthquake Reinsurance Company，JER）为重要载体，按照风险损失的分层承担原则，政府、JER 和商业保险公司分别承担相应比例损失。

日本的地震再保险市场是一个二级再保险模式，处在核心地位的是 JER。第一层级：商业保险公司销售依附于火灾保险的地震附加险，然后将地震附加险的部分全部原封不动地转移给 JER，即 JER 接受了所有的来自商业保险公司的地震再保险。第二层级：JER 将再保险合约分为三个部分，第一部分反向将部分业务向各商业保险公司进行转分保，第二部分向日本政府进行再保险，第三部分由 JER 自留。经过 JER 的操作，地震风险在 JER、日本政府和商业保险公司之间共担，形成了“两极三方”的风险分摊机制。

根据地震发生的实际状况，日本政府会确定地震保险中一次地震的赔偿额度。超过这一额度将不再进行赔偿，此举可以减轻政府的财政压力。在发生地震损失时，双方按照预定的规则分为五个层级分摊损失。具体而言，JER、商业保险公司和日本政府各需负责的比例如下：当一次地震的保险赔偿金额不超过14亿美元时，完全由JER负责所有赔偿责任；若保险赔偿金额介于14亿~137亿美元时，超过14亿美元的部分，则由日本政府和商业保险公司各负责承担50%的赔偿责任；若保险赔偿金额在137亿~235亿美元时，超过137亿美元的部分，则由日本政府和JER各负责承担50%的赔偿责任；若保险赔偿金额在235亿~453亿美元时，超过235亿美元的部分，则由日本政府分担95%的赔偿责任，而商业保险公司负责剩下的5%的赔偿责任；若保险赔偿金额在453亿~671亿美元时，超过453亿美元的部分，日本政府依然负责承担其中的95%，剩下的5%则由JER负责赔偿。[①]

本章小结

本章在再保险概念的基础上，对巨灾再保险进行了界定，并在此基础上，介绍了巨灾再保险的方式与安排，以及巨灾再保险市场等内容。作为再保险的一个特定领域，巨灾再保险的方式同样包括比例再保险和非比例再保险；再保险的安排方式也包括临时再保险和合约再保险。但需要注意的是，由于巨灾风险和巨灾保险的特殊性，决定了巨灾再保险又有其特有的属性和功能，因此，在具体的学习中要注意加以区分。

① 资料来源：高颖．日本、新西兰地震再保险制度对比及启示［J］．中国保险，2018（3）：58-64.

◎专业术语

巨灾再保险　危险单位　自留额　分保额　事故超赔再保险
赔付率超赔再保险　临时分保　合同分保　巨灾再保险规划

◎思考题

1. 什么是巨灾再保险？巨灾再保险的方式有哪些种类？
2. 对地震保险再保险应如何进行安排？
3. 巨灾再保险的比例分保和非比例分保有什么区别？
4. 风暴的再保险安排应注意哪些问题？
5. 简述再保险市场的构成。
6. 我国巨灾再保险市场存在哪些主要问题？如何发展我国的巨灾再保险市场？

◎参考文献

[1] 魏华林，林宝清．保险学（第四版）[M]．北京：高等教育出版社，2017.

[2] 张洪涛，郑功成．保险学（第三版）[M]．北京：中国人民大学出版社，2013.

[3] 刘金章．再保险理论与实务 [M]．北京：清华大学出版社、北京交通大学出版社，2014.

[4] 杜鹃，陈玲．再保险 [M]．上海：上海财经大学出版社，2015.

[5] 胡炳志，陈之楚．再保险（第二版）[M]．北京：中国金融出版社，2006.

[6] 埃瑞克·班克斯．巨灾保险 [M]．杜墨，任建畅，译．北京：中国

金融出版社，2011.

［7］钟伟，顾弦．巨灾再保险市场的发展困境与对策研究［J］．理论前沿，2008（18）：18－22.

［8］康晗彬，刑天才．巨灾再保险/债券定价模型分析与实证研究［M］．北京：中国社会科学出版社，2017.

［9］ANNE GRON. Insurer Demand for Catastrophe Reinsurance［J］. University of Chicago Press，January 1999：23－50.

第七章

巨灾保险与公共部门

大多数国家或地区会根据资源禀赋、社会治理或政府治理目标及社会文化背景，在巨灾保险制度安排或巨灾风险管理上不同程度地运用公共部门。联合国通过的《2015—2030 年仙台减少灾害风险框架》明确：国家担当着减轻灾害风险的全部责任及政府与各利益相关方的共同责任（第 35 条）；民间社会、志愿者、有组织的志愿工作组织和社区组织所应承担的责任，学术相关的机构和组织应发挥其主要的作用（第 36 条）。巨灾风险管理和巨灾保险的运行是需要多元主体的共同参与并各自承担相应责任的，其中公共部门是主要的参与者之一。本章主要分析解释了公共部门有哪些主要构成，公共部门参与巨灾保险运行的必要性和可行性如何、参与的重要方式和途径等内容。

第一节　公共部门的界定与构成

一、 公共部门的基本界定

（一） 相关概念

公共部门（Public Sector）是一个相对的概念，与之相对应的是私人部门（Private Sector），与之相关联的概念还包括第三部门（The Third Sector）、非政府组织（Non - government Organization，NGO）、非营利组织（Non - profit Organization，NPO）、志愿者组织（Volunteer Sector）、公民社会组织（Civil society Organization）、免税组织（Tax - exempt Sector）、慈善组织（Charitable Sector）、独立部门（Independent Sector）、公益团体非营利组织（Commonweal Organization）、社区组织（Community Organization）、邻里组织（Neighborhood Organization）、非商业组织（Non - commercial Organization）等。

第三部门最早是由美国学者 Levitt（1973）开始使用的，主要将其界定为政府与私营企业之间的社会组织和制度空间，其主要功能在于从事政府与私营企业“不愿意、做不好或不常做”① 的事情。非政府部门（NGO）首次在1949 年的联合国大会上使用，主要用来描述发展中国家中以促进经济、社会发展为己任的社会组织②。世界银行将非政府组织定义为“从事解困济贫，推进穷人利益，保护环境，提供基本的社会服务，或从事社区发展的私人组织”，并认为任何独立于政府的非营利组织都是非政府组织，利他主义和志愿主义是其核心特征。③ 非营利组织强调社会组织生存与发展的主要目的不是为了获取利润，而是一种社会价值或社会使命。④

从上述这些相关概念的基本描述可以看出，不同部门（组织）之间存在着明显的差异和相互的关联性，其主要联系体现在对社会服务提供的相互支撑和共同作用方面。秦晖（1999）将社会活动分为志愿、强制、私益、公益四个维度并以此划分为四个区间，进一步提出市场以志愿求私益，国家以强制求公益，第三部门以志愿求私益，专制政府以强制求私益的观点。⑤ 尽管这样的观点与实践不尽吻合，但充分表达了无论是市场、政府（国家）还是第

---

① T. LEVITT. The Third Sector：New Tactics for A Responsive Society［M］. New York：AMACOM，1973//转引自：唐晓强．公益组织与灾害治理［M］．北京：商务印书馆，2011：28.

② 王绍光．多元与统一——第三部门国际比较研究［M］．杭州：浙江人民出版社，1999：7.

③ 唐晓强．公益组织与灾害治理［M］．北京：商务印书馆，2011：30.

④ 大卫·鲁文斯．非政府组织——管理初探［M］．冯瑞麒，译．台湾：五南图书出版股份有限公司，2011（7）：6 -7//唐晓强．公益组织与灾害治理［M］．北京：商务印书馆，2011：31.

⑤ 秦晖．政府与企业以外的现代化——中西公益事业史比较研究［M］．杭州：浙江人民出版社，1999：5 -6.

三部门都是在为社会提供服务或产品的，之间存在千丝万缕的关系。

（二）公共部门的基本概念

事实上，关于公共部门尚无非常明确或清晰的定义，从其职能来看，公共部门意在提供公共产品和服务。王名（2001）将公共部门界定为："是相对于私人部门而言，指处理社会的各种公共事务、提供各种公共物品的部门"①。鲍德威·威迪逊（2000）认为传统的公共部门主要指政府，其前提是认为只有政府才是公共物品的唯一提供者②。

二、公共部门的基本构成与类型

在传统的公共经济学理论和实践中均将公共部门与政府部门等同。王名（2001）认为，其实政府从来没有也不可能提供全部的公共物品，而应将公共部门分为政府部门和非政府公共部门③。根据所观察到的社会实践，本书认为，公共部门应包括政府部门和非政府公共部门，只要是为社会提供公共物品或服务的，处理各种公共事务的部门、组织都属于公共部门，即政府部门及前文提及的非政府组织、非营利组织、非商业组织、慈善组织、志愿者组织、社区组织、非商业组织等组织或机构，共同构成了公共部门。

由于政府部门是公共部门的主要构成，因此需要对其进行明确地界定和进一步说明。政府和国家有所区别，国家是阶级的统治机关，国家是国家法的主体，是一个历史范畴，是经济发展到一定阶段而使社会分裂为阶级时产生的④。在《行政学词典》（1988 年）中，将政府定义为：国家行政组织的通称，即国家行政机关，是国家权力机关的执行机关，是统治阶级对整个国家

---

① 王名. 中国的非政府公共部门（上）[J]. 中国行政管理，2001（5）：32－36.

② 鲍德威·威迪逊. 公共部门经济学（第二版）[M]. 邓力平，主译. 北京：中国人民大学出版社，2000：44－46.

③ 王名. 中国的非政府公共部门（上）[J]. 中国行政管理，2001（5）：32－36.

④ 王邦佐等. 政治学辞典 [M]. 上海：上海辞书出版社，2009：361.

进行组织和治理，直接实现其政治、经济、外交、军事和文化教育等一切内政外交重大政策的机关，是国家机构的重要组成部分，是阶级专政的重要工具①。政府部门是指组成政府这一整体的部分或单位，是根据管理国家事务的需要，本着分工合理、职责分明、机构精干和提高工作效率的原则设置的②。《政治学辞典》中将政府分为广义政府和狭义政府两大类，广义政府指的是行使国家权力的所有机关，包括立法机关、行政机关和司法机关等。狭义政府仅指国家行政机关③。

三、公共部门的职能

（一）基本理解

职能是指职责和功能，即根据角色和资源禀赋，社会组织或个人应该且能够提供的社会或商业服务。公共部门的职能则可理解为各公共部门，包括政府公共部门和非政府公共部门能够在公共产品（服务）的供给过程中需要承担的责任和提供的产品或服务，或能够处理的具体公共事务。具体来看，公共部门的职能主要体现为政府部门的职能和非政府部门的职能两部分，其中非政府部门的职能主要体现为在政府引导、自发或相互合作的基础上形成的公共产品（服务）供给、资金捐助、慈善服务等方面的职能，以公益性为主要特征。政府部门的职能是公共部门职能的主要体现，是指政府的职责和功能，其基本职能分为阶级统治职能和社会管理职能④。

（二）政府部门的基本职能

结合政府在经济社会中的主要职责和作用，尽管政府是国家权力机关的执行机关，但国家目标不局限于社会治理，还包括经济发展等，因此，政府

① 张光博，邵德门．行政学词典［M］．长春：吉林人民出版社，1988：686.
② 张光博，邵德门．行政学词典［M］．长春：吉林人民出版社，1988：690－691.
③ 王邦佐等．政治学辞典［M］．上海：上海辞书出版社，2009：361－362.
④ 王邦佐等．政治学辞典［M］．上海：上海辞书出版社，2009：380.

职能应具体包括行政职能和经济职能两大类。

第一，政府的行政职能[①]。具体包括：（1）指导职能。主要指方针政策、发展规划、科学规律的指导。（2）管理职能，主要是通过经济杠杆、法律手段及必要的行政手段来管理，以经济杠杆为主。（3）服务职能，政府应当为发展生产服务，为企业和基层服务。（4）协调职能，主要是协调政府部门之间、政府和企业之间、中央和地方之间、国民经济各部门之间的矛盾，达到综合平衡、协调发展的目的。（5）监督职能，主要是监督政府各部门执行法律和政策。（6）保卫职能，主要是保卫公民的合法权利和安全，保卫国家的独立与主权。

第二，政府的经济职能。马斯格雷夫（Richard Musgrave）提出政府有三个经济职能[②]：（1）稳定职能，即保证基础与价格稳定的充分就业状态；（2）配置职能，即政府干预市场如何配置资源，政府可通过购买产品直接干预资源配置，也可以通过税收或补贴间接干预资源配置；（3）分配职能，即关注社会生产的产品如何在成员中进行分配，关注公平和效率的取舍问题。可以看出，后两个职能是政府部门提供公共产品（服务）过程中职能的重点体现。

第二节　公共部门参与巨灾保险的必要性与可行性

巨灾保险是应对、转移和分散巨灾风险的重要方式，但作为一种影响范围较广、涉及人群对象较多的保险安排，单纯依靠政府或私人市场提供巨灾保险会存在较大的弊端和劣势。因此，大多数的国家或地区实践是采用混合供给模式，由政府公共部门与私人部门合作，共同承担损失，可以发挥它们各自的优势，既有利于社会公正，又能提高巨灾保险的经营效率。[③] 因此，政

① 张光博，邵德门．行政学词典［M］．长春：吉林人民出版社，1988：690.

② 约瑟夫·E．斯蒂格利茨．公共部门经济学（第三版）［M］．郭庆旺，等，译．北京：中国人民大学出版社，2013：18.

③ 高海霞，王学冉．混合供给模式下巨灾保险市场的激励与约束研究［J］．保险研究，2012（6）：83－88.

府和其他的公共部门介入和参与巨灾保险的理论依据及如何参与和介入巨灾保险就成为重要的话题。

一、 公共部门参与巨灾保险的必要性

（一）巨灾保险市场的市场失灵

市场失灵往往是政府部门介入市场的重要理论依据。前文已从巨灾保险的非完全竞争、有效供给和有效需求不足、巨灾保险产品（服务）的外部性特征、巨灾保险产品（服务）的准公共物品属性、市场的信息不完全特征及不完全市场等方面对这一话题进行了讨论。结论认为，巨灾保险市场存在着明显的市场失灵，若单纯由保险市场，包括原保险市场和再保险市场来提供巨灾保险产品和服务，最终会由于巨灾风险的可保性弱、信息不完全导致“逆选择”的客观存在、（再）保险人对外来赔付“模糊不确定性”的厌恶、巨灾风险数据收集和定价的困难、自身财务能力的约束及其他因素而导致供给不足。然而，政府对巨灾损失的完全“兜底”赔付、救济的过度参与、巨灾风险的社会脆弱性差异、民众的“搭便车”、民众的侥幸心理等会导致巨灾保险的需求不足，从而进一步降低保险人的供给动力。卓志（2014）甚至直接认为，巨灾保险的实质是一种政策性金融活动，是介于财政与金融的中间地带，也是政府和市场需要合作的领域①。

（二）参与巨灾风险管理和巨灾保险是政府的基本责任之一

首先，保卫公民的合法权利和安全，服务国民和企业是政府的基本职责之一。党的十九大报告明确指出：“中国特色社会主义进入新时代，我国社会主要矛盾已经转化为人民日益增长的美好生活需要和不平衡不充分的发展之间的矛盾”，而“人民美好生活需要日益广泛，不仅对物质文化生活提出了更高要求，而且在民主、法治、公平、正义、安全、环境等方面的要求日益增

① 卓志等．巨灾风险管理制度创新研究［M］．北京：经济科学出版社，2014：21.

长。”以此可以看出，目前我国政府的治理目标之一是充分满足人们的安全需求，为人们提供一个充分安全的生活生产环境，而安全需求则包括人身安全、生活稳定及免遭痛苦、威胁或疫病等需求①。不难看出，巨灾风险可能是导致人们不能满足这一需求的主要影响因素。

其次，巨灾风险具有发生范围广、损失程度大、发生概率低等特征，在此特征下人们自发预防、处理风险的意识和能力往往较低（有限），市场和潜在的受灾主体在其中的能力有限，这就可将巨灾风险管理和巨灾保险的建立自然归类到政府的责任范围。因此，巨灾风险管理和巨灾保险自然成为各国政府在社会治理的过程中必须关注的问题，也是各国政府能够持续被人们支持和认可的重要原因之一，这从我国或世界历史发展中可以窥见一斑。

最后，巨灾保险是巨灾风险管理的重要方式之一，政府要参与巨灾风险管理，必然参与巨灾保险。陈红兰将政府参与巨灾保险的具体实践进行归类，认为政府在其中体现出八类职责：（1）培育巨灾保险商业市场；（2）负责防御巨灾的基础设施和信息建设；（3）筹资组建并监管巨灾保险基金；（4）作为巨灾保险的再保险人；（5）推动并监管巨灾保险风险转移；（6）财政支持巨灾保险当事人和灾后救济；（7）设立巨灾专门管理机构；（8）逐步完善巨灾保险立法。②

（三）政府与市场各自相对有限的资源配置能力

值得注意的是，在经济学理论和经济运营实践中同时存在市场失灵和政府失灵两种可能。在巨灾保险运营实践中，过度的政府参与或完全干预或引起慈善危机、路径依赖、需求不足及可能导致对巨灾保险市场的挤出效应；而完全放任的自由保险市场可能会产生市场失灵等问题。这充分证明了在巨灾保险制度安排中，政府和市场都有相对有限的资源配置和分配能力，在既可能影响政局稳定、社会安宁、社会公平，也可能影响资源配置效率、成

① http：//theory. people. com. cn/n1/2018/0105/c40531 – 29747906. html.

② 陈红兰．基于政府角色定位的巨灾保险立法研究［J］．长春理工大学学报（社会科学版），2015（2）：42 – 47.

本一收益的巨灾风险环境下，政府和市场通力合作可能是明智的选择。

二、 公共部门参与巨灾保险的可行性

（一）政府获取收集巨灾风险数据的相对容易性

巨灾保险供给不足的重要原因之一是巨灾保险的定价困难，而根本原因在于巨灾风险数据的难获得性及传统统计模型、定价模型的不完全适用性。因此，能否充分收集巨灾风险数据，使其尽可能地满足大数法则等基本定价基础成为巨灾保险能否供给的前提条件之一。相对而言，政府，尤其是中央政府所辖地面积较一个商业保险公司（包括再保险公司）而言更大，面临或可能遭遇的灾害风险种类更多，而从生命周期来看，一个保险公司所处的生命时长极有可能较政府短，故其统计巨灾风险数据相对难度更大，而政府在这方面有天然的优势。

（二）统筹调配资源的便捷性和可能性

协调职能是政府的另一基本行政职能，其目的在于能够充分运用各部门、各级政府、各类企事业单位、其他非政府部门或组织的资源，提高资源配置效率。政府往往设置地域范围内最全的行政组织体系、充分的人力资源和有效的组织架构，有较强的资源配置能力。在巨灾风险发生过程中，无论是巨灾保险的财务赔付还是事后的其他赔偿服务的提供，往往涉及多个方面，例如，医疗救助服务、帮助灾后恢复生产服务等，这些服务往往需要统筹调配不同类型的资源、专业人员等，而政府和其他公共部门会由于其相对完善的组织架构或专业性有利于巨灾保险的有效开展和实施。

（三）巨灾风险管理能力（经验）较强

尽管巨灾保险是处理、分散、管理巨灾风险的一种有效措施，但相对而言，非专业的巨灾保险公司往往只将巨灾保险作为其中的一项业务，而巨灾保险又需提供综合类的保障，风险事故往往既涉及人员伤亡，也涉及财产损

失，且风险损失的估测和确定也存在技术的障碍，并有“厚尾”“长尾”的分布特征。因此，仅靠商业保险市场的保险公司和再保险公司往往难以为社会提供全面充分的巨灾风险保障，无论是财务赔付方面还是其他的支撑服务方面。相对而言，政府对巨灾风险管理的责任，非政府公共部门对社会公益的使命和追求使其具备了较市场更丰富有效的巨灾风险管理经验和能力。

（四）资金的相对充裕

无论是对于政府、非政府公共部门还是市场的保险公司或再保险公司，巨灾的发生均会影响其财务的稳定性。相对而言，政府拥有更多的财富支配权力和更为充裕的财政资金，而其他的非政府公共部门大多数由于不以盈利为目的，其资金主要由不需要分配收益的主体捐赠或投入，使用目的上有更强的灵活性且在短期内（如巨灾发生的一段时间内）相对充裕及受到的财务监管约束相对较轻，更有利于对巨灾损失进行及时补偿。

（五）实践经验的有效验证

国际实践中，不少巨灾风险频发或经济较为发达的国家或地区都有政府和公益组织或其他非政府公共部门参与巨灾保险的先例，且被实际验证是有效的。之前分析的代表性国家或地区包括日本、美国、新西兰、中国台湾等，政府在其中的财政支持或非保险服务的法律政策支持，为巨灾保险的顺利实施提供了重要保障。2008 年我国汶川大地震发生后，各类公益组织、慈善组织、非政府组织等非政府部门在帮助灾害重建、心理文化建设、法律援助、医疗服务、生产自救减少损失等方面起到了重要的作用，弥补了巨灾保险仅能转移和弥补财产损失的天然不足。

三、 公共部门参与巨灾保险的局限与可能的障碍

（一）承保能力的局限性

商业巨灾保险有效供给不足的主要原因之一在于保险公司和再保险公司

及保险行业的承保能力、赔付能力的限制；具有负债经营特性的大多数保险人会选择稳健经营而不是冒险经营。然而，公共部门相对于专业处理、分散和汇聚风险的保险公司和再保险公司而言，其在巨灾风险的认知、损失评估、费率厘定、财务安排、投资收益保障等方面存在明显的专业性不足的情况，具体表现为没有专门的技术人员和长期预备的资金储备，巨灾风险损失的赔付责任再次转移的相对更为困难；最终引发的政府财政不稳定相对单个保险公司的财务波动影响更为深远和广泛，甚至会影响国家的安定和政府的公信力。

（二）政府部门的天然低效率

政府部门是公共部门的主要代表和构成，其天然的低效率是认为应该放任市场自由的主要理论依据。实践中，由于政府部门资源协调、使用往往需要层层审批，大多数资源配置和分配需要经过专项招标、专项采购等步骤，加上预算编制的限制，实践中调用资源往往效率较低。此外，大多数资源的调配使用会涉及大量的人员和资料审核，然而政府公共部门往往又缺乏或难以实现有效的组织激励和人员约束，个别社会文化背景下还存在明显的官僚主义等作风问题，所以政府部门的供给往往存在低效率的可能。

（三）过度干预的“挤出效应”，降低需求

如果政府对巨灾风险预防、管理、损失赔付等实施全面干预，完全承担最后的“兜底”责任，会强化民众的“搭便车”行为，形成更为明显的依赖心理甚至是风险赌博心理，明显降低需求。另外，如果政府过度干预巨灾保险市场，在显著降低需求的同时也会进而弱化市场的供给动力，产生明显的“挤出效应”，原因在于大多数的保险人会认为市场需求不足而进一步减少供给。

四、综合比较分析

田玲（2001）提出政府和市场合作是必然选择。具体而言，政府在制定

巨灾保险激励性政策时应加大激励力度，提供政策便利，使供给巨灾保险的保险公司可得到相应的补偿，减少保险公司推广巨灾保险产品的成本；避免政府决策的短视行为。对商业保险公司而言，需要做到不断提升自身的理性水平；准确把握切入市场的时机，既充分享受优惠政策和巨灾保险业务带来的额外收益，又尽量避免投机冲动，减少不必要的合作成本；依托专业的风险管理技术，为政府提供便利的巨灾损失救助技术，协助扩大政府在合作中所得到的额外收益，实现巨灾保险与巨灾救助的顺利衔接。① 从中可以看出，大多数学者通过理论论证都认为政府部门、其他公共部门和市场各有优势。表 7－1 将巨灾保险运营中参与主体的作用和优劣势进行比较，为后面关于公共部门该如何介入和参与巨灾保险提供一定的理论依据。

表 7－1　巨灾保险运营主体优劣势比较分析

作用		政府	市场		社会	
			（再）保险市场	资本市场	自保	捐赠
风险认知	提高对风险的认知和处理水平	✓	✓	×	✓	（✓）
风险保障	为做好风险预防和减少波动而增加公共资源及设定制度框架	✓	×	×	（✓）	×
风险转移	为风险转移产品创建和改善相应环境（法律法规、风险数据收集）	✓	（✓）	×	×	×
	保存市场有效性（法律法规更新）	✓	×	×	×	×
	研发新型风险转移产品，为巨灾风险转移和融资提供更新更优途径	×	✓	✓	×	×
	管理和消除风险，厘定合理费率	（✓）	（✓）	（✓）	（✓）	×
	在必要阶段和地域提供资金支持	✓	（✓）	×	（✓）	×
	更大范围（空间）内分散转移风险	（✓）	✓	✓	×	（✓）

注：✓表示起关键作用，（✓）起有限作用，×表示基本不起作用。

资料来源：卓志等．巨灾风险管理制度创新研究［M］．北京：经济科学出版社，2014：327。

① 田玲，成正民，高俊．巨灾保险供给主体的演化博弈分析［J］．保险研究，2010（6）：9－15.

第三节 公共部门参与巨灾保险的方式与途径

一、 参与方式

（一）政府参与市场方式的一般分析

一般而言，政府干预市场的主要原因是市场失灵，而其根本原因在于市场（私人）交易成本过高导致供需市场难以自发形成或存在显著外部性等。因此，政府干预市场的主要表现是提供公共产品和服务，主要手段包括经济、法律及必要的行政手段，其中经济手段主要是通过干预分配（配给）和供给、税收补贴（税惠）或罚款管制、许可证的设置等方面，以解决可能存在的过度消费或外部性的问题。

具体而言，从降低交易成本的角度，斯蒂格利茨将政府干预市场交易，以限制过度消费的方式主要总结为：配给系统（支付使用费）、统一提供、排队消费三类①。其中：支付使用费需要受益者支付成本，进而不会产生或可以限制“搭便车”的行为，但可能会导致消费不足，政府管理价格体系将增加交易成本；由政府统一提供公共产品可以节省交易成本，但可能会导致不能充分满足消费者需求，有的消费不足，有的过度消费，总体交易成本增加；根据排队的规则提供公共产品（服务）可以充分满足消费者的消费需求意愿，例如，对于更需要医疗服务、教育服务、安全保障的民众不一定需要支付高额的成本即可进行消费，但如何科学地设置排队机制，让民众不浪费是一件困难的事情，因此可能会存在浪费时间的缺陷而降低消费效用水平。

政府干预市场的另一个主要理由是存在外部性。一般而言，外部性可以通过私人的方式解决，如内部化外部性、赋予产权或运用法律手段明确责任

① 约瑟夫·E. 斯蒂格利茨. 公共部门经济学（第三版）[M]. 郭庆旺，等，译. 北京：中国人民大学出版社，2013：120.

等，但可能仍然存在增加交易成本、难以有效激励等问题。因此在外部性条件下，政府参与市场仍然是非常必要的，而参与的主要手段包括罚款和税收、对产生正外部性的行为进行补贴或税收优惠政策及许可证交易等方式，核心在改变供给者承担的成本以改变其供给动力。

（二）政府参与巨灾保险市场方式的具体分析

政府参与市场的主要方式既包括经济手段也包括法律手段，但大多数情况下以经济手段为主，核心目的在于改变供需动力和能力，进而借助市场完成产品和服务的交易。根据国际实践经验和公共经济学理论，可以将公共部门参与巨灾保险的方式从不同维度进行分析理解。

根据其是否在巨灾保险中提供财务支持，可分为财务型和非财务型。财务型主要强调公共部门，尤其是政府公共部门在巨灾保险赔付或巨灾保险交易形成过程中直接进行财政支持，一般表现为直接用财政资金支付保险损失或为促进供需双方达成交易而进行财政补贴或税收优惠。非财务型参与强调公共部门，包括政府部门和非政府公共部门对巨灾保险运营提供非保险赔付的资金支持，主要表现为事前（预防）、事中（减损）和事后（提高恢复力）的服务，如巨灾风险发生前的风险防范、风险抑制等，风险发生时的及时救济、救助、医疗救援服务，以及风险发生后的应急、灾后重建、心理援助等服务。

根据公共部门是否直接参与巨灾保险运营可将其参与方式分为直接参与型和间接参与型，主要体现在政府或其他公共部门是否直接进行保险产品的供给、保险产品的营销、保险的赔付等活动。一般而言，如果政府或其他公共部门作为独立或接受分保的再保险人，承担相应的巨灾赔付责任，那就可以认为是直接参与的；若公共部门主要是对市场提供法律政策的支持，服务市场则可认为是间接参与的。

二、 参与途径与具体措施

为了更好地理解公共部门参与巨灾保险运营的具体途径，本书按照事前、事中及事后的基本程序进行分析，主要表现为巨灾风险发生事前的损失控制、保险运营过程中的监管与支持和事后的应急处理或危机管理。

（一）事前损失控制

无论是政府直接经营巨灾保险还是间接经营巨灾保险，在事故发生之前进行风险事故发生及损失的预防都是非常必要的，也是保险专业性的重要体现。风险预防和事前的损失控制的主要切入点是风险因素，预防和事前损失控制的核心是试图通过改变风险因素，一般包括物质风险因素、心理风险因素和道德风险因素以降低风险发生的概率或减少风险发生导致的损失程度。

在巨灾保险运营过程中，政府公共部门和其他专业的防灾减损、灾害预防检测部门、信息媒体传播机构等都可以运用自身的专业资源适当介入保险运营过程中，进而有效改变风险因素，降低巨灾风险因素，如改变物质风险因素（客观）、心理风险因素（风险意识教育）和道德风险因素（法律法规的制定、政府承担巨灾救济责任的逐渐弱化，降低依赖）等。借鉴卓志（2014）的划分方法[①]，可从客观实体和主观构建两个角度进行理解风险，进而可根据干预对象将具体措施分为客观实体方法（主要表现为物理工程方面的方法）和主观构建方法（主要表现为对人们行为和心理干预约束）。

1. 客观实体方法

客观实体方法强调可以通过量化的方法，评测和控制风险因素，预防风险事故，以降低甚至消除（能够直接或间接用金钱衡量的）损失[②]；强调干预客观物理因素。具体可通过：（1）巨灾风险预警系统的建设；（2）风险预防系统的基础设施和技术的优化，如针对地震、洪水这样影响范围较广的巨灾风险，可以建立专门的检测机构、地理定位系统，进行实时监测和预报等；（3）常态配置有效的减损设施、专业人员等资源，如对于海难、火灾等巨灾风险，没有专业的设备和专业救助人员，很难进行有效的及时减损等；（4）在

① 卓志等．巨灾风险管理制度创新研究［M］．北京：经济科学出版社，2014：259.
② 卓志等．巨灾风险管理制度创新研究［M］．北京：经济科学出版社，2014：259.

基础设施建设审批和建设过程中，注重适用材料的稳定性和安全性，确保基础设施的使用寿命和承载力，以降低巨灾风险发生后导致的次生灾害损失，如桥梁、公共道路、河道、建筑物的设计和建设等。

2. 主观构建方法

风险理论中的主观构建派认为风险是人们的一种主观表达，是基于一定的风险意识、风险认知水平和风险可承受能力作出的主观判断，这往往与个体的风险喜好、风险脆弱性、自身禀赋资源有很大的关系。对于同一个风险，有的人则认为是一个难以接受的巨灾风险，而有的人则可能认为不是一种风险。毫无疑问，基于巨灾风险本身低概率、高损失、隐蔽性强、需具有突破一定承受力的这些特征均表明，不同的财富承受能力及风险态度、风险认知是影响一个事件是否被划分为巨灾风险的重要方面。因此，主观构建方法的运用在巨灾风险的预防和事前损失控制中更为重要，其强调通过对人们主观因素的影响，让人们充分认知并重视巨灾风险以降低其可能发生的概率和损失。

具体来看，本书可将主观构建方法的具体措施分为对心理风险因素的干预措施和道德风险因素的干预措施两大类：（1）干预心理风险因素的具体措施主要试图通过对其风险意识、风险认知和管理能力的培养，提高其对巨灾风险的重视程度，减少“侥幸心理”，正视巨灾风险并提升巨灾风险管理责任意识。一般可通过风险意识教育、风险预防和管理能力的提升，如行为演练等实现。此外，加强社会和民众之间的风险沟通，充分利用媒体的信息传播功能，及时播报巨灾风险信息，也能够强化人们对巨灾风险的感知。（2）干预道德风险因素的具体措施主要试图通过强化法律法规的约束，降低“搭便车”或趁机加大损失以获得保险赔付等道德风险，这可以在巨灾保险产品设计时通过政府确定或指导的共保比例及法律惩治得以实现。此外，巨灾保险需求和供给不足的其中一个主要原因是政府过度干预下完全“兜底”的财政救济行为这一实际情况，可以通过逐渐弱化政府救济的完全责任，降低民众对政府的依赖，以减少道德风险。

（二）事中提供市场监管和支持

政府参与市场的主要角色之一是管理者和服务者。保险作为专业性较强的一项经济活动，政府介入市场的主要途径之一是充当监管人角色。在一般的保险监管活动中，政府往往会根据保险市场发展程度进行监管手段的选择，一般的监管理论认为在欠发达的保险市场上，政府除了需要对产品、偿付能力、市场行为及公司治理进行较为严格的监管外，还需要培育市场，服务市场的发展。

巨灾保险的低可保性及低可负担性导致难以自发形成有效的商业巨灾保险市场，因此，可以通过再保险、资本市场的引入，拓展保险市场的边界以扩大保险机制在巨灾风险管理中的作用。因此，此处讨论的巨灾保险市场是包括原保险市场、再保险市场及资本市场的“大市场”。基于此，政府对巨灾保险的监管和支持（服务）也需要涉及保险市场、再保险市场、金融市场三个方面。

1. 对市场的监管

在原巨灾保险市场中，主要是针对巨灾保险的交易行为（如约束道德风险骗保）、保险合同中共保比例的设置和保险产品费率的确定（审核）、承保巨灾风险的原保险公司偿付能力及公司内部治理的监管；在再保险市场中，应对再保险人的偿付能力、分保方式的合理性等方面进行监管；针对巨灾风险金融衍生品或巨灾保险证券化的金融衍生品，应对产品开发、定价或市场行为方面进行监管，以降低系统性金融风险。

2. 对市场的服务和支持

政府部门在巨灾保险运营中最大的支持应体现在对融资和保险赔付资金方面的支持，此外，还包括保险市场的培育、利用税惠或补贴政策提高巨灾保险的有效需求和有效供给，撬动巨灾保险市场，实现财政投入的“杠杆效应”，避免或降低灾后直接投入财政支出进行救济产生的沉没成本和行为的低效率。具体而言，可以通过：（1）直接注资保险公司（或其他承保人）增加其偿付能力；（2）建立专项巨灾保险基金用于限额外赔；（3）由政府充当“最后再保险人”角色，既可以独立直接充当，也可以像日本一样，通过建立专门的再保险公司等方式来提升保险行业整体的偿付能力以促进供给动力；（4）通过间接减税（补贴需求者或供给者）的财政支持及贷款支持等方式刺激需求和供给。

（三）事后应急处理或危机管理

1. 基本认识

巨灾发生后除了会产生巨大的财产损失和人员伤亡，还可能会产生间接的次生灾害损失，在一段时期内可能会产生持续的社会恐惧或其他的社会损失。这时，单纯的巨灾保险赔付难以满足社会需求和受灾主体的需求，而扩大的社会损失可能会增大保险业的赔付责任而影响保险的正常运行。因此，公共部门在巨灾保险运营过程中的积极支持还可表现在积极的事后应急处理和危机管理方面。

应急是指对经济、社会有重大影响的突发性事件发生后一段时间内采取的紧急行动；突发事件是指在组织或个人原定计划之外或者在其认识范围之外突然发生的，对其利益有损伤性或潜在危害性的一切事件[①]。风险事后的危机管理和应急处理十分必要（社会不良情绪的蔓延）。危机强调一种非正常状态，即人类个体或群体无法利用现有资源应对机制处理的事件和遭遇[②]。危机管理通常被认为是政府或中央集权的当局的主要功能之一，是政府协调职能的重要体现。毫无疑问，巨灾风险的发生属于危机状态，大多数的发达国家和发展中国家均设有危机管理机构负责制订危机前计划并实施事后救助，巨灾风险危机管理主要包括巨灾风险危机预防、巨灾风险危机应对和巨灾风险危机恢复等方面。有效的巨灾风险危机管理可以使资源置于最需要和必要的

① 卓志等．巨灾风险管理制度创新研究［M］．北京：经济科学出版社，2014：358.

② 陈华栋．转型期中国网络公共危机管理对策研究［M］．上海：上海交通大学出版社，2014：3.

地点和时间，提高救援或救助及灾后恢复的效率，降低巨灾损失，恢复经济社会秩序。

2. 具体途径

政府和其他公共部门可以通过财务型和非财务型策略参与巨灾保险运营过程，降低实际损失，进而减少保险业可能面临的保险赔付：（1）针对巨灾损失可能会对保险业（包括原保险公司和再保险公司整体）产生的赔付能力巨大冲击，政府和其他有能力融资的公共部门可对巨灾损失进行资金损失的直接赔付或捐助的资金应急处理，帮助受灾主体尽快恢复生产力；（2）政府应在巨灾损失发生后尽可能地提供财务或非财务的政策手段为金融市场提供稳定性支持，确保巨灾保险损失可以在再保险市场和资本市场中得以有效分散；（3）政府部门和其他公共部门可利用自身专业性提供非财务资源和公共服务，减少巨灾导致的间接损失，如医疗救助、受灾建筑的积极重建支持服务等；（4）政府应在巨灾事后的应急和危机管理过程中充分发挥主导作用和协调资源配置的天然优势，积极组织不同政府部门（各级、各地、各系统）的合作，充分调动社会资本和第三部门（公益组织、志愿者组织等）提供资源、信息、资金、服务、捐赠，实现社会秩序的稳定；（5）政府和非政府部门应积极开展国际合作，例如，发展中国家、类似风险国家之间可以形成共保组织，发达国家对发展中或欠发达国家之间可以形成稳定的救助协议等。

三、 公共部门参与巨灾保险角色定位的选择

总体而言，通过本章的分析可以看出，政府和其他公共部门积极、适度地参与巨灾保险运营过程是非常必要的，尽管在诸多方面也存在着一些局限和障碍。通过巨灾保险中政府市场关系、政府职能定位、市场和政府失灵原因等方面的理论分析，总结具体实践，可将公共部门，尤其是政府公共部门参与巨灾保险角色与定位归纳为以下几类，以便在具体巨灾保险制度和运营中进行选择：（1）市场组织者（依赖市场）和管理者；（2）制度设计者和监

管者；（3）市场建立者（直接参与）和管理者；（4）最后再保险人/贷款人/赔付责任人。可以看出，前两类政府角色的定位更侧重于体现政府对巨灾保险市场的服务和支持职能，后两类则更侧重于体现政府对巨灾风险和巨灾损失的终极责任。可以推断，在保险市场、资本市场相对比较发达的国家或地区更适合选择前两种定位，以便充分发挥市场职能；而在资本市场和保险市场相对欠发达的国家或地区或许更适合后两种定位，以便增强社会和市场对巨灾风险保障体系的信心，从而提升保险需求和供给能力，进而也间接地培育巨灾保险市场的发展。

专栏　美国政府参与洪水保险计划及成效

美国国会于1968年制订了国民洪水保险计划，它指出“仅有私营保险行业在合理的条款和条件下为需要此种保障的人们提供可得的洪水保险，许多因素已使这种做法非常不经济”。国会认为，政府项目可能会获得成功，因为风险可得到更广泛的分散，项目可以筹集到充足的启动资金，可以在保险公司对现有房产主按新建房屋收取保费（经保险精算的费率）时进行补贴，还可以将保险行业与能够降低风险的国土使用方式调整联系起来，政府还有能力对损失进行分期补偿，因为该项目可以向联邦政府借款以弥补赤字，而私营保险公司是绝对做不到的。美国洪水保险计划最初被设计为联邦政府和社区之间的资源合股形式，作为颁布泛滥平原管理规章的交换条件，参与国民洪水保险计划各社区内的财产所有者将有资格获得联邦洪水保险。为支持地方政府的工作，国民洪水保险计划绘制了参与计划各社区的洪灾地图，在不同的洪灾易发地区标注了洪灾风险，这些地图被称为洪灾保险费率地图。在洪灾保险费率地图之前完工的建筑物——在该地区的洪灾风险费率地图完成绘制之间——将获得费率补贴。在洪灾保险费率地图公布之后开工建设的新建筑物则采用精算费率，对于那些取代原有房屋的新建筑物，其预期费率补贴将越来越低。

1972年的热带风暴艾格尼丝向国会表明了当时只有很少的人参加了国

民洪水保险计划，从而导致了1973年《洪水灾害防御法》的通过。该法案限制了联邦政府对未参与国民洪水保险计划社区的救灾援助，并提出了一项强制性购买要求：接受联邦政府监管的抵押贷款中必须要求其特别洪水灾害地区的借款者在购买资产或建造房产时购买洪水保险，这里的特别洪水灾害地区是指百年一遇的洪水地区。这项措施导致了有效保单的大幅增加。

1995年，联邦应急管理署发起了一个名为“保险美国”的大规模行为运动，通过地区性的和全国性的教育活动向民众普及洪水风险知识。据联邦应急管理署称，通过本次活动他们收到了50多万份对国民洪水保险计划的咨询；1998年又发起了一次新的活动——“保险美国第二季”，之后又发起了名为“洪水之痛”的综合活动，并成立了专门网站向民众详细说明社区洪水风险、预估保费费率、减灾措施及如何注册加入国民洪水保险计划等内容。

经过持续的努力及1992年到1993年一系列大规模洪水灾害的发生，国民洪水保险计划签发保单数量骤增。到1997年，有效洪水保单已达400万份，2004年由于发生在路易斯安那州的大型洪灾，保单数量进一步加速增长；截至2007年12月31日，有效洪水保单为555万份。从2001年开始，保险总额（保单最高限额的总和）就几乎翻了一倍，1990年全美保险总额为2140亿美元，2000年则为5680亿美元，2007年末则达到1.1万亿美元。保费收入也从1997年的6.7亿美元，增加到2000年的17.2亿美元，再到2007年末的28.1亿美元。

资料来源：昆雷泽，等．与天为战——新巨灾时代的大规模风险管理［M］．刘洪生，译．大连：东北财经大学出版社，2011：79－82.

本章小结

本章是理解巨灾保险如何有效运营的关键章节。公共经济学理论和巨灾保险发展实践都表明，巨灾保险的运营需要政府部门和其他公共部门的参与。鉴于此，本章通过对公共部门的概念、构成界定，基本职能的具体分析，结合巨灾保险市场运营过程中可能存在的问题和障碍，进一步分析了两者合作，即公共部门参与巨灾保险运营的必要性、可行性及可能存在的局限或障碍，进一步分析了其参与巨灾保险市场（包括巨灾保险市场、巨灾再保险市场和资本市场）的具体可选方式、途径及措施。最后，本章对巨灾保险运营中政府角色和定位进行了总结分析，为不同社会文化背景、经济发展水平的国家或地区选择巨灾保险制度提供了指引。

◎专业术语

公共部门　政府部门　客观实体方法　主观构建方法

◎思考题

1. 分析公共部门参与巨灾保险的必要性。
2. 分析公共部门参与巨灾保险的可行性和可能存在的障碍。
3. 谈谈你对公共部门参与巨灾保险的认识。
4. 试比较公共部门参与巨灾保险角色定位的不同选择的优劣。

◎参考文献

[1] 鲍德威·威迪逊. 公共部门经济学（第二版）[M]. 邓力平，主译.

北京：中国人民大学出版社，2000：44－46.

［2］昆雷泽等. 与天为战——新巨灾时代的大规模风险管理［M］. 刘洪生，译. 大连：东北财经大学出版社，2011：79－82.

［3］约瑟夫·E. 斯蒂格利茨. 公共部门经济学（第三版）［M］. 郭庆旺，等，译. 北京：中国人民大学出版社，2013：18；120.

［4］T. LEVITT. The Third Sector：New Tactics for A Responsive Society［M］. New York：AMACOM，1973//唐晓强. 公益组织与灾害治理［M］. 北京：商务印书馆，2011：28.

［5］陈红兰. 基于政府角色定位的巨灾保险立法研究［J］. 长春理工大学学报（社会科学版），2015（2）：42－47.

［6］陈华栋. 转型期中国网络公共危机管理对策研究［M］. 上海：上海交通大学出版社，2014：3.

［7］大卫·鲁文斯. 非政府组织——管理初探［M］. 冯瑞麒，译. 台湾：五南图书出版股份有限公司，2011（7）：6－7.

［8］高海霞，王学冉. 混合供给模式下巨灾保险市场的激励与约束研究［J］. 保险研究，2012（6）：83－88.

［9］秦晖. 政府与企业以外的现代化——中西公益事业史比较研究［M］. 杭州：浙江人民出版社，1999：5－6.

［10］唐晓强. 公益组织与灾害治理［M］. 北京：商务印书馆，2011：30.

［11］田玲，成正民，高俊. 巨灾保险供给主体的演化博弈分析［J］. 保险研究，2010（6）：9－15.

［12］王邦佐等. 政治学辞典［Z］. 上海：上海辞书出版社，2009：361－362；380.

［13］王名. 中国的非政府公共部门（上）［J］. 中国行政管理，2001（5）：32－36.

［14］王绍光. 多元与统一——第三部门国际比较研究［M］. 杭州：浙江人民出版社，1999：7.

［15］张光博，邵德门．行政学词典［Z］．长春：吉林人民出版社，1988：686；690－691.

［16］卓志等．巨灾风险管理制度创新研究［M］．北京：经济科学出版社，2014：21；259；327.

第八章

巨灾保险模式

巨灾通常是指由于自然灾害或人为事故引起的大面积财产损失或人员伤亡事件。虽然目前各国和一些研究机构对巨灾尚未确立统一的认识、规范及衡量标准，但不难看出，巨灾一般都呈现出以下四个特点：一是具有一系列导致财产损失和人员生命伤亡的风险事件；二是发生频率低于一般的灾害事故；三是灾害的精准预测比较困难；四是引起的损失十分巨大。联合国统计资料表明，自 20 世纪以来，我国是继美国、日本之后世界上自然灾害最严重的国家之一，灾害种类多、发生频率高、分布地域广、造成损失大。我国有 2/3 的国土面积不同程度地受到洪水威胁，近半数的城市分布在地震带上，20 世纪全球 54 个最严重的自然灾害中，有 8 个发生在我国。并且，伴随我国经济的迅速增长和全球大环境下自然灾害发生频率的升高，造成的经济损失呈明显上升趋势。如何建立有效的巨灾风险管理机制、完善巨灾保险体系、减轻巨灾风险就成为了我国目前所面临的重大课题。国外巨灾保险建设起步较早，巨灾保险制度体系相对完善。从国际范围来看，美国、日本、欧盟和新西兰的巨灾保险制度具有一定的代表性。研究这些国家在巨灾保险方面的经验，有助于我国巨灾保险的建设和发展。

第一节　国外巨灾保险模式

当灾害发生后，根据损失的大小，所有利益相关方在承担灾害损失时都会扮演不同的角色。在一个通用的巨灾风险管理模式中，当损失很小时，由购买保险的个人自己承担免赔额以内的损失；发生中小型灾难时，保险公司承担大部分损失；对于重大自然灾害，则由再保险公司或由资本市场承担大部分损失；如果发生罕见的自然巨灾损失，金融行业无力提供足够保障时，政府可以参与进来，成为最后的保险人。通过这种方式来实现个人、保险公司、再保险公司、资本市场、政府之间的风险转移。根据政府、个人、保险公司、再保险公司和资本市场在巨灾风险管理中的不同角色，各国的巨灾保险制度大致可分为三种。第一种模式是巨灾保险完全由政府管理和运作，如美国。第二种模式是巨灾保险的完全商业化运作模式，政府几乎不参与，如英国、挪威、日本的企业财产地震保险。第三种模式是巨灾保险的合作经营，该种模式又可以细分为两种：一种是由政府与民间保险公司共同合作经营的两方模式，如法国、日本的家庭财产地震保险；另一种是政府、民间保险公司、国际组织（如世界银行）共同合作经营的三方模式，如土耳其。下面，我们将对美国、日本及欧盟的主要成员国等建立的较为完善的巨灾保险制度进行介绍和分析。

一、 美国巨灾保险制度

（一）政府主导推出巨灾保险计划（美国洪水保险制度）

美国自古以来就容易受到洪水灾害的侵袭，给身处洪水区人民的生产生活造成了巨大威胁，同时美国也是世界上最早实施洪水保险计划应对洪水灾害的国家。早在1956年，美国议会就通过并出台了《联邦洪水保险法》，以法律形式确定了联邦政府的支持是提供洪水保险的前提，并初步建立了联邦洪水保险制度。1968 年，美国议会在房屋与城市发展署（HUD）研究报告的基础上通过了《全国洪水保险法》，洪水保险制度正式确立，制度的核心是国家洪水保险计划（National Flood Insurance Program，NFIP）。NFIP 以政府为主导，商业保险公司参与保单销售，采取以社区为单位进行自愿投保的投保方式。1973 年 12 月，《洪水灾害防御法》通过议会审批，NFIP 由自愿投保变为强制性投保。如果国家认定的洪水风险区域的社区没有参加 NFIP，该社区将受到联邦政府的惩罚。由于美国的洪水保险是由政府直接经营和管理，而政府的销售渠道狭窄，于是政府推出了保险公司协助销售的 WYO（Write Your Own）计划。根据该计划，保险公司与联邦洪水保险管理机构签署协议成为 WYO 公司。WYO 公司主要职责是帮助联邦政府销售洪水保险，并在洪灾发生时及时办理有关赔偿手续和垫付赔偿资金，而政府承担巨灾保险的承保风险。NFIP 由于受到联邦财政政策的支持，享受联邦政府的免税待遇，所以具备较强的灾后偿付能力。NFIP 不仅没有给商业保险增加负担，又通过 WYO 计划使商业保险公司能够参与其中且不承担风险，从而提高了 NFIP 对投保人的服务质量。此外，NFIP 还鼓励社区和个人的减灾行为，对实施特定减灾措施的社区提供财政援助。

总体来说，美国洪水巨灾保险制度是以立法为基础，由政府运作，依靠私营商业保险公司并通过资本市场分散巨灾风险逐步建立和发展起来的。

（二）巨灾风险与资本市场相结合

巨灾保险比普通保险的风险大得多，一般可以通过再保险把巨灾保险风险分散出去。然而，在美国巨灾再保险供给不足，而市场需求不断提高，导致价格急剧上升的情况下，保险公司开始借助美国强大的资本市场分散巨灾风险。1992 年，芝加哥期权交易所首次发行了巨灾期权。随后，市场上出现了许多保险衍生商品，如巨灾债券、巨灾期货、巨灾互换等。一种新的巨灾风险转移机制，即巨灾风险证券化形成了，该机制将保险市场的巨灾风险打包转化为能在资本市场上流通的金融工具，在资本市场上筹集保险资本，解决巨灾发生时保险市场上资金不足的难题。在美国，这种巨灾风险与资本市场的结合，不仅将保险市场上的风险向资本市场转移，同时也融通了资金，推动了资本市场的发展。

启示如下：第一，巨灾保险具有准公共物品的性质，政府应将巨灾保险进行明确定位，并成立专门管理机构进行针对性的管理；第二，通过运用商业保险公司代理模式，可以充分利用保险公司在销售、理赔等方面的资源和优势，提高运营效率；第三，在科学划分巨灾风险区的基础上，精确厘定保险费率，促进非工程性减灾措施在全省范围内的推广；第四，将居民和社区捆绑起来进行管理，同时有效配合公共救灾资源，间接实现隐性强制的效果。

二、 日本地震保险制度 （日本模式）

1966 年，日本国会通过《地震保险法》和《地震再保险特别会计法案》两部法律之后，日本地震保险制度正式推行。在经历 1972 年、1980 年、1991 年、2001 年、2005 年、2007 年六次修改和完善之后，日本地震保险无论是从保障范围上，还是从补偿水平上都已得到显著提升。

目前，日本地震保险由家庭财产地震保险、企业财产地震保险、地震再保险三个部分构成。家庭财产地震保险的保险标的为民房和家庭日常生活用品，赔付范围涵盖地震及其次生灾害直接或间接对承保目标造成的损失，在具体实施过程中采用超额再保险方式承保：初级巨灾损失（750 亿日元以下）100% 由参与该保险机制的保险人与再保险人承担；中级巨灾损失（750 亿 ~ 10774 亿日元）由参与该机制的保险人与再保险人承担 50% ，政府承担 50% ；高级巨灾损失（10774 亿 ~ 41000 亿日元）由政府承担 95% ，被保险人承担 5% 。如果单个地震巨灾造成的损失超过了规定的总额，巨灾保险可以按照总限额与实际应付赔款总额之比进行比例赔付。家庭财产地震保险并不是独立投保的，而是居民在投保火灾保险时作为附加险的形式供其自愿选择投保。由于家庭财产地震保险具有非营利性，在费率厘定时没有把保险公司利润计算在内，因而保费费率总体较低。然而，企业财产地震保险却具有明显的商业化色彩，企业作为投保人独立投保，商业保险公司作为保险人对企业财产损失赔偿承担全部责任，政府作为完全独立的第三方不承担任何责任。值得一提的是，日本地震保险拥有完善的再保险制度，有效地进行了风险分散。此外，为了更进一步分散风险，日本积极推行地震保险证券化，把保险市场的风险转移到国内、国际资本市场。

启示如下：第一，我国地震保险制度还处于成长期，应根据地震发生与损失情况与时俱进地修改完善地震保险制度，以适应新的环境变化；第二，政府在建立巨灾保险制度时应体现高度的人文关怀，如日本政府为鼓励投保，为投保人减免部分税收；第三，坚持以政府为主导的主体地位不动摇，充分发挥政府的中流砥柱作用。

三、 欧盟巨灾保险体系

欧洲联盟（以下简称欧盟）主要成员国的巨灾保险模式存在许多差异，按是否强制投保，可以分为强制性巨灾保险体系和非强制性保险体系。

（一）强制性巨灾保险体系

欧盟现有的28个成员国中构建强制性巨灾保险体系的有五个，分别为土耳其、挪威、西班牙、法国和瑞典，这五个国家通过立法强制性要求投保人购买巨灾保险。这些国家的巨灾保险体系有一些相同点：一是通过法律手段保障巨灾保险实施的强制性；二是建立了与巨灾保险制度配套的巨灾保险基金；三是严格界定了各方应承担的巨灾保险责任；四是通过扩展基本险保险责任的方式销售。以土耳其地震保险为例，来看其如何通过保险有效地分担巨灾损失。

与之前介绍的美国、日本的巨灾保险制度不同，土耳其巨灾保险制度模式的特点是由保险公司、政府及国际组织（世界银行）共同合作。2000年，土耳其政府在世界银行的帮助下建立了土耳其巨灾保险共同体（Turkish Catastrophic Insurance Pool，TCIP），成为发展中国家地震保险制度的新尝试。

土耳其属于地震多发地带，地震给国民经济造成巨大损失。在 1998 年 Marmara 地震之前，地震保险并没有得到重视和普及，主要是因为政府承担了大部分的地震损失。Marmara 地震之后，政府意识到必须建立一项更好的风险转移机制来防范地震风险给国家造成的损失。为此，土耳其政府在世界银行的协助下建立了土耳其巨灾保险制度。其主要特点：第一，通过立法，要求所有登记的城市住宅必须投保强制性地震保险；第二，强制性地震保险的保额为 25000 美元，超过部分实行商业性自愿保险；第三，强制性地震保险条款全国统一，并独立于火灾保险，基础费率的厘定根据地震区域、土地和建筑物结构的风险类别进行划分；第四，TCIP 管理机构由政府代表、商业保险公司和学术界代表共同组成；第五，国内商业保险公司均为 TCIP 成员，并按照市场份额共同承担风险；第六，建立国家巨灾准备金，并保持充足的赔偿资本金 ，以降低巨灾对政府的财务风险。

世界银行在土耳其巨灾保险制度的建立和运行中发挥了重要作用。一是在制度设计、风险划分、费率厘定等方面提供技术支持；二是在再保险方案、政府担保等方面提供经济支持。这种将损失发生后的事后补偿机制转化为事前的风险防范、分摊机制对土耳其和世界银行都是一种制度创新。

（二）非强制性巨灾保险体系

除上述五国外，以英国为代表的其他国家大都实行非强制性巨灾保险，即投保人可以依据自愿原则选择是否购买巨灾保险。另外，政府不参与巨灾保险的经营管理，而是致力于灾害的防灾减灾工作和为私人保险公司提供气象资料、灾害风险评估等公共物品。英国具备发达的保险市场，以洪水保险为例来看其如何通过保险有效地分担巨灾损失。

英国的洪水保险不同于美国的洪水保险制度模式，其保险的供给方全部为保险公司，私营保险业自愿地将洪水风险纳入标准家庭及小企业财产保单的责任范围之内，业主可以自愿在市场上选择保险公司投保。而政府不参与洪水保险的经营管理，也不承担保险风险，政府的主要职责在于投资防洪工程、建立有效的防洪体系，并向保险公司提供洪灾风险评估、灾害预警、气象研究资料等相关公共物品。只有在政府履行了这些职责的地区，保险公司才提供巨灾保险。英国政府与私营保险业的这种建设性伙伴关系，使洪水风险在英国具有可保性。同时，英国政府还特别注意加强与保险行业协会的合作。此外，由于英国再保险市场是世界第三大非寿险再保险市场，其再保险市场非常发达和完善，所以政府并不对巨灾保险提供再保险方面的支持，而是由商业保险公司在提供洪水保险时，直接通过再保险市场将风险分散出去。因此，尽管近几年英国洪水发生的频率和损失都在增加，一些地区的保费水平也随之上升，但是英国家庭财产保险市场仍然保持了高度的竞争性，对消费者而言依然是成本较低的。2002 年的洪水保险参保率已达 80% 左右，这正是英国洪水保险体制的最大成功之处。

启示如下：第一，我国在发展巨灾保险制度的同时，应积极探索建立巨灾风险基金的办法，以增加巨灾风险分散渠道；第二，降低巨灾损失最好的办法不是巨灾保险，也不是政府救济，而是要做好自然灾害的防灾减灾工作，我国各级政府部门无论何时都不能忽视防灾减灾工作的重要性，这对于灾后恢复重建和保持经济社会可持续发展具有十分重要的意义。

四、 新西兰地震保险制度 （新西兰模式）

新西兰的地震巨灾保险制度被誉为全球现行运作最成功的灾害保险制度之一，其主要特点是国家以法律形式建立符合本国国情的多渠道的巨灾风险分散体系，走政府行为与市场行为相结合的道路。新西兰对地震风险的应对体系由三个部分组成，包括地震委员会、保险公司和保险协会，上述机构分别隶属于政府机构、商业机构和社会机构。提供的保险范围包括地震、山体塌方、火山爆发、海啸和地热活动等。一旦灾害发生，地震委员会负责法定保险的损失赔偿；保险公司依据保险合同负责超出法定保险责任人部分的，地震委员会不予承保的部分；保险协会则负责启动应急计划，按照事先协议提供有关人力资源和设备等必要协助，发挥各方面集体协作的优势。地震委员会由新西兰国家财政部全资组建，在 1994 年 1 月 1 日重组时，政府已经积累了近50亿新西兰元（约35亿美元）的巨灾风险基金。基金的主要来源是市场投资中获得的收益。

新西兰巨灾保险的核心是风险分散机制。当巨灾事件发生后，首先由地震委员会支付2亿新西兰元，如果这2亿新西兰元难以弥补损失，则启动再保险方案。再保险方案分三层：第一层是损失额为2亿~7.5亿新西兰元，由再保险人承担损失的40%，剩余60%的损失由地震委员会承担；第二层是损失额为7.5亿~20.5亿新西兰元，则启动超额损失保险合约承保；第三层是如果损失额超过20.5亿新西兰元，由巨灾风险基金支付至耗尽，仍不足时，则由政府承担无限赔偿责任。

第二节 国外农业巨灾保险模式

一、美国农业巨灾保险

美国是世界上实施农业巨灾保险最早的国家之一。早在1938年美国国会就通过了《联邦农作物保险法》，并依法组建了美国联邦农作物保险公司（FCIC），隶属于联邦政府农业部。目前，美国的农业保险计划起源于1980年《联邦农作物保险法》，该法建立了新的联邦多险种农作物保险计划（MPCI）。联邦农作物保险是通过私营保险人的销售系统销售的，主要作为私营保险人销售的农作物保险的附属。FCIC的MPCI为超过农场主控制能力的自然灾害引起的全部损失提供保障。1994年10月，联邦政府颁布了《联邦农作物保险改革法》。该法取消了政府救济计划，通过三大险种和一个保障计划，把所有农作物生产者都纳入了农作物保险计划。三大险种包括提供基本保障的巨灾保险（新设立）、提供较高保障水平的扩大保障保险和集体保险；一个保障计划是指非保险作物保障计划。该法还规定，不参加政府农作物保险计划的农民不能得到政府其他计划的福利，如农户贷款计划、农产品价格支持和保护计划的支持等，对农作物保险实行了事实上的强制参加。1996年后，险种不断丰富，联邦农作物保险公司逐步退出农作物保险直接业务的经营。经过1998—1999年两年多的调整，政府完全退出了农作物保险的直接业务，将直接业务全部交给了私营公司经营或代理。联邦农作物保险公司只负责制定规则，履行稽核和监督职能，并提供再保险。

美国农业巨灾保险体系隶属于美国农业保险体系，没有建立独立的体系进行管理。由联邦农作物保险公司、私营保险公司与农作物保险协会共同参与，相互联系，并发挥各自不同的功能和作用。

根据《联邦农作物保险法》，1938年美国农业部成立了联邦农作物保险公司，负责全国农作物保险的经营和管理。其主要职能包括：负责全国性险种条款的制定、费率厘定；负责向私营农作物保险公司提供费用补贴，向农民提供保费补贴；负责与各私营保险公司协商，签订标准再保险协议，向私营保险公司提供再保险支持；负责对私营保险公司执行法律和协议的情况进行检查和监督；建立农作物保险数据库，并用于厘定费率；负责私营保险公司与联邦农作物保险公司往来账户的结算，如保费和费用补贴款的划转、代收费用上划等，并编制月报表、半年报表和年度报表；负责制定作物定损标准和通用定损标准；负责对老险种条款的修改和新产品的开发，以及对私营保险公司开发新产品的初步审核。

私营保险公司指经过批准并向其提供再保险的私人保险机构。办理农作物保险必须执行由联邦农作物保险公司制定的条款、费率及事务手续，并获得联邦政府费用补贴。由于私人保险公司的参与，减少了政府农业保险公司的工作量，对于精干机构、节约行政费用开支起到了很好的作用，并减少了保户的道德风险。1995年，全美私营的农业保险公司已有24家，拥有17000名销售经纪人。

美国诸多科研服务机构的大量工作推动了农业保险的顺利开展。美国州立大学的农业推广中心、农业部直属的经济研究中心、多家农业试验站和上千家由公司、私人设立的研究机构组成的农业科研服务机构，承担了美国农业应用研究与科技推广服务。于1961年成立的美国农业部直属的经济研究中心，专门从事农业风险研究并提供农业科学决策，一直承担着农业保险数据搜集、费率测算等基础工作，直到1996年美国成立农业风险管理局，才将经济研究中心的部分职能移交给风险管理局，现在主要集中于农业风险和相关政策决策的研究。

由于农业巨灾保险是准公共产品，决定了必须有政府的介入。为了保证农民参保的积极性，美国政府每年会投入财政资金用于农业巨灾保险，对农民和公私合营的保险公司提供大量补贴，如2000年保费补贴达到了一半以上。在私营保险公司自主确定保险责任额后，与联邦农作物保险公司签订再保险合同，保险公司视自留责任的实际情况，在再保险市场上寻求合作。1996年，美国政府专门成立了旨在加强对农业巨灾保险进行管理和监督的风险管理局，来管理和监督联邦农作物保险公司。联邦农作物保险公司在政府的指导下对私营保险公司提供比例再保险。在实际管理中，由风险管理局下设10个办事处，每个办事处管理3~14个州，由这些地区办事处来负责与私营保险公司协商、签订再保险协议。在政府的指导下，再保险比例维持在20%上下。另外，根据1980年10月11日修订的美国《联邦农作物保险法》的规定："无论何时，农作物保险公司的可利用资金如果不足以支付生产者的损失赔款，公司可以根据其大多数董事的意见向农业部长申请使用商品信用公司（Commodity Credit Corporation）的资金及时支付赔款"。

二、 加拿大农业巨灾保险

从20世纪20年代开始，加拿大就开始考虑在全国范围实施农业巨灾保险，但由于严重的道德风险和高赔付率使私人保险公司纷纷退出，经过长达24年在全国范围内的研究和实践，最终在1959年，加拿大制定了《联邦农作物保险法》，旨在"可靠的保险精算基础上，为农民因不可控的自然风险造成的农作物损失提供保障"，为农业保险的操作提供了制度性的框架。在各个省也通过了一些法律和具体的实施细则，如曼尼托巴省在1989年推出了《农作物保险法》，并且在1993年又推出了具体的实施细则。加拿大是典型的"政府主导、联邦和省两级政府负责、省政府成立专门的机构经营"模式。各省自主决定是否参加农作物保险计划和再保险计划，由各个省政府成立专门的非营利性保险机构来直接经营巨灾保险，中央政府与各个省政府签订再保险协议。联邦的再保险赔偿责任不能超过省政府当年支付的赔款额与以下三项总和之差的7%：（1）省政府当年所收的保费与所缴纳的再保险费之差；（2）政府的赔款准备金；（3）省政府赔款的2.5%。对农户的保费补贴由联邦政府和各个省政府共同负担。以马尼托省的情况为例，联邦政府支付保费的36%，当地州政府支付保费的24%，剩下的40%由农民自己负责。农业保险的经营成本由加拿大联邦政府和各省政府各负担50%。

国家成立专门的保险机构为主导，采取全国性的三层缔约（联邦、省和农户）形式。联邦政府实行分级负责制支持农业保险，设立农业部和各省的农作物保险局。对再保险的支持中，加拿大的联邦政府和省政府都提供再保险。如果再保险账户不足以承担摊赔的巨灾责任，还可申请并经副总督批准后，财政厅用“合并基金”的收入预付款项给保险公司以弥补差额，但公司必须归还预付的款项而不用付息。此外，加拿大也建立了巨灾准备金赔偿巨灾损失，每年保险基金支付赔款后的盈余成为准备金来源。因此，加拿大建立了政府主导下的专门农业保险机构和两级再保险体系来管理巨灾风险，形成相对比较简单的运行体系。

联邦政府的主要职责：一是通过立法管理农业保险，研究农作物保险政策，统计分析农业保险金额和保费；二是研究决定是否支持地方各省开展农业保险，并确定相应的支持条件和期限等；三是对各省农业保险的部分保费和管理费进行财政补贴，同时为地方各省提供再保险支持，并与省政府谈判协商确定各自的分担比例。由联邦政府农业部直接下设农业部农作物保险局，其主要职责：一是统计分析保险费率、保险范围、保险金额等，从宏观上研究制定农作物保险政策；二是制订援助各省开展农作物保险的联邦计划，指导帮助地方各省的保险机构制订农作物保险计划，推动农作物保险计划的实施；三是支付应负担的省保险机构的行政开支、补贴和保险赔偿金。

省政府的主要职责：一是具体负责开展农作物保险计划，在计划实施过程中负责协调管理，并向开办农作物保险的农民做好解释。二是为及时签订保险合同和及时处理索赔提供保证。三是测算厘定保险费率和确定赔付额，确保农作物保险计划的精确度。四是采取措施防范农业保险的道德风险，要求农场主支付相关保费并承担部分风险。省政府下设的农作物保险局，具体负责农业保险的具体运作和业务服务。省农作物保险局下设开发、调整、营业和行政管理四个部，分别负责制定并通过合适的法律，同时负责推进和管理农作物保险计划，还要对辖区的政策性保险公司提供补贴。此外，还有农业巨灾保险的派出办事处。省以下的农业保险管理工作由省农作物保险局派出办事处，对省辖区的小镇等地的农业保险运营进行具体指导。

政策性农业保险公司是地方各省政府控制下的非营利性保险公司，直接运营农业保险业务。根据规定，各省的农业保险公司都必须与代表加拿大联邦政府的农业部签订协议。例如，艾伯塔省全资成立专门的农业保险机构——艾伯塔省农业金融服务公司（Agriculture Financial Services Corporation，AFSC）承保农业保险，经营农业保险的收支盈余要转入农作物保险基金，因而没有资本金。公司的战略由联邦政府和董事会一起决策，必须符合联邦政府的政策方向。公司包括行政部、贷款部和风险管理部。贷款部只负责向农场主贷款。风险管理部负责开展保险业务，包括推行加拿大农业收入稳定计划和农业生产保险。同时，有的保险公司也有独立的销售代理机构。

加拿大特殊的地理与气候环境造成农业巨灾较多，每隔几年农作物就要遭受巨灾。而且，作为世界农业大国的加拿大，农作物大面积机械化私人经营，私人农场在大规模农业生产经营中难以承受遭受的巨灾损失，因此，加拿大实行的是由政府主导的农业巨灾风险管理机制，主要有政府农作物保险与收入稳定计划、政府补贴、再保险、准备金等方式防范和分散巨灾风险。

（一）农作物保险与收入稳定计划

加拿大实施多项计划应对农业风险。一是政府农作物保险计划。政府主导的农作物保险公司是非营利性的，高效地运营并提供质量高、成本低的农业保险服务。通过农作物保险计划，大大提高了农业的风险保障程度。曼尼托巴省农场主投保的保险保障基本稳定在其历史平均单产的50%～80%水平上，2005 年发生巨灾，最后实际损失率也仅约 20%。二是农业收入稳定计划。这是政府提供的为避免农场主因价格、产量等变化导致的收入不稳定，进而维护农场经营稳定性的风险管理工具。计划内容包括：其一，要求农场主在好收入年存入资金，差收入年在计划中提取资金。其二，依据农场主最近连续五年的纳税所得申报，去掉最高和最低后取三年加权平均计算计划年度的参考所得，一旦该所得高于实际所得即可申请补贴。依据参考所得与实际所得的比例，政府和农场主分担不同的损失比例。当实际为参考的 70% 及以下时，政府和农场主按 8∶2 的比例分担 70% 之间的差额损失；当实际达到参考的 70% ~85% 时，政府和农场主按 7∶3 的比例分担 85% 之间的差额损失；当实际达到参考的 85% 后，政府和农场主按 5∶5 的比例分担差额损失。其三，收入稳定计划的补贴由联邦政府和省政府按 6∶4 的比例分担。艾伯塔省有 90% 的农场主参与了收入稳定计划，年申请理赔约 3 万件，赔偿额达 4.2 亿加拿大元。该计划有效地弥补了单一农作物保险难以保障总体收入的不足。但由于政府直接运作，存在受政治影响大而缺乏稳定性的问题。而且存入保证金的做法使农场主减少了农业生产资金，因此较难获得认同，使农场主更愿意以收费的形式代替保证金。此外，计划采取了规定限额内，农场主存额越多政府补贴越多，导致农场主为多获政府补贴而尽可能少地从账户中提取资金。三是天气改善计划。计划由保险业提供全部融资，尝试改善气候条件，降低冰雹给农业带来的损害。该计划在近年暴风雨增加时期得以顺利运行，保险业因同期冰雹灾害保险索赔的大幅下降而节约了大量成本。

（二）财政补贴

加拿大政府提供大量的资金支持发展农业保险，2004 年联邦政府对各省农业保险保费补贴 3 亿加拿大元，行政管理费用补贴为 1 亿加拿大元。对农业保险保费和农业保险机构经营管理费用的补贴均实行联邦和省政府两级共同分担制。一是保费补贴。保费实行三级按比例分担，一般比例为投保的农民交纳 50%，联邦政府和省政府各负担 25%。不同的省略有不同，例如，曼尼托巴省的比例为：联邦政府支付 36%，当地省政府支付 24%，40% 余下的由农户自行解决。艾伯塔省的比例为：当农户选择 50% 的保险比例（保险责任占保险标的）时，则联邦政府补贴 48%，省政府支付 32%，投保人自己负担 20%；当保险比例超过 50% 时，则联邦政府补贴 30%，省政府负担 20%，投保人交纳 50%。二是保险机构的经营管理费用补贴。加拿大农业保险机构的经营管理费用比较高，一般占农业保险总成本的 20%，大省高些而小省低些。农业保险机构的行政经费一般由联邦政府和省政府分别负担，但有的省份略有差别。艾伯塔省 AFSC 的管理费用的分担比例：联邦政府为 60%、省政府为 40%。三是巨灾补偿。加拿大政府在农业灾害年份都会根据巨灾损失程度给农场主发放巨灾补偿资金，以维持农场的持续经营。四是巨灾应急救助和利息补贴。加拿大通过立法规定，如果再保险账户因发生巨灾不足以承担赔偿，经副总督批准后财政厅可先预付款项给农业保险公司以弥补差额。而后，公司再根据合同归还不付息的预付款项。此外，省政府农业保险局在遇到巨灾时可向联邦政府无息贷款，数额最高可达赔偿金与保费收入差额的 75%。

（三）再保险机制与再保险基金

加拿大再保险机制灵活。各省农业保险公司进行再保险有三种选择，既可与省政府（省农业厅代表）签订再保险合同，也可以直接与联邦政府签订再保险合同，还可以与联邦政府和省政府共同签订再保险合同。实际上，联邦政府对各省农业保险的再保险支持属于贷款，需要各省在以后年度通过提高保费率等措施逐步归还。此外，加拿大还建立了再保险基金。加拿大政府在联邦和省分别设置了农作物再保险基金。再保险基金由联邦和省两级政府按保费收入筹集，达到一定标准时降低筹集比例。联邦的农作物再保险基金由各签约省所交纳的再保费构成，当其不足以支付保险赔偿时，由联邦其他种类的再保险基金的盈余支付，无盈余则由联邦财政给予弥补，弥补部分由以后的再保险基金归还，也不计息。联邦的再保险赔偿责任有总额限定，其总额 = ［当年省政府的赔款额 –（当年省政府的保费收入与再保费之差 + 省政府的赔款准备金 + 省政府赔款的 25%）］ × 75%。在艾伯塔省政府对再保险的支持中，超过农作物保险基金的赔付部分，由联邦政府和省政府按照3：1的比例补助。

（四）巨灾准备金

加拿大政府在保险基金、再保险基金之外，还建立了巨灾准备金，规定联邦政府和省政府在每年保险基金支付赔款和管理费用后，基金中的盈余部分用于建立累积准备金。如果累积准备金还不足以支付赔款，则公司可向省政府申请无息贷款。

（五）其他风险管理手段

一是成熟的农产品期货和订单农业，为加拿大农场主规避生产经营风险提供了选择手段。二是加强金融风险管理。金融风险的有效管理可避免农业保险公司过高的负债水平，进而加大国家农业信贷机构的信贷力度。加拿大省农业保险公司有权授权省财政厅依据《金融管理法》对暂不使用的基金进行投资，投资收益进入财政厅专门账户，归公司支配。为了避免保险公司因巨灾损失倒闭而引起保单赔偿失效，加拿大政府还建立了财产保险赔偿公司，该公司属于非营利性的法人保险机构，全国的保险公司都是该机构成员。三是科学的农业保险运营方法和工具。加拿大成熟的农业保险运营为农业巨灾保险的管理提供了先进的方法和保证制度。政府建立完善的农业保险数据库和管理软件，并在全国农业保险部门构建了计算机网络体系。与农户建立信任合作关系，在投保、保费率确定、灾情勘测与理赔等方面采取系列科学方法，加强了农业保险运营监督，对转移藏匿产量之嫌的农场进行专门审核，对严重虚报产量的农户提交法院处理。

三、 日本农业巨灾保险

作为世界农业保险成功典范的日本农业保险具有较成熟的发展模式。日本将农业巨灾保险作为稳定粮食供给的一种手段，第二次世界大战初期，日本政府通过发展农业巨灾保险来确保粮食供应，满足市场需要。1929 年日本颁布《家畜保险法》，1938 年又颁布《农业保险法》，1947 年 12 月日本政府将前两部法律合并，颁布了加入了农作物和家畜家禽风险的《农业灾害补偿法》，建立了“政府支持下的相互制模式”的农业保险制度，该法从颁布到现在经过七次修改，明确规定了财政补贴标准、险种及费率，奠定了农业巨灾保险的制度基础。

日本的农业巨灾保险分为三个层次：中央政府一级的农业共济再保险特殊账户，都、道、府、县级的农业共济组合联合会及市、町、村级农业共济组合。由中央政府的农业共济组合再保险特别会计处专门经营农业巨灾保险的再保险，并且只接受针对联合会的分保业务。特别会计处通过向联合会收取分保费来建立再保险基金，当联合会出现超额赔偿损失时，由再保险特别会计处对这部分损失进行赔偿。但是只接受法定的保险项目的分保，对于自愿保险项目只由全国农业共济组合联合会提供分保，中央政府不再参与。同时，强制具有一定规模的农户加入农业巨灾保险，没有达到规定规模的农户可以申请加入农业保险合作社。日本政府每年都会拿出很大比例的国库收入来对农户进行巨灾保险补贴，并且保费越高补贴的比例越大。各级承担保额责任的比例共济组合为 10% ~20%，联合会为 20% ~30%，政府为 50% ~70%，如遇到特大型灾害，由政府承担 80% ~100% 的损失赔偿，从而保证了共济组合的稳定性。

全国农业保险协会是日本农业巨灾保险制度的最高级别组织，日本政府不直接经营农业巨灾保险，采取政策保险形式，对保险运行给予政策和财政支持。全国农业保险协会指导和监督农业共济组织联合会，一般情况下承担法律规定的保险责任，如遇巨灾发生，则承担保险赔款。农业共济联合会又被称为合作社联合会，是都、道、府、县级的农业巨灾风险保险主体，处于三级体系的中间级，对辖区内的农业保险共济会承保，并将其中法律规定的比例向全国农业保险协会进行再保险。农业共济组合又被称为农业保险合作社，是最基层的农业巨灾风险保险主体，直接面向广大农户，农民加入农业保险合作社参保被称为加入共济。

日本自然灾害频繁，特别是以地震灾害为首，日本政府在控制巨灾保险风险中，对农业巨灾保险风险的分散主要采取财政补贴、税收优惠、巨灾债券和三级再保险风险共担的方式。

（一）财政补贴

日本的财政补贴支持主要有三个方面：一是保费补贴。在日本参加农业保险，无论是自愿保险还是强制保险都会享受到政府保费补贴。日本把标准保费率分为三部分计算：正常保险费率、异常保险费率、超常保险费率。通过标准损失率和异常损失率来确定三类保险费率的界限，政府对三类保险费率都有财政补贴，具体标准分别为正常保险费率中有少部分由政府补贴，异常保险费率中超过正常保险费率部分的50%由政府补贴，超常保险费率中超过正常保险费率的部分则由政府100%补贴。日本政府的保费补贴一般按保险费率补贴，保险费率越高补贴也越高。国库补贴水稻、旱稻为保险费率的58%，小麦为保险费率的68%，经济作物为保险费率的55%，园艺设施为保险费率的50%。2004年，日本国家负担了全国农业保险费总额的49.8%，达647亿日元。二是保险经营机构经营管理费补贴。政府负担县及以上联合会的全部经费和共济组合部分费用。2004年，政府经营农业保险的管理费和保费补贴占当年农业预算的4.3%。三是巨灾保险赔偿。当巨灾事件发生时，政府用国库对农业巨灾保险赔偿可达80%以上，甚至全部兜底。

（二）税收优惠

1947年，日本在《农业灾害补偿法》中规定，农业共济团体的所得税和法人税全部免课，地方政府不得对农业共济团体课征营业税，依法登记的农业共济团体免课登录税，有关农业灾害补偿的印刷品免课印花税。日本现行的《法人税法》将农业共济组合和农业共济组合联合会纳入公益法人范围，并规定仅对公益法人由收益事业中所产生的所得部分进行课税，对其他所得不课税。

（三）再保险机制

日本农业巨灾保险制度通过再保险来分散农业巨灾风险，实行三级巨灾风险分散体系，高一级组织向低级组织提供再保险。一旦巨灾发生，根据巨灾损失程度和按照法律规定的比例分摊保险赔偿。最后以政府作为农业巨灾保险的后盾，为巨灾保险风险的实际承担者。

（四）预防农业灾害基金

联合会和共济组合将保费作为信托资金投资到农、林、渔业信用基金以增值。信托投资盈利只能被用于灾害预防和风险应付，而不能用作事业费等支出：一是被用作特别积累金，为会员免费提供灾害防损服务或直接返还会员；二是被用作联合会和共济组合的法定风险积累金，用于应急风险保障。

（五）农业巨灾债券

近年来，日本每年遭受的巨灾损失约为 18 亿美元，对日本保险业的偿付能力构成严重威胁，使日本也开始尝试金融与资本市场结合的新突破。日本开始运用非传统的风险转移手段，开发巨灾保险证券化类的工具来降低保险的偿还压力。自 1984 年发行了可赎回地震债券以来，日本巨灾债券发行量的增长速度和规模都发展很快，从 1997 年的 0.9 亿美元增长到 2007 年的 1.4 亿美元。2003 年瑞士再保险公司为日本农业合作会社的国家共同保险联盟发行了三档次触发的农业巨灾债券（Phoenix Quake），2004 年又发行了 Phoenix Quake Wind II 巨灾债券。

四、 英国农业巨灾保险

英国农业巨灾保险的运行以市场化为基础，巨灾保险投保自愿，巨灾风险承保责任全部由保险公司承担，政府不提供巨灾保险也不承担责任，政府只需做好防灾减灾工程建设和在符合世界贸易组织规定的绿箱政策下为农业巨灾保险提供服务。

英国的农业保险不仅历史悠久，而且也非常发达。1797 年，英国克伦堡雹灾保险协会首次设计并签发了世界上最早的种植业保险契约。1844 年，英国设立了世界上最早的牲畜保险公司专门经营猪、牛、马、羊等保险业务。1863 年，英国设立了北英合作社批发联合会，后改名为英国合作社批发联合会（CWS）；1867 年，联合会下设合作社保险公司（CIS），从设立至今一直是英国最大的合作社保险公司，提供包括农业险、车险、住房险、意外伤害等多样险种。

英国的资本市场和保险市场高度发达，民众投保积极性非常高。英国伦敦曾是世界金融中心，有着世界最大的外汇交易市场和世界最大的跨境银行拆借市场，近 500 家国际银行在伦敦设有分支机构。伦敦证券交易所拥有欧洲最大的股票业务、最大的电子债券交易业务和最大的交易所交易基金业务，成为世界各国特别是英联邦国家企业海外上市的重要选择。英国是世界现代保险制度的发源地，享有“世界保险王国”的美称，其保险市场非常发达，机制也非常健全。目前，英国是世界第三大保险市场，也是欧洲最大的保险市场，保险作为储蓄和保障工具在全国非常普及，2002 年英国洪水巨灾保险参保率曾高达 80%。2012 年，英国人均保费支出为 6037 美元，保险费收入占 GDP 的比例在欧盟最高，名列世界第三。

英国政府虽然不参与巨灾保险运行，但英国政府必须要为巨灾保险运行提供公共条件。一是不断进行立法探索和调整。英国没有制定专门的农业保险法律，其农业保险的有关条例列在 1947 年颁布的《农业法》中。尽管如此，英国的保险法律非常丰富全面，包括 1906 年颁布的《海上保险法》、1867 年颁布的《保险单法》、1975 年颁布的《被保险人保护法》，1977 年《保险经纪人法》、而 1958 年制定并多次修改的《保险公司法》成为各国保险业立法的文本。二是政府积极进行大量的防灾减灾工程建设，承诺并修建一系列抗洪等减灾防御设施。三是政府积极从事巨灾研究并提供气象资料、灾害预警、风险评估等相关公共物品，使巨灾保险损失控制在私人保险公司所能承受的范围内。四是政府与私人保险业保持建设性的伙伴关系，私人保险只为政府履行了上述职责的地区提供巨灾保险。

英国的保险业将巨灾保险归为一般性保险，完全按照市场机制运营。私人保险公司自愿将洪水风险纳入标准保单的责任范围之内，完全承担巨灾风险，再自行直接通过再保险市场进行风险分散。在保单设计中，采取捆绑式的强制形式，要求投保人购买财产保险时必须购买包括自然灾害险在内的全部险种，投保人则可自愿自行选择购买。私人保险公司在运营中，通过专业化的分工协作，自行负责保单的销售和服务。由于强制性的保险服务制度将巨灾风险分散在所有财产保险的投保人中，从而大为降低了单个投保人的保险费，避免出现洪水高风险地区因保费太高而无法承受的情况。此外，英国保险市场和再保险市场的高度发达，保持了保险市场的竞争性，使英国私人保险公司的巨灾保险资金得到持续的保证。政府并不为经营巨灾保险的私人保险业提供任何形式的帮助，其资金来源完全依赖于保费收入、投资所得及再保险的赔付。

20 世纪 60 年代初，英国政府与作为民间机构的保险行业协会签订了一份“合作协定”，明确了政府和保险业在应对洪水巨灾中各自承担的责任。政府承诺建设有效的防洪工程体系，使保险损失控制在所能承受的范围内。保险行业则为洪水风险区域提供财产洪水保险，为洪灾损失进行保险补偿。

本章小结

国外巨灾保险建设起步较早，巨灾保险制度体系相对完善。从国际范围来看，美国、日本、欧盟和新西兰的巨灾保险制度具有一定的代表性。研究这些国家在巨灾保险方面的经验，有助于我国巨灾保险的建设和发展。本章介绍并探讨了美国洪水保险制度、日本地震保险制度、欧盟巨灾保险体系、新西兰地震保险制度，以及美国、加拿大、日本和英国的农业巨灾保险。

通过对上述国外较为成熟的巨灾保险制度进行比较分析，我们发现这些国外巨灾保险都是依据各自国情建立的，都是建立在一系列法律法规基础之上，在承保主体和承保范围、巨灾保险的风险控制及巨灾保险中的制度保障等方面既有不同点又有相同点。

通过几种模式的比较分析可以看出，由于巨灾风险的特殊性，这些国家的政府都直接介入或间接支持，积极发挥国家的信用作用，制定有效的公共政策，重视工程性防损减灾措施的实施。各国都是立足本国国情，针对主要的巨灾风险进行单独的有效经营管理，注重传统和新型的巨灾风险控制手段的运用，构建全国性或区域性的保障体系。随着经济全球化、金融市场一体化和金融创新步伐的加快，现在各国都逐渐把本国的巨灾损失通过跨国的（再）保险公司和全球的资本市场转移出国门，在国际范围进行损失的分担，从而减轻本国的财政和经济压力。

国外在发展巨灾保险的过程中，政府、保险业、民间相关机构和资本市场都在不同层次、不同力度上发挥着重要作用，从而建立满足本国巨灾风险需求的巨灾保险体系以实现社会福利的最大化。

◎专业术语

巨灾保险制度　强制性巨灾保险　非强制性巨灾保险　保险衍生产品　巨灾期权　巨灾债券　巨灾风险基金

◎思考题

1. 美国洪水保险和日本地震保险分别是什么模式？它们是如何运行的？

2. 日本农业巨灾保险如何在个人、各级政府、保险公司和再保险公司之间分摊风险？

3. 英国政府在农业巨灾保险中的作用是什么？讨论这样的体系是否适合我国农业保险。

◎参考文献

[1] 姚庆海．巨灾损失补偿机制研究［M］．北京：中国财政经济出版

社，2007：386－397.

［2］马忠浩．国外巨灾保险模式及对我国的启示［J］．时代金融，2018，717（35）：399－400.

［3］沈丽微．国外巨灾保险模式的分析及对我国的启示［J］．华商，2008（21）：7－9.

［4］宇文晶．国外巨灾保险保障体系分析及对我国的启示［J］．当代经济，2015（22）：72－74.

［5］吴金彪，中国人民银行定西市中心支行课题组．国外巨灾保险发展模式对我国的借鉴及启示［J］．西部金融，2009，（5）：37－38.

［6］FOOTE，M.，HILLIER，J.，MITCHELL－WALLACE，K.，JONES，M. Natural catastrophe risk management and modelling：A practitioner's guide，First Edition［M］. John Wiley Blackwell，2017.

［7］GILBER，C.，GOUY C. Flood Management in France，in Rosenthal U. and Hart，P't eds. Flood Response and Crisis Management in Western Europe：A Comparative Analysis. Springer. Berlin，1998.

［8］PASTERICK，E. T. The National Flood Insurance Program，Paying the Price：The Status and Role of Insurance Against Natural Disasters in the United States［M］. In Kunreuther，H. & Roth，R. eds.，Joseph Henry Press：Washington，D. C.，1998：125－155.

［9］ARCHINGER M. Climate Change，Natural Catastrphes and the Insurance industry［J］. Journal of Insurance Regulation，2006，25（2）：86－95.

［10］FRANK W.，NUTTER. The Role of Government in Financing Catastrophe［J］. The Geneva Papers on Risk and Insurance，2002，27（2）：283－287.

［11］THOMAS M. SELDEN. Should the Government Provide Catastrophic Insurance［J］. Journal of Public Economics，1993，51：241－247.

第九章

巨灾风险资产证券化

第一节 巨灾风险证券化概述

一、巨灾风险证券化的概念

证券化即储蓄者与借款者通过金融市场得以部分或全部地匹配的一个过程或工具。资产证券化是指把缺乏流动性，但具有未来现金流的应收账款等资产汇集起来，通过结构性重组，将其转变为可以在金融市场上出售和流通的证券产品，以获取流动性资金的过程。证券化过程就是一种金融产品的加工、转换过程。其意义在于：一是使不流动的资产通过转化为证券的方式而得以流动，改善了发行人的资本结构，提高了资产的流动性；二是使优质的资产能够脱离发行人自身的信用，而以较低的成本得到稀缺的资本资源，实现资源的优化配置，资产证券化的本质是将资产转换为可转让的工具。

所以，保险风险证券化正是运用这一本质、思路和技术，将巨灾风险产品设计成具有证券易流动性的金融产品，增加资产负债表的流动性，改善风险资产质量，延伸风险配置结构，缓解偿付能力压力，提高保险业的安全性。并且，巨灾风险证券化的抵押物——保险保障对被保险人有很高的效用，最后被保险人为了得到保险保障，必须向保险公司交付既定的保险费，这就保证了巨灾风险证券化产品在未来能够产生可预测的稳定的现金流。因此，继住房抵押贷款证券化后，巨灾风险证券化也得到了迅速发展。

巨灾风险证券化（Catastrophe Risk Securitization）作为一种金融风险管理工具，其核心目的是把保险业的风险通过金融有价证券向资本市场转移，这是一种将保险负债证券化的方式。因此，所发行的巨灾风险证券化产品也称为巨灾风险连接证券（Insurance – Linked Securities）。

巨灾风险证券化过程包括以下两个要素：一是把保险业现金流转换成可买卖的金融有价证券；二是保险业风险通过这些有价证券的买卖向资本市场转移。第一个要素属于金融工程学的范畴，本质上是把保险业现金流组合、拆分，变成新的不同的金融有价证券。巨灾风险证券化的第二个要素涉及可转换风险的最终接受者，将巨灾风险通过金融产品创新分散到更广泛的资本市场。这是典型地通过金融工具交易来实现风险分散的做法。但是重要的是，巨灾风险证券化产品的现金流（偿付）主要依据保险经验而定。例如，巨灾债券在一定期限内，其息票利率和本金是否对投资者（债券持有人）进行支付是根据保险事件（可能基于一个行业指数，或发行债券公司所承受的巨灾损失程度，或其他诱发事件）的发生情况而定的。

二、 巨灾风险证券化工具的发展

巨灾一旦发生，其造成的影响程度之深、损失之大、范围之广，往往超出受灾主体的实际承受能力。面对损失，仅靠政府救助和社会捐赠还远远不够，健全的巨灾风险保障与分散机制是维护经济社会平稳运行和保证人民生产生活安全的重要保障。

交易机制完备成熟、交易种类齐全的资本市场是实现巨灾风险证券化的重要保障。从国际巨灾债券和巨灾衍生产品市场的发展来看，国际巨灾债券的发展取得了较为明显的成绩。2015 年 7 月 1 日，中国第一只以地震风险为保障对象的巨灾债券在境外市场成功发行。该债券由中国再保险（集团）股份有限公司旗下全资子公司中国财产再保险股份有限公司作为发起人，发行主体为设在百慕大的特殊目的机构（SPV）Panda Re，募集金额为5000万美元。2018年6月，流通在外的巨灾债券规模已达300亿美元。2019年末，巨灾债券市场存量规模增至407亿美元。相较于成熟的巨灾债券市场，其他巨灾金融衍生产品也在积极探索机制设计与试点创新（见表9－1）。

表9－1　巨灾风险证券化工具的发展

巨灾风险证券化工具	发展
巨灾债券	20世纪90年代，在北岭地震和安德鲁飓风重创全球再保险市场后，巨灾债券产生； 自1997年以来，巨灾债券的发行规模始终保持较快增长趋势； 1997—2004年，巨灾债券发展较为缓慢； 2005年，美国飓风重创再保险市场；2005—2007年，巨灾债券发行金额和数量再创新高； 2013年，巨灾债券发行规模达到70.83亿美元，年末存量规模达到185.76亿美元； 2015年7月1日，我国第一只以地震风险作为标的的巨灾债券在境外市场成功发行； 2018年6月底，流通在外的巨灾债券规模已达到300亿美元； 2019年末，巨灾债券市场存量规模增至407亿美元
巨灾期权与期货	1992年1月，美国芝加哥期权交易所（Chicago Board of Trade，CBOT）引入巨灾期权与期货； 1992年12月，芝加哥交易所（CBOT）推出首只巨灾保险连接证券——ISO指数巨灾期货； 1992年末，芝加哥交易所（CBOT）推出巨灾指数期权； 1993年，芝加哥交易所（CBOT）推出ISO巨灾期货买权价差期权； 1995年9月，芝加哥交易所（CBOT）再度推出另一只新型的巨灾期权——PCS期权，并逐渐取代了ISO巨灾期权与期货； 1996年，ISO巨灾期权退出市场； 1997年11月，百慕大商品交易所（BCOE）推出GCCI指数巨灾期权； 1999年，PCS和GCCI巨灾期权退出市场； 2007年3月，芝加哥商品交易所（CME）推出了基于CHI飓风指数的巨灾期权； 2008年，CME推出了新的更为简化的Carvill飓风指数二元期权，以取代过去的期权产品，目前仍在交易； 2008年，王慧和王慧敏建立水灾害期权交易分散旱涝灾害风险； 2010年，丁波和巴曙松构建中国地震巨灾期权减少地震风险；

续表

巨灾风险证券化工具	发展
巨灾期权与期货	2010 年，马龙龙首先提出农产品“保险 + 期货”模式； 2012 年，李永构建了气温期权来对冲天气风险； 2015 年，李宗龙设计了自然灾害灾情指数期权缓减自然灾害风险； 2016 年，石常峰和田贵良构建了虚拟水期权对冲不确定的干旱事件； 2018 年，李亚茹设计了一款符合市场需求的“保险 + 期货”产品，运用亚式期权模型测算了不同保障水平下的保费差异
巨灾互换	1996 年，Sara Borden 和 Asani Sarkar 首次提出巨灾互换概念； 1996 年，汉诺威再保险成功推出首个巨灾互换交易； 1996 年，美国纽约巨灾风险交易所成立并开办巨灾风险互换交易业务； 2005 年，卡特琳娜飓风袭击美国后，巨灾互换市场活跃，交易量呈上升趋势； 2007 年 6 月，慕尼黑再保险和奔福公司合作，为加勒比海巨灾风险基金与世界银行达成了一笔 3000 万美元的巨灾互换协定； 2008 年，据瑞士再保险估计，巨灾互换市场为 50 亿 ~ 100 亿美元

部分资料来源：瑞士再保险。

基于国内研究现状，2002 年以前，国内学者关于巨灾风险证券化还处于初步探讨阶段，2002 年以后，学者对于巨灾风险证券化的研究日益增多。陈继尧（2000）对巨灾风险证券化进行了概念的界定，提出巨灾风险证券化是以资本市场的常见方式——证券化，将巨灾风险与证券偿付与否相结合，使风险转移到更大的资本市场，让资本市场的投资者来承担传统再保险市场承保能力不足的问题。这是金融产品创新的产物，是一种全新的风险配置方式，也是降低资本市场交易成本的一种制度安排（梁雪辉，2004）。不过也有学者认为，巨灾风险证券化也会伴随着巨大的风险，如何强化巨灾风险管理，发挥保险风险证券化的真正效用，提升巨灾风险管理的水平和能力值得思考（柴莎莎，2018）。

从巨灾风险证券化市场发展来看，美国保险风险证券化一直在理论研究方面位于前列。同时，美国也是全球巨灾风险最严重的国家之一，所以美国一直致力于将巨灾风险证券化付诸实践。例如，芝加哥商品交易所（Chicago Mercantile Exchange，CME）在 1992 年正式推出了巨灾保险期货与期权；1995

年，芝加哥证券交易所在原有期权的基础上推出了 PCS 期权；1997 年，美国 USAA 保险公司发行了价值 4.77 亿美元的巨灾风险债券；截至 1998 年 9 月，通过巨灾风险证券化产品所投入的资本已达 27 亿美元。美国巨灾债券发展在经历 20 世纪 90 年代的市场短暂低迷之后迅速崛起，到现在已经发展成了一个较为成熟的市场。到 2010 年第四季度，新发行的 10 只巨灾债券一共在市场上募集到 20 亿美元资金，同比增长 25%；2011 年第一季度，巨灾债券的发行规模超过 10 亿美元，高于 2010 年同期的 6.5 亿美元。2013 年，巨灾债券发行规模达 70.83 亿美元，年末存量规模达到 185.76 亿美元。截至 2018 年 6 月底，流通在外的巨灾债券规模已达到 300 亿美元，市场规模再创新高。对于巨灾风险证券化交易规模和交易量逐年递增的原因在于以下三种（连红玉，2018）。

第一，巨灾频发但补偿不足。自 20 世纪 60 年代以来，巨灾频发且严重程度呈现上升趋势，以国家财政为主的灾害损失补偿机制不能满足需要且巨灾风险证券化保险公司无法支付巨额赔款，因此人们将目光投向了资本市场。

第二，资本市场的发展。资本市场不断发展成熟，投资者趋向于高收益且多元化的投资产品，而证券市场的创新产品恰好能够成为投资者的投资选择之一。

第三，保险业的发展。商业保险公司对农业巨灾的承保能力不足时需要选择再保险方式，通过巨灾风险保险证券化的方式可以有效减低保险公司再保险成本，增强保险公司偿付能力。

第二节　巨灾债券产品设计与定价

随着我国巨灾事件的频繁发生，巨灾损失日趋加重，仅仅依靠国家财政支出，不仅降低了巨灾救助效率，也难以保障救灾的持续性。那么通过什么方式能有效提升救灾效率及保证救灾资金的可持续性，成为学术界和保险业界关注的焦点。

巨灾金融工具的产生主要有两个目的：一是在巨灾发生时，一方可以向另一方提供有条件的金融市场转移；二是当巨灾发生时，风险主体也随之转移了（Tynes，2000）。并且在巨灾金融工具设计时，需要考虑三个触发条件：一是达到级别的严重自然灾害；二是超过规定额的严重损失；三是同时具有前两种条件。这三点触发条件决定了哪些工具适用于对冲哪些巨灾风险，哪些会引起道德风险。

目前主要的巨灾金融工具包括巨灾债券、巨灾期权、巨灾期货和巨灾互换。这一节，我们将重点梳理巨灾债券的基本知识点。

一、 巨灾债券的运作机制

巨灾债券是巨灾风险转移一种较为常见的方式，其本质是在资本市场中寻找替代巨灾风险再保险的选择。资本市场的保险风险损失可以分解为相互关联的两部分：一是对于所有风险个体来说独立的风险概率部分；二是在资本市场上能够通过巨灾债券和其他巨灾衍生产品等得到解决的部分。因此，巨灾债券具备了与金融中介机构提供的传统金融产品的竞争优势：一是通过对巨灾债券的经济效用进行分析，发现在金融危机中，巨灾债券波动相对较小，具有分散风险的功能，巨灾债券是在危机后抵御股市极端下跌的有力避风港。二是巨灾债券基差在预测巨灾到来频率方面的预测能力方面更有优势，因为巨灾债券的基差涵盖了 Akaike 信息准则中所度量的有价值的增量信息（马宗刚，2016；陶正如，2013；José Afonso Faias 和 José Guedes，2019；Carolyn W. Chang 和 Yu－Jen Wang，2019；Wolfgang Drobetz，2020）。

二、 巨灾债券市场机构特征

（一） 触发机制

典型的巨灾债券交易包括三方：保险公司、投资者和 SPV。SPV，即特殊目的载体，也称为特殊目的机构或公司，其职能是在离岸资产证券化过程中，向国外投资者融资，接受发起人的资产组合，购买和包装证券化产品，并以此为基础发行资产化证券产品。其发行流程如图 9-1 所示。

图 9-1 触发机制的原理

当没有达到巨灾的触发条件时，巨灾债券的投资和其他基础资产一样是相对安全的，投资的资金被放在一个 SPV 持有的安全账户中。债券契约通常规定了一个公平的方法来决定巨灾条款是否满足。另外，还会有评级机构提供进一步评级。

（二）期限

巨灾债券通常应用于赔付发生概率小、损失大的巨灾事件，其具有较长的期限，时长多为 3～5 年。相比于传统再保险，巨灾债券由于不需要一年一保，同时没有年年续保的要求，具备时间灵活、成本较低的优势。

（三）发起公司类型

巨灾债券的发起公司大多是在离岸市场，如百慕大、都柏林、开曼群岛等地区。在这些地区发行的巨灾债券无须缴纳公司税金、职员工资所得税等税金，有交易成本低、避免税收等强大优势。同时，因为巨灾债券在离岸市场发行，存在地区税收优势，因此这些地区汇集了大量的国际资本，丰富了巨灾债券的资金来源。

（四）债券评级

巨灾债券评级一般由巨灾债券发起人提议，主要包括巨灾保险风险评估、巨灾债券的交易结构评估和法律风险评估。通常资本市场的投资者没有时间也没有能力评估保险风险，因此，一般对于巨灾债券的评级由第三方评级机构进行风险评估和投资评估。起初，大部分的巨灾债券被标准普尔评为 BB 级。但从 2006 年开始，市场上首次出现被标准普尔评为 AA 级的巨灾债券。到 2007 年出现了两只 AAA 级的债券。由此可见，逐年提高的评级也使巨灾债券变得更加安全和稳健。

巨灾债券损失率评估主要是模拟出的巨灾损失率与违约率矩阵，进行比较分析以初步确定巨灾债券评级。同时，在巨灾债券风险评级中也要重点考虑巨灾债券发起人对于风险的评估。在交易结构和法律风险评估方面，也需要关注巨灾债券的本金、利息支付、托管费等问题，还要注意赔付机制是否健全、现金流转等问题。

三、 巨灾债券定价

（一）现金流贴现模型

目前最为成熟的巨灾债券定价理论是现金流贴现模型。将巨灾债券现金流贴现模型分三种不同的情况进行探讨。第一类是利息与部分本金受险型；第二类是利息受险型；第三类是利息和全部本金受险型。为了方便讨论，做如下假设。

一是假设巨灾风险服从二项式结构，债券期限为 1 年，巨灾债券所规定的特定风险事件如地震、洪涝灾害、台风等在债券期限内发生和不发生的概率分别为 p 和 $1-p(0 \leqslant p \leqslant 1)$。

二是假设巨灾债券的票面价值为 V，票面年利率为 R，证券市场的无风险利率为 R_f。

1. 利息和部分本金受险型

在债券期限内，如果没有发生巨灾债券约定的巨灾事件，那么债券投资者一年后可以得到的现金流为：$V(1+R)$；如果在这一年里发生了巨灾风险并满足债券约定的触发条件，那么债券投资者可以收回的部分本金为：Vk（$0 \leqslant k \leqslant 1$）。则在债券到期时，投资者的预期收益为

$$NV = V(1+R)(1-p) + Vkp$$

那么，根据现金流贴现模型，预期收益的现值为

$$PV = \frac{NV}{1+R_f} = \frac{V(1+R)(1-p) + Vkp}{1+R_f}$$

上式即为巨灾债券发行价格的公式。

同时，债券发行人为了支付投资者到期的债券利息，会把此部分资金投资于一般的无风险债券，比如发行人购买了一种传统意义上的债券，面值也为 V，票面利率为R'，期限也为一年，因为巨灾债券的风险要比传统债券的风险大，所以$R' < R$。为了使期末两种债券产生一样的收益，则必须要在巨灾债券现值 PV 的基础上再增加一部分额外的投资 M，因此购买传统无风险债券的总投资为 $PV+M$，则保险人投资传统债券的面值为 $V(1+m)(m>0)$，因此有

$$V(1+m)(1+R') = V(1+R)$$

所以，

$$m = \frac{R-R'}{1+R'}$$

显然，

$$PV + M = \frac{V(1+m)(1+R')}{1+R_f}$$

由此求解可得

$$M = \frac{V(1+m)(1+R')}{1+R_f} = \frac{V(1+R)(1-p) + Vkp}{1+R_f} = \frac{V(1-k+R)p}{1+R_f}$$

2. 利息受险型

这是类型 1 当 $k=1$ 时的特例，此时一年期巨灾债券预期收益的现值为

$$PV = \frac{V(1+R)(1-p) + Vp}{1+R_f}$$

发行此类债券时需要增加的投资成本为

$$M = \frac{VRp}{1+R_f}$$

3. 利息和全部本金受险型

这是类型 1 当 $k=0$ 时的特例，把 $k=0$ 代入上式，得出投资到此类型债券

的预期收益的现值为

$$PV = \frac{V(1+R)(1-p)}{1+R_f}$$

此类债券保险人为了购买其他传统无风险债券而需要额外增加的投资额为

$$M = \frac{V(1+R)p}{1+R_f}$$

（二）蒙特卡罗模拟

巨灾债券定价中，蒙特卡罗模拟也是一种常见的方法，本节将理论研究中较前沿的方法进行总结。

一是巨灾债券定价的或有索赔模型。在随机利率环境下，利用二维半马尔可夫过程推导出了债券定价公式，再根据财产索赔服务公司提供的 PCS 损失数据估计和校准定价模型的参数，通过蒙特卡罗模拟来分析由巨灾债券定价公式得到的数值结果。

二是依据巨灾风险经济损失数据，通过蒙特卡罗模拟分层次的巨灾债券定价。

（三）巨灾债券定价中 LFC 模型、Wang 两因素模型、Christofides 模型比较

LFC 模型是一个实证模型，而 Wang 两因素模型和 Christofides 模型则是基于理论的逻辑推理模型。对于特定的巨灾债券，三个模型的价格都同时高于或低于市场价格，三个模型均具有实用性。

在国内，通过现金流贴现模型和 Wang 两因素模型对中国地震巨灾债券进行定价，评价效果相对较好。

（四）马科维茨均值方差模型

巴曙松（2012）选择标准普尔 500 指数（S&P500 Index）、债券指数、大宗商品指数、道琼斯房地产投资信托基金、未对冲巨灾债券业绩指数等指标

的回报率分别作为研究股票、投资级债券、大宗商品、房地产和债券的数据，利用马科维茨均值方差模型，对金融危机前后及期间巨灾债券投资组合对有效边界的影响做了实证分析。作者构造了两种投资组合：一种包括股票、投资级债券、大宗商品、房地产四种资产；另一种在此之上加入了巨灾债券。实证结果表明，巨灾债券能够有效改善投资组合的有效边界，而且这种效果在金融危机期间更加明显。图 9 –2 至图 9 –5 是由 Matlab 作出的对比图。

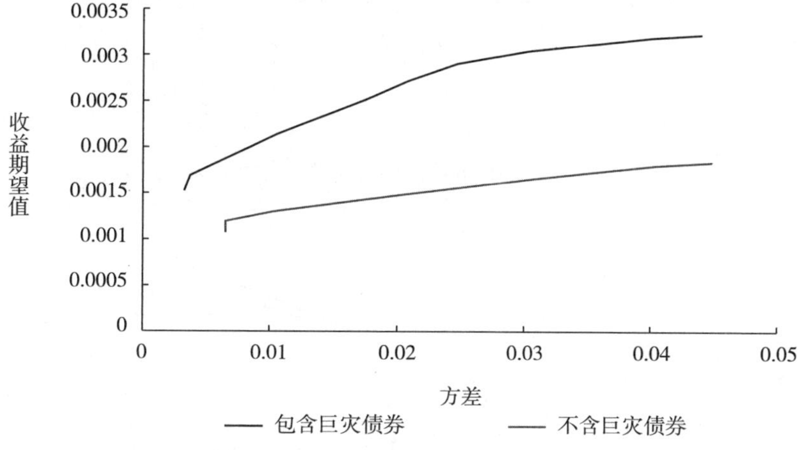

图 9 –2　总时期投资组合有效前沿对比

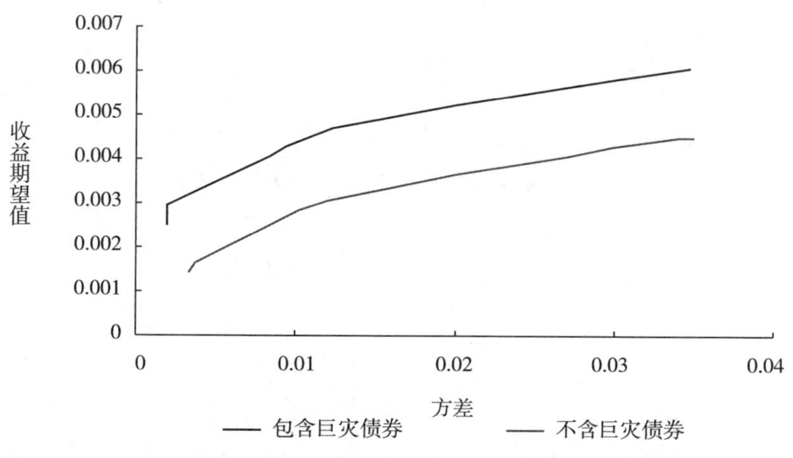

图 9 –3　金融危机前投资组合有效前沿对比

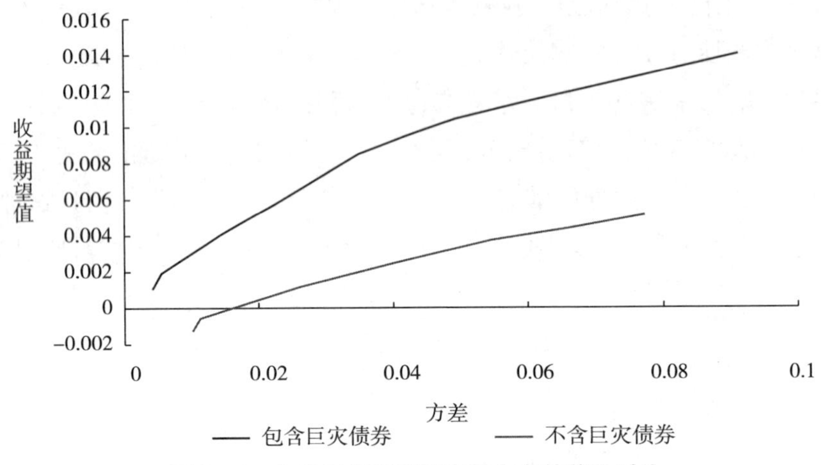

图9-4 金融危机期间投资组合有效前沿对比

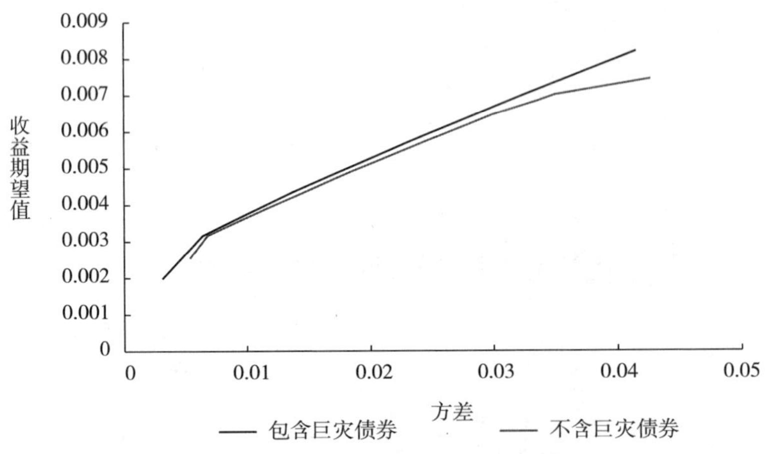

图9-5 金融危机后投资组合有效前沿对比

四、 巨灾债券的发展

巨灾债券具有分散风险、扩充保险公司保证金等优势，但是为什么巨灾债券在国内的发展不尽如人意呢？究其原因在于：一是巨灾债券是新兴的金融产品，投资者对它并不熟悉；二是巨灾债券定价中参数选择的不确定性；三是投资者对风险的厌恶，结合参数存在的不确定性，巨灾债券可以将巨灾风险转移至资本市场，扩大承保能力，但其自身风险仍不可忽视；四是国内地震灾害频发、投资者担心投资损失程度加大。

因此，要推动巨灾债券在国内发展，需要合理选择触发机制，加强行业和市场监管，采取有效的风控措施，提升金融机构风险管理能力。

第三节 巨灾金融衍生产品

Goshay 和 Sandor（1973）最早提出了巨灾保险期货的概念，但在当时的资本市场并未给出积极的回应。随着全球灾害风险频发，灾害损失的加剧，市场和投资者越来越关注巨灾金融衍生产品的创新，逐渐出现了巨灾期权和巨灾期货等金融衍生产品。Bouzouita 和 Young（1998）开始通过巨灾期权对风险进行证券化。

一、巨灾期权产品

标准巨灾看涨期权从 1992 年开始在芝加哥商品交易所开始交易。除此之外，还有巨灾看跌期权和巨灾买权价差期权。

谢世清（2010）总结了巨灾期权市场在过去的发展，分别介绍了 ISO 指数巨灾期权、PCS 指数巨灾期权、GCCI 巨灾指数期权和 GHI 巨灾期权。在这其中，PCS 和 GCCI 巨灾期权已经不在市场交易，只剩 CHI 巨灾期权还在继续交易。经过一段时期的发展，巨灾期权存在灾害种类逐步减少、时间效益不断增强、期权产品从欧式期权向美式期权过渡、基差风险和道德风险逐渐降低等特定的发展趋向。

二、巨灾期权定价

期权定价模型最早发生于 20 世纪 90 年代，如 Cox 和 Schwebach（1992）

利用布莱克·斯科尔斯期权定价模型为期权进行定价。Cummins 和 Geman（1995）则利用无套利或有索赔模型为巨灾期权定价。此后，巨灾期权定价模型不断得到补充。Jaimungal 和 Nayak（2005）通过等价效用原理决定了保险公司因为风险面临的连续溢价率。利用指数效用，根据唯一极小鞅测度期望并围绕风险中性投资者进行研究，得到了风险溢价率。随后得到双触发保险合同的定价，这个价格进一步扩大，并通过随机利率及跳跃扩散过程，推导出巨灾看跌期权的封闭定价解决方案，该公式的损失分布服从复合泊松分布。下面将对 PCS 期权进行详细介绍。

PCS 期权（Property Claim Service Catastrophe Option，财产赔偿服务巨灾选择权），是一个欧式期权，由 CBOT 于 1995 年推出。该期权的交割日期为每季度末。PCS 指数中最常见的是期权买卖价差，即购买者买进一个协议价格较低的巨灾期货看涨期权，同时卖出一个协议价格较高的巨灾期货看跌期权。

Christensen 和 Schmidli（2000）建立了 PCS 期权定价模型，他们以巨灾损失指数为对象，建立了巨灾发生期和调整期的“厚尾”模型，然后根据一定的分布假设，得出其在各个时刻价格的唯一表达式。

假设保险公司 S 承保财产保险，X 为公司在期间 (t,T) 所遭受的所有损失，m 和 n 代表保险合同中规定的两个衡量再保险人对原保险人理赔的值。再保险人赔付金额为 $f(x)$，函数 $f(x)$ 可以用以下公式表示：

$$f(x) = \begin{cases} 0 \ (x < m) \\ x - a \ (m \leqslant x \leqslant n) \\ b - a(x > n) \end{cases}$$

即再保险人承保 $b-a$ 的部分。

再保险合同与两个看涨期权组合的数学结构相同。作者发现 x 取任何值都有

$$f(x) = (x - m) - (x - n)$$

人们可以利用 CBOT 期权差价，使最终协议价格相当于再保险的赔付额，即按照执行价格 m 买入一个看涨期权，再按照执行价格 n 卖出一个看涨期权，从而得到一个期权价差，并通过上述方式创造出的两个买入期权合同的期权

组合产品。

三、巨灾期权的不足

巨灾期权定价是存在一定缺陷的。其一，通过 Black - Scholes 模型对巨灾风险定价存在问题。因为在 Black - Scholes 模型中假定基础资产价格是连续变化的，但是巨灾风险却是明显不连续的。其二，很难用市场行为对巨灾期权的泊松分布和基础损失指数的跳跃扩散过程加以解释。其三，因为巨灾期权产品不在市场交易，因此无法用无套利原理进行定价。其四，国内的研究虽然已经能用保险精算原理进行巨灾期权的定价，但是国内仍旧缺少巨灾损失指数表编制的具体方法（谢世清，2010）。

四、巨灾期货

巨灾期货最早是由美国芝加哥商品交易所（CBOT）于 1993 年开始交易的巨灾保险期货。虽然这个产品设计存在一定的缺陷，如损失率指数准确性不高和存在道德风险等，只存在一年多就停止了交易，但其对今后的实践存在重要的意义。该巨灾期货的标的资产是一种损失率指数，即在一个季度里，美国特定的 26 家保险公司发生的巨灾损失除以一个事先固定的保费值。而其价格等于损失率指数乘以 25000 美元的合同尺寸。

第四节　我国巨灾风险证券化展望

一、巨灾证券化产品在我国应用比较

表 9 - 2 总结了一些巨灾风险证券化在定价和发展中国内研究文献的整理，通过梳理既有的研究文献发现：对比四种工具，巨灾债券的应用最为广

泛，其次是巨灾期权，其余两种工具期货和互换的应用范围比较窄。

表 9-2　巨灾风险证券化产品与定价模型理论归纳

<table>
<tr><th>工具</th><th>定价方法</th><th>资料来源</th><th>代表的参考文献</th></tr>
<tr><td rowspan="7">债券</td><td>Christofid 模型</td><td>第一美元损失概率和本金耗尽概率</td><td>Christofides 和 Smith（2001）</td></tr>
<tr><td>CAPM 模型</td><td>以 1978—2010 年
我国 214 次地震为样本</td><td>皮天雷和罗伟卿（2012）</td></tr>
<tr><td>LFC 模型</td><td>多年巨灾债券市场价格</td><td>Lame（2000）、王建波（2014）</td></tr>
<tr><td rowspan="2">蒙特卡罗模拟</td><td>1985—2013 年巨灾损失数据</td><td>J Shao，A D. Papaioannou，
A A. Pantelous（2017）</td></tr>
<tr><td>1985—2014 年
台风灾害经济损失数据</td><td>巢文，邹辉文（2017）</td></tr>
<tr><td>POT 模型</td><td>2001—2010 年的
PCS 损失指数数据</td><td>Ma Zonggang、
Ma Chaoqun、Xiao Shisong（2017）</td></tr>
<tr><td>Wang 两因素模型</td><td>1992—2016 年的地震巨灾数据</td><td>谢卓伦，陈佳琰，叶露（2019）</td></tr>
<tr><td>期货</td><td>马尔科夫模型</td><td>公式推导</td><td>Aase（2001）</td></tr>
<tr><td rowspan="8">期权</td><td>PCS 期权定价</td><td>公式推导</td><td>Christensen（2000）</td></tr>
<tr><td>Black - Scholes
期权定价模型</td><td>公式推导</td><td>Cox 和 Schwebach（1992）</td></tr>
<tr><td>无套利或
有索赔模型</td><td>公式推导</td><td>Geman（1995）</td></tr>
<tr><td>蒙特卡罗模拟</td><td>公式推导</td><td>刘传铭（2004）</td></tr>
<tr><td>破产理论</td><td>公式推导</td><td>李永（2014）</td></tr>
<tr><td>Esscher 变换</td><td>公式推导</td><td>程铖（2014）</td></tr>
<tr><td>保险精算</td><td>股票价格</td><td>亢铁莹（2015）</td></tr>
</table>

分析这种现象的原因，首先在于债券和期权都属于标准化的产品，可在交易所交易且交易产品不定，这有效地降低了交易成本，也相对降低了流动性风险；另外，其他两种产品的应用条件比较高，这也是造成其应用不广泛的原因之一。

其次，对比巨灾债券与巨灾期权，巨灾债券在国外发展的时间较长，无论是理论还是技术都比巨灾期权更为成熟，产品设计较多，交易量也远超巨灾期权。因此，值得我国借鉴的经验也比较多。一个保险公司所面临的风险可能与整个保险行业呈不相关或负相关关系，而巨灾期权的定价是以行业指数为基础的，由此我们可以看出，巨灾债券在设计上相对于巨灾期权来说比较简单。尽管我国的资本市场目前发展还不是很成熟，但已经相对具备了发行巨灾债券的要素。

再次，国内金融机构对其他常见的衍生工具还比较陌生，金融市场的发展情况也大大限制了其发展。很多研究人员都对巨灾债券的实践进行了深入研究。例如，2007 年，我国地震局工程力学研究所与国外机构合作设计了我国第一个地震风险模型。

最后，与其他金融衍生工具相比，巨灾债券的优势在于其高收益率和低损失率的特点，非常符合投资者的投资心理。另外，根据表 9－3 统计数据，巨灾债券与股票、国债和企业债的相关系数很低，可以起到降低投资组合风险的作用。

表 9－3　1989—1995 年美国巨灾债券和股票、国债、企业债的相关系数

名称	S&P500 股票指数	美国 6 个月国债	Aaa 级企业债券
相关系数	0.0526	－0.2916	－0.1427

资料来源：Journal of Insurance Issues，1999.

因此，在国内发行巨灾债券是适合我国在现阶段进行巨灾风险证券化尝试的工具。

二、　巨灾债券发展面临的挑战

一是因为 SPV 的存在，发行巨灾债券的成本要高于传统（再）保险筹集权益资本的成本，此外还有一些管理费用和法律费用。

二是巨灾债券的发行需要评级机构对其进行评级，但大型的机构基本被国外垄断，国内评级机构存在能力不够、公信力不足等的问题。

三是缺乏流动性，巨灾债券如果缺乏流动性，投资者将会对其失去兴趣。

四是巨灾证券化也存在交易成本过高的问题。

五是我国监管制度不完善，巨灾风险证券化产品是一种创新，法律、税收和会计制度都存在一个摸索的过程，仍需加强。

三、 我国巨灾债券发展策略

（一）建立巨灾债券运作机制

巨灾债券实质上是通过巨灾保险发展起来的产品，是巨灾保险产品基于资本市场的创新。在中国的特殊国情下，建议除了传统的保险公司和再保险公司发行巨灾债券，可以探索其他的巨灾债券发行主体，建立巨灾债券运作机制，设计科学的发债机制和偿债机制，保证资金的保值增值。

（二）地方政府发行巨灾债券

巨灾债券的发展少不了政府的有力支持。中国保险业存在承保能力不足、市场监管失灵等问题，这在客观上造成了中国保险业不具备创新巨灾债券的能力，因此需要政府发挥导向型作用。

参考发展中国家巨灾债券的发展经验，巨灾债券多由政府或政府基金作为发起人，因此我国地方政府也可以发行巨灾债券。

地方政府发行巨灾债券期限应以长期为主，在期限设计上包括 5 年、10 年、30 年等期限，这样有助于缓解巨灾（如地震、干旱、洪水、瘟疫等）给地方公共财政造成的压力和短期支付的冲击。

建议地方政府发行的巨灾债券通过专业的 SPV 运营和管理，并以地方政府的公共设施收费作为担保品，这样能够在一定程度上降低巨灾债券的实际风险，提高该债券预期收益率。

地方政府发行巨灾债券后，可将筹建资金留存下来建立基金，通过在股票市场、债券市场上进行投资，获得一定收益，用于偿付巨灾债券的发行成本和利息，缓解地方政府的偿债压力。

（三）探索设计符合中国特色的巨灾债券新产品

在产品设计上，应有步骤地进行巨灾债券产品的开发与建设。必须建立巨灾风险模拟模型，这是开发产品的基础，之后才能考虑定价问题。我国地域辽阔，各地情况大有不同，风险的地域性显著，因此我国应尽快对巨灾损失资料进行统计和整理，根据各地不同的情况建立不同的风险模拟模型，并探讨其定价与适用范围，建立合适的巨灾债券产品。

（四）进一步加大债券市场发展

巨灾债券作为一种新的风险证券化产品，发行需要更加专业的信用评级机构对其信用进行评级，也需要专业的风险评估机构对其进行合理评估，更需要有发达的债券市场和有较强风险承受能力的机构投资者等。因此，我国应大力发展债券市场，更好地发挥消化和分散巨灾风险的功能和作用，为我国巨灾债券的发行提供现实的基础。

专栏　瘟疫债券

2017 年 6 月 28 日，世界银行面向全世界发行了一个名为 Pandemic Bond 的产品，即瘟疫债券，总价值约为 5 亿美元。世界银行和巨灾债券投资者对赌未来 5 年会有大规模的流行病发生。其中，巨灾债券投资者赌未来 5 年的世界太平，不会发生瘟疫，那么，投资者将获得本金及利息；但若瘟疫发生，世界银行将根据条款把钱拨给需要的发展中国家，帮助他们渡过难关，低收入国家的流行病风险也首次转移到国际金融市场上。

瘟疫债券主要承保六种最有可能导致大流行的病毒。债券的票息也因承保病毒种类不同而有所区别。在其赔付机制中，世界银行设定了各个情形下的不同赔偿比例。当疫情达到预定的传染水平，根据世界卫生组织报告的公开数据（死亡人数、疾病传播速度及疾病是否跨越国际边界等）确定触发因素，然后再根据实际情况分配相应的赔偿金额，不同国家根据不同权重获得不等金额。

2020年全球暴发的新冠肺炎疫情，将瘟疫债券推上了风口浪尖。2020年2月，在伊朗和意大利暴发新冠病毒疫情后，该债券的交易价格大幅下跌，一度比债券面值低40%，这表明投资者对新冠肺炎成为全球流行病的恐慌和担忧。由于该债券的触发机制条款设计比较复杂，包括从死亡率到疾病的地理传播范围等一系列因素。所以根据世界银行设定的具体触发机制条款，要求从疫情首次暴发之日起有一个12周的等待期。由于新冠肺炎疫情病毒最早是在2019年12月底被报道，所以这笔资金最早在2020年4月初发放。因此，只要新冠肺炎疫情的死亡人数和地理分布符合相关条款标准，世界银行就会向发展中国家提供资金援助。此次受新冠肺炎疫情影响最严重的国家主要包括美国、中国、意大利、西班牙和韩国等国家，但由于发达国家并不包含在债券受保障的国家里，因此只有发展中国家才有资格获得这笔资金。这笔资金在一定程度上减轻了此次新冠肺炎疫情的恶果，但是同时投资于该债券的投资者也损失惨重。

收益与风险向来是相伴相生的。保险连接型证券（ILS）和组合中其他资产相关性非常低，能很好地起到分散风险、提升风险收益比的作用。但是投资者不能只考虑巨灾债券分散风险、高收益的好处，仍然需要清楚地认识到它自身巨大的风险。一方面，生态环境的恶化几乎是个不可逆的过程；另一方面，巨灾债券还是个未经检验的资产类别，这都有可能导致它的定价面临重估。巨灾债券严重依赖于低概率事件，这一点与基于概率分布的预期的投资理念有一定冲突；而巨灾债券本身也受到了严重的规模限制。

国际资本市场自20世纪90年代开始利用创新型证券化产品为巨灾风险提供了灵活多样的风险管理方案。同时，由于巨灾债券触发条件较特殊，与其他金融产品的风险相关性较低，有利于投资者进行多样化的资产配置。近年来，随着包括养老金和对冲基金在内的大量资本进入，巨灾债券的发行规模不断增加，资本市场已经成为传统保险市场之外转移巨灾风险的重要渠道之一。

本章小结

发展巨灾风险资产证券化，需要打破保险业、证券业、银行业的分业经营局面。风险证券化的实施过程需要保险机构、证券机构、投资银行等的通力合作，应建立巨灾风险证券化的制度保障体系。在发展巨灾风险证券化的每一个过程中都要有相应的甚至专门的法律条款予以保证，其所涉及的多个市场主体之间的权利和义务的确定也必须以相应的法律法规为标准。

同时，巨灾数据库是进行风险评估和分析的基础资料，而我国目前尚没有一个标准的巨灾损失指数。

◎专业术语

巨灾风险资产证券化　巨灾债券　巨灾金融衍生产品　巨灾期货
巨灾期权

◎思考题

1. 思考巨灾债券的运行机制。
2. 如果采用 B－S－M 微分方程来给巨灾期权产品定价，会有什么问题？

◎参考文献

[1] 巢文，邹辉文．基于 Copula 函数的分层巨灾债券定价研究——来自

两广地区台风数据的实证分析［J］. 广西大学学报（哲学社会科学版），2017，39（4）：73－78.

［2］蔡军华．巨灾债券评级［OL］. http：//wenku. baidu. com/link? url = _ bb－FtvztZXdcBEw65l－Gaxsx4iFiw.

［3］柴莎莎．保险风险证券化视角的巨灾风险管理探讨［J］. 中国商论，2018（35）：43－44.

［4］陈继尧等．金融自由化下新兴风险转移方法之运用现状与发展［R］. 台湾财团法人保险事业发展中心，2000.

［5］程铖，石晓军，张顺明．基于 Esscher 变换的巨灾指数期权定价与数值模拟［J］. 中国管理科学，2014，22（1）：20－28.

［6］丁波，巴曙松．中国地震巨灾期权定价机制研究［J］. 中国管理科学，2010，18（5）：34－39.

［7］郭强．巨灾债券定价研究［D］. 长春：吉林大学，2010.

［8］胡炳志，吴亚玲．我国大陆地震巨灾价差期权定价研究［J］. 保险研究，2013（12）：14－22.

［9］黄斌．巨灾风险证券化的经济学分析［J］. 江西财经大学学报，2003（1）：29－33.

［10］亢铁莹，王玉文．美国巨灾灾害保险期货期权的保险精算定价［J］. 哈尔滨师范大学自然科学学报，2015，31（3）：12－14＋41.

［11］李亚茹，孙蓉，刘震．农产品期货价格险种设计与定价——基于随机波动率模型的欧亚期权［J］. 财经科学，2018（3）：14－28.

［12］李永，胡帅，王艳萍．破产理论视角下的巨灾权益卖权定价［J］. 系统工程，2014，32（3）：55－62.

［13］李永，夏敏，梁力铭．基于 O－U 模型的天气衍生品定价研究——以气温期权为例［J］. 预测，2012，31（2）：18－22－37.

［14］李宗龙．自然灾害灾情指数构建及其期权定价研究［J］. 统计与决策，2015（6）：149－152.

［15］连红玉．巨灾风险保险证券化的分析与探讨——以农业巨灾风险为

例［J］. 经济师，2018（10）：82－84.

［16］梁晟. 我国巨灾保险风险证券化发展研究［D］. 南宁：广西大学，2019.

［17］梁雪辉. 风险证券化的交易成本分析［J］，经济问题，2004（4）.

［18］刘传铭. 巨灾风险证券化之巨灾期权定价方法的分析与研究［D］. 天津：天津大学，2004.

［19］刘研. 巨灾债券运行中的风险及其对策研究［J］. 保险职业学院学报，2018，32（2）：54－57.

［20］马龙龙. 中国农民利用期货市场影响因素研究：理论、实证与政策［J］. 管理世界，2010（5）：1－16.

［21］马宗刚，邹新月，马超群. 双随机复合泊松损失下巨灾债券定价与数值模拟［J］. 中国管理科学，2016（10）：36－43.

［22］皮天雷，罗伟卿. 巨灾风险证券化及我国地震巨灾债券的初步设计［J］. 西南金融，2012（2）：49－53.

［23］沈明轩，何朝林. 分数跳——扩散环境下的巨灾期权定价［J］. 经济数学，2012，29（3）：78－81.

［24］施建祥，邬云玲. 我国巨灾保险风险证券化研究——台风灾害债券的设计［D］. 杭州：浙江工商大学，2006.

［25］石常峰，田贵良，孙兴波，马超. 应对干旱事件的虚拟水期权契约设计研究［J］. 干旱区资源与环境，2016，30（6）：71－76.

［26］史智才. 基于债券化视角的农业巨灾风险管理研究［D］. 成都：四川农业大学，2012.

［27］陶正如. 巨灾债券市场新进展［J］. 防灾科技学院学报，2013，15（1）：56－61.

［28］王慧，王慧敏. 水灾害期权设计及其定价模型研究［J］. 预测，2008（4）：39－45.

［29］王建波. 巨灾债券及其定价机制研究［D］. 成都：西南财经大学，2014.

[30] 韦勇凤，李勇，巴曙松．巨灾债券对投资组合分时期影响的实证分析［J］．保险研究，2012（8）：121－127.

[31] 谢世清，梅云云．巨灾期权的保险精算定价探析［J］．现代财经：天津财经大学学报，2011（8）：101－107.

[32] 谢世清．论巨灾互换及其发展［J］．财经论丛，2010（2）：71－77.

[33] 谢世清．论巨灾期权及其演进［J］．经济理论与经济管理，2010（6）：36－42.

[34] 谢卓伦，陈佳琰，叶露．中国大陆地区地震巨灾风险的分布拟合及债券定价［J］．浙江理工大学学报（社会科学版），2019（1）.

[35] 许鋆．探析美国巨灾债券运行机制［N］．中国保险报，2011－05－30（005）.

[36] 许玲燕，王慧敏，仇蕾．基于农作物生长季的干旱指数巨灾期权定价模型及其应用［J］．保险研究，2018（6）：66－76.

[37] 杨帆，周明．中国巨灾债券定价策略与期限结构研究——以地震债券为例［J］．金融经济学研究，2016，31（3）：118－128.

[38] 张田，齐佩金．农村金融支持体系的构建及其潜在风险研究——基于对“保险＋期货”模式的扩展［J］．金融与经济，2019（11）：92－96.

[39] 周伏平．巨灾风险证券化研究——金融、保险一体化的典范［J］．财经研究，2002，28（2）：36－41.

[40] AASE K K. A Markov Model for the Pricing of Catastrophe Insurance Futures and Spreads.［J］. Journal of Risk & Insurance，2001，68（1）：25－49.

[41] BOUZOUITA R，YOUNG A J. Catastrophe Insurance Options［J］. Journal of Insurance Regulation，1998（1）.

[42] CAROLYN W. CHANG，YU－JEN WANG，MIN－TEH Yu. Catastrophe Bond Spread and Hurricane Arrival Frequency［J］. North American Journal of Economics and Finance，2019（1）.

[43] CHRISTENSEN C V，SCHMIDLI H. Pricing Catastrophe Insurance

Products Based on Actually Reported Claims [J]. Insurance Mathematics & Economics, 2000, 27 (2): 189 -200.

[44] CHRISTOFIDES S, SMITH A D. DFA - The Value of Risk [J]. Cas Forum, 2001 (1).

[45] COX S H, SCHWEBACH R G. Insurance Futures and Hedging Insurance Price Risk. [J]. Journal of Risk & Insurance, 1992, 59 (4): 628 -644.

[46] CUMMINS J. D., GEMAN L. Pricing Catastrophe Insurance Futures and Call Spreads: An Arbitrage Approach. Journal of Fixed Income, 1995 (3): 46 -57.

[47] DWIGHT M. JAFFEE., THOMAS RUSSELL. Catastrohpe Insurance, Capital Market, and Uninsurable Risk [J]. The Joumal of Risk and Insurance, 1997, 64 (2).

[48] FREEMAN P. K.. HEDGING Natural Catastrophe Risk in Developing Countries, The Geneva Papers on Risk and Insurance—Issues and Practice, 2001, 26 (3): 373 -385.

[49] JAIMUNGAL S, NAYAK S. On Valuing Equity - Linked Insurance and Reinsurance Contracts [J]. Preprint, 2005.

[50] JAIMUNGAL S, WANG T. Catastrophe Options with Stochastic Interest Rates and Compound Poisson losses [J]. Insurance Mathematics & Economics, 2006, 38 (3): 469 -483.

[51] JIA SHAO, APOSTOLOS D. PAPAIOANNOU, ATHANASIOS A. PANTELOUS. Pricing and Simulating Catastrophe Risk Bonds in A Markov - dependent Environment [J]. Elsevier Inc., 2017, 309.

[52] KIELHOLZ W., DURRER A. Insurance Derivatives and Securitization: New Hedging Perspectives for the US Cat Insurance Market [J]. The Geneva Papers on Risk and Insurance—Issues and Practice, 1997, 22 (1): 3 -16.

[53] LANE M. N.. Price, Risk and Rating for Insurance - linked Notes: Evaluating Their Position in Your Portfolio [J]. Derivatives Quarterly, 1998.

[54] LEE P. Insurance and Capital Markets: Convergence or Collision Course? [J], Best's Review, 2008 (4).

[55] LOUBERÉ H, BARRIEU P. Hybrid Cat Bonds [J]. Journal of Risk & Insurance, 2009, 76 (3): 547 – 578.

[56] MUKERJI S., TALLON J. M. Ambiguity Aversion and Incompleteness of Financial Markets [J]. Economics, 2000, 68 (4): 883 – 904.

[57] NIEHAUS G. The Allocation of Catastrophe Risk [J]. Journal of Banking & Finance, 2002, 26 (2): 585 – 596.

[58] ROBERT C. GOSHAY., RICHARD L. SANDOR. An Inquiry into the Feasibility of a Reinsurance Future Market [J]. Journal of Business Finance, 1973, 5 (2): 55 – 56.

[59] TYNES J. S. Catastrophe Risk Securitization [J]. Journal of Insurance Regulation, 2000 (2).

[60] WOLFGANG DROBETZ, HENNING SCHRÖDER, LARS TRGTMEIER. The Role of Catastrophe Bonds in an International Multi – asset Portfolio: Diversifier, Hedge, or Safe Haven [J]. Finance Research Letters, 2020, 33.

[61] ZONGGANG M, CHAOQUN M, SHISONG X. Pricing Zero – Coupon Catastrophe Bonds Using EVT with Doubly Stochastic Poisson Arrivals [J]. Discrete Dynamics in Nature & Society, 2017: 1 – 14.

附　录

巨灾风险管理与保险发展实践案例

案例一　科技助推云南农业保险高质量发展

云南是我国农业大省，其94%的国土属于山地。由于云南省特殊的地理位置和复杂的气候条件，多灾连发并发的特点突出，农业灾害损失较为严重，是全国灾害重灾区。农业保险存在保险标的不清晰，“保什么，赔什么；保在哪，赔在哪”的问题突出，无法完全做到“五公开，三到户”，道德风险和骗保骗赔风险较高。云南农业保险经营机构的农业保险经营水平和服务能力与监管要求和农业保险高质量发展存在明显差距。AI遥感技术和畜牧识别技术等科技，对助力农业保险精确承保、精确理赔，实现“数字农业保险”，促进农业保险数字生态圈，助推农业保险健康发展方面，起到重要现实意义。

一、 科技服务云南农业保险的现状

（一）精准承保和精准理赔

2018—2019年，中国太平洋财产保险股份有限公司云南分公司（以下简称太平洋财险云南分公司）、中国平安财产保险有限公司云南分公司（以下简称平安财险云南分公司）、中国人保财险灾害研究中心与云南安华防灾减灾科

技有限责任公司（以下简称安华科技）共同签署了“云南省烟叶种植保险承保理赔科技信息平台”合作协议，分别在文山州、玉溪、楚雄、昭通等州（县）进行烟叶种植保险试点，共同建设烟叶种植保险承保理赔科技云平台。一是利用无人机低空遥感技术和卫星遥感相结合的方式快速准确获取烟叶种植的详细区域分布，并经过技术处理及匹配相关数据，提取烟叶种植分布情况，科学、快速地确认烟叶所有人、位置、面积、所属行政区域等信息。二是出险后可在极短时间内锁定受灾区域、核定受损面积，做到快速理赔，实现“按图承保、按图理赔、核保到户、验标到户、查勘定损到户”。例如，2019 年 7 月，玉溪市华宁县遭遇冰雹灾害，农户烟叶报损 5300 多亩，太平洋财险云南分公司协同安华科技，利用 AI 遥感技术只花了 3 个小时的时间就实现快速定损、快速理赔，降低了道德风险，合理节约保险赔偿金 180 万元，实现农户满意、地方政府满意、烟草部门满意、保险公司满意等。三是 2019 年 11 月，中国太平洋财险云南分公司、平安财险云南分公司与安华科技一起拟利用 AI 遥感技术和地块属性数据为农业部门进行烟区规划、清塘点株和数字农业提供科技服务，进一步提升农业保险的附加价值，推进农业保险生态圈建设。

（二）助力“数字农业”建设，主动融入国家战略，服务“一带一路”倡议，构建农业保险数字生态圈

云南省咖啡生豆产量占全国的 98%，在产业扶贫中具有重要作用。咖啡生豆是我国重要的大宗国际农产品，但是咖啡生豆价格受纽约咖啡生豆期货价格的控制，我国一直没有咖啡生豆定价话语权。近年来，咖啡生豆价格已经低于种植生产成本，这导致大量农户砍伐咖啡树等现象，也影响了云南省稳定脱贫。2019 年 11 月，在普洱市委领导及台湾民主自治同盟云南省委员会的组织下，以及云南省防灾减灾智库（省重点智库）的配合下，平安财险云南分公司、云南省咖啡国际交易中心、宁洱县政府准备共同出资 200 万元，在宁洱县 1 万亩咖啡种植基地进行“咖啡种植溯源标准体系建设”试点。这对推进咖啡溯源保险（质量保证保险）、咖啡价格期货指数保险，建设农业保

险数字生态圈，以及数字咖啡、产业扶贫和建立我国自己的咖啡交易标准体系，并吸引“一带一路”发展中国家加入我国交易标准体系，维护我国和发展中国家的咖农利益，提升发展中国家的咖啡豆定价权具有重要意义。

二、 取得的成效和经验

根据《关于加快农业保险高质量发展的指导意见》的要求，通过“科技 + 农业保险 + 服务”创新模式，云南农业保险科技较好地解决了农业保险合规、经管、服务等方面的难点和“痛点”。

（一）优化再造农业保险业务流程，提升验标、查勘、定损、核赔工作效率与质量，保障资料真实性完整性

通过前期进行的遥感技术，明确保险标的在哪里，通过调取标的种植区域内任何村镇的全貌图，承保地块信息一目了然。利用高空遥感或低空遥感技术获取标的地图，可以为承保及理赔方面提供良好的技术支撑，实现按图承保，防止道德风险，让农业保险经营更合规、更严谨。

（二）提升防控自然灾害风险和欺诈舞弊风险能力，保障国家专项财政补贴资金不受侵犯

嵌入 3S 技术和畜牧识别技术等，可重点解决“保什么，赔什么；保在哪，赔在哪”的问题，实现“按图承保、按图理赔、核保到户、验标到户、查勘定损到户”和保险标的精细化管理。传统的农业种植保险需要耗费大量的人力、物力才能做到的事情，通过遥感技术，可以实现大跨度的飞跃。不仅能统计出种植面积，也能得到直观的种植区域分布图，稳定、有效、可靠地降低了人力成本，实现了数字农业保险。

（三）构建农业保险的数字生态圈

为农户提供定制化增值服务，扩大农业保险增值服务内涵，贯彻国家

“防重于赔”的农业保险指导方针，为“智慧农业”提供系统性信息服务，拓宽农业保险服务的深度和广度，形成“服务 + 科技 + 农业保险”的发展新模式，为农户和农业部门提供全方位、全流程、全产业链的综合风险管理服务（包括金融、灾害监测与预警、防灾减灾、物流、种植技术指导等）。进一步提升农户和地方政府满意度，助推数字农业和绿色食品战略，助力产业扶贫，服务“一带一路”倡议，构建农业保险数字生态圈。

三、 存在的问题和面临的困难

目前，云南农业保险的科技应用，受保险公司经营成本投入和发展理念的影响，主要存在以下几个方面的困难。一是云南省特殊的地理特点及气候复杂多样性，使卫星遥感技术在自然灾害多发季节获取农作物卫星影像困难，数据精度不能满足精准识别的需求。二是低空遥感技术成本较高、作业周期长且受天气因素影响较大。三是研发农业灾害损失 AI 遥感技术投入较高。由于不同灾害种类所造成的农作物受损情形不同，前期数据积累较少，目前通过遥感方式直接判断损失程度还较困难，需人工辅助。四是对农业保险科技的认识，特别是在“农业保险 + 科技 + 服务”和建设农业保险数字生态圈方面，对其重要性的认识有待提高。五是亟待云南省财政部门和农业部门顶层设计和推动农业保险科技应用，助力数字农业、特色农业溯源标准体系建设和农业保险高质量发展。

四、 相关对策建议

科技助力农业保险服务流程再造和优化，推进农业保险服务实现“规范化、智能化、标准化、精准化”，为农户和农业部门提供全方位、全流程、全产业链的风险管理综合解决方案，助力数字农业和绿色食品战略，促进农业保险数字生态圈建设。

（一）总体思路

以《关于加快农业保险高质量发展的指导意见》《关于创新体制机制推进农业绿色发展的意见》《关于促进小农户和现代农业发展有机衔接的意见》《中共中央　国务院关于推进防灾减灾救灾体制机制改革的意见》等文件精神为指导，深入实施创新驱动战略，实践“保险 + 科技 + 服务”的发展理念，不忘初心，牢记使命，依托“5G + 物联网”技术，深度拓展 AI 遥感技术和畜牧识别技术，建立健全“农业保险核保核赔科技云平台”，推进农业保险向“数字农业保险”转变，实现农业保险高质量发展，在此基础上，农业保险助推“农业溯源标准体系”建设，绘制出“农业数字地图”，助力“数字农业”，服务云南绿色食品发展战略，面向南亚东南亚辐射中心，助推农业高质量发展，推进农业保险生态圈建设，探索农业保险的国家治理体系和治理能力现代化。

（二）坚持原则

一是坚持政府引导原则。使市场在资源配置中起决定性作用和更好发挥政府作用。财政部和农业部门通过文件和政策支持等机制，引导智库、科研机构和科技公司等参与农业保险服务能力建设，完善农业保险资源配置和社会治理机制，进一步增强农业保险科技在数字农业等领域的应用。

二是坚持市场运作原则。在政府引导和政策支持的基础上，由保险经办机构根据自身科技能力，积极与智库、科研机构和科技公司合作，共同推进数字农业保险，助力数字农业和绿色食品战略，服务农业部门和农户，构建农业保险数字生态圈。

三是坚持先行先试的原则。由于云南省复杂的地理和气象条件，需要运用多层次科学技术，使科技与当地民族传统文化深度融合。在不同的民族地区选择试点，上下联动，分类指导，因地制宜，不断培育可供推广的科技服务农业保险的基层经验，稳步推进农业保险的治理体系和治理能力建设。

四是坚持协同推进原则。参与农业保险的财政部门、农业部门、烟草部门、保险公司、智库和科技公司等部门，要从产业扶贫、绿色食品战略的高度出发，协作配合，加强科技服务农业保险服务能力建设，推动数字农业发展，构筑农业保险数字生态圈等各项工作，发挥财政政策的最大综合效应。

（三）具体措施建议

一是在云南省财政厅的牵头下，在农业农村厅的配合下，依托云南省防灾减灾智库，建立“云南农业保险信息科技云平台”。通过对流转和托管的土地进行确认追踪，使用卫星遥感技术监测农作物长势和损失情况，借助高精度估产模型，提前对目标区域内的作物产量进行准确评估，形成基于行政区划的农业历史生产数据、灾情数据、成本价格等外部数据，为绿色食品示范区域、一县一业提供数字支撑，构建农业保险数字生态圈。

二是鼓励承保农业保险的保险机构，扩大 AI 遥感技术在种植业保险中的试点范围；建立各种农作物光谱识别 AI 遥感数据库；将科技农业保险发展趋于线上化、智能化和生态化，拓展农业保险服务“三农”的广度和深度。适时升级农业保险监管要求。升级保险资料采集模式，改变传统保险资料模式由“照片”到“视频 + 音频 + 照片”的模式，避免纯影像资料的编造和重复使用，通过保存多维度的影音资料，记录全面、可靠的信息。

三是“农业数字地图”和“溯源标准体系”是特色农业供应链金融风控的重要支撑。鼓励搭建地方政府、农户、农业企业、保险公司、银行、科技公司共建农业供应链金融服务平台，形成“政银保企农”“科技 + 金融”产业布局，实现多方对标的实时监管、全流程追踪溯源，解决绿色食品发展融资难、融资贵、融资时间长的瓶颈。

（作者：云南财经大学金融学院、云南省巨灾风险管理研究中心　钱振伟教授）

案例二　应对云南农业巨灾风险的金融支持模式

云南省高原特色农业产业链短、产品附加值低、品质不稳定、农企小散弱、品牌知名度不高等问题突出。这也导致在受灾时，产业抗风险能力弱。加之国际大宗商品期货价格持续走低的冲击，云南特色农业产业在困难中前行。在多重压力下，要加快推进云南省特色农业产业高质量发展，应对农业巨灾风险，需要引入新思路、新方法以破局。将金融支持延伸于云南省特色农业的生产端（种植端）—物流端—销售端的全产业链模式，是本案例研究的现实意义。

一、 云南省农业受灾情况分析

云南省农业受气象灾害影响较大，一直以来都有“无灾不成年”之说。农业生产过程对气候、土壤等条件的依赖性很强。图 1 为 2013—2017 年云南省由各种灾害导致的直接经济损失。2017 年是云南省近几年来因自然灾害导致的直接经济损失最少的一年，农业受灾面积为 4. 066 千平方千米，导致的

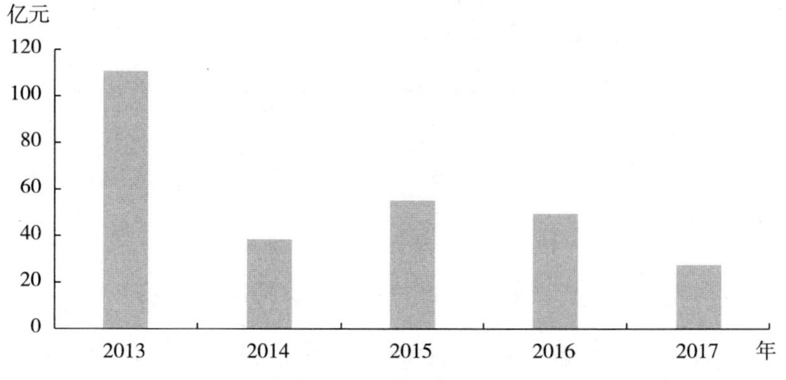

图 1　云南省由灾害导致的农业直接经济损失

直接经济损失为76.6亿元，农业经济损失为27.46亿元。而2013年为云南省近年来受自然灾害最严重的一年，由各种灾害导致的农作物受灾面积达到21.311千平方千米，直接经济损失达154.2亿元，农业经济损失为110.7亿元。

对云南省农业危害最大的气象灾害主要是旱灾、水灾、风雹灾害、冻灾（低温冷冻和雪灾）。图2、图3分别为1949—2014年云南省农作物受灾面积情况和1999—2015年的四种自然灾害导致的云南农业受灾情况。从图3可以看出，对云南省农业生产影响最大的自然灾害是旱灾，其次为水灾。云南省旱灾发生频率高，除受地形影响外，云南省大部分地区年降水量虽在1000毫米以上，但在季节和地域上分配极不均衡，一年中84.2%的雨量集中在5～10月的雨季，这是云南易发旱灾的一个重要原因。另外，云南省山多谷深，易造成暴雨洪涝灾害，主要分布在滇东北地区。

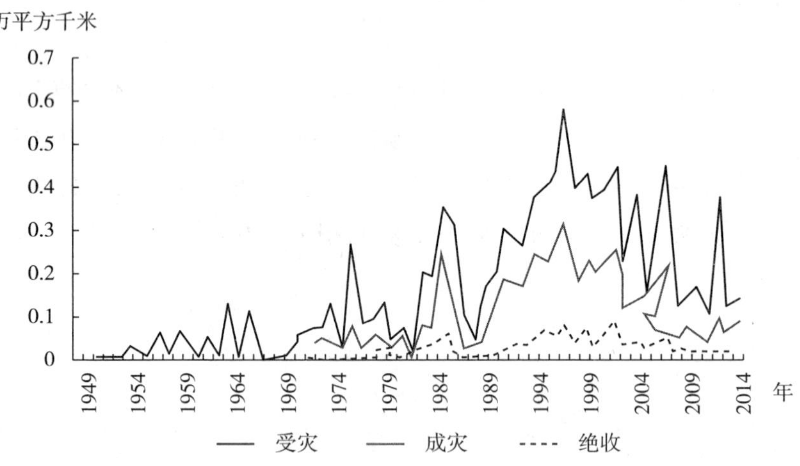

图2　1949—2014年云南省农作物灾害面积

冷冻、风雹灾害等是云南省仅次于旱灾、水灾的主要自然灾害，主要是由于云南南北农业区域海拔高、相差悬殊，作物四季有收有种，加之冷空气一年之内活动频繁，因而易出现霜冻、低温灾害。低温冷害的区域性分布十分明显，主要影响昭通、东川、曲靖、文山及楚雄，以及滇中等地区。冰雹灾

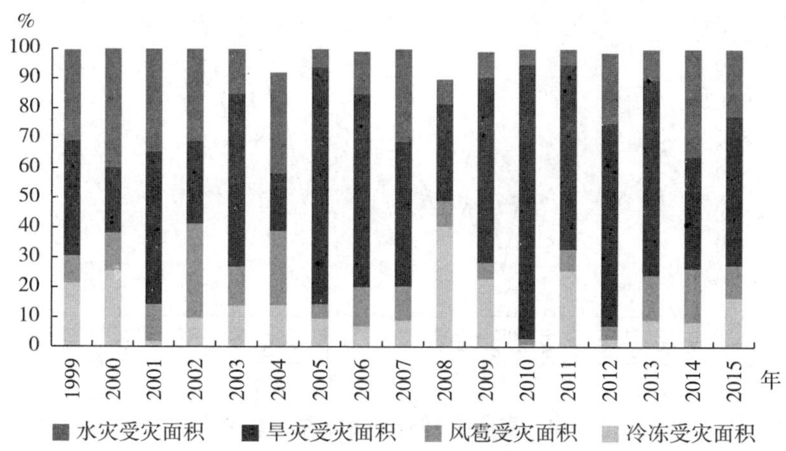

图 3 1999—2015 年云南省主要农业灾害受灾面积比例

害全年每月均有发生，绝大多数与地面的冷空气有关，而冷空气的活动又受地形的重要影响，且大多在局部地区出现；主要冰雹受灾区域有昭通、镇雄、江川和鹤庆。

给云南省农业发展带来巨大损失的都是气象灾害，所以进行巨灾风险研究的前提是要了解云南省未来的气象变化趋势。根据世界气象专家的研究，在大气温室效应的影响下，全球天气变暖，气温会逐渐升高，蒸发加快，海平面升高，极端天气（特别是特大干旱、强降雨、高温热浪等极端事件）也会出现得越来越频繁。

（一）云南省农业气温变化趋势分析

图 4 显示了昆明站 1951—2017 年平均气温；图 5 显示了昆明站气温升高趋势；图 6 显示了腾冲站 2000—2018 年平均气温。从图 4、图 5 中可以看出，昆明平均气温波动比较平稳，从 1975 年开始，平均气温有明显的上升趋势，这与全球变暖现象相符合。从图 6 腾冲站的平均气温变化也能看出该趋势，云南省其他气象站的平均气温均如此。

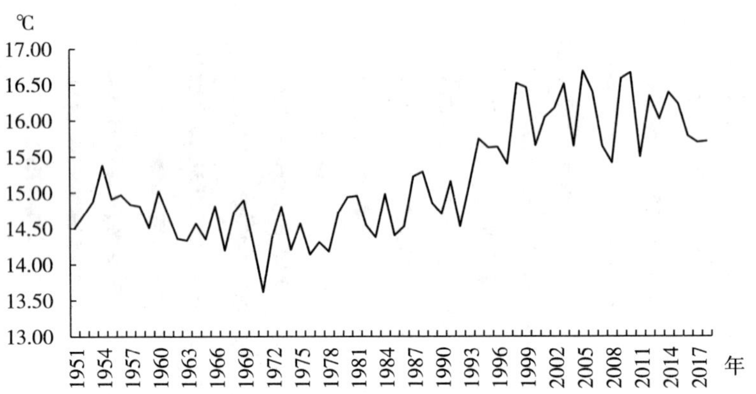

图 4　昆明站 1951—2018 年平均气温

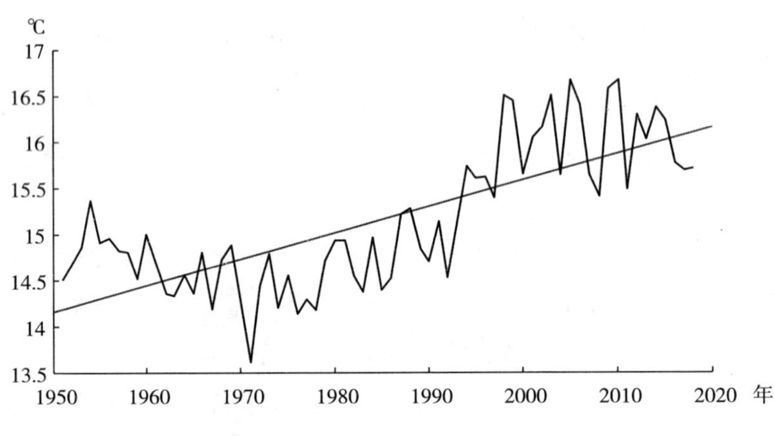

图 5　昆明站气温升高趋势

此外，我们还采用 Mann – Kendall 方法分析昆明站的气温变化，具体过程如下。

1. Mann – Kendall 法

Mann – Kendall 法是一种非参数统计检验方法，其优点是不需要样本遵从一定的分布，也不受少数异常值的干扰。该方法不仅可以反映序列的变化趋势，而且还能够检测序列的突变位置。具体原理如下。

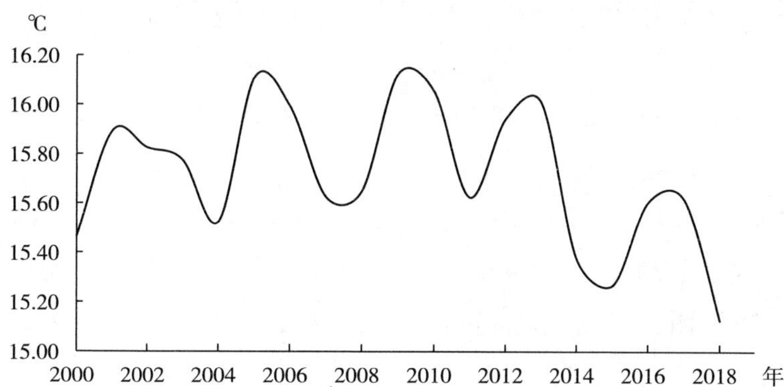

图6　腾冲站2000—2018年平均气温

对于具有 n 个样本量的时间序列 x，构造一秩序列：

$$s_k = \sum_{i=1}^{k} r_i,(k = 2,3,\cdots,n)$$

其中，$r_i = \begin{cases} +1(x_i > x_j) \\ 0(x_i \leq x_j), \end{cases} \quad j = 1,2\cdots,i$

可见，秩序列s_k是第 i 时刻数值大于 j 时刻数值个数的累计数。假设时间序列是随机独立的，定义统计量：

$$UF_k = \frac{[s_k - E(s_k)]}{\sqrt{Var(s_k)}},(k = 1,2,\cdots,n)$$

式中，$UF_1=0$，$Var(s_k)$ 是累计数s_k的均值和方差，在x_1，x_2，$\cdots x_n$相互独立，且有相同连续分布时，它们可由下列公式算出：

$$E(s_k) = \frac{n(n+1)}{4}, Var(s_k) = \frac{n(n-1)(2n+5)}{72}$$

UF_i为标准正态分布，它是按时间序列x_1，x_2，$\cdots x_n$计算出的统计量序列，给定显著性水平α，查正态分布表，若$|UF_i| > Ua$，表示序列存在显著的趋势变化。

按时间序列 x 逆序x_n，$\cdots$，x_2，x_1，再重复以上过程，同时使$UB_k = -UF_k$，$k=n$，$n-1$，$\cdots$，1，$UB_1=0$。

这一方法不仅计算简便，还可以明确突变发生的时间。

2. 气温的异常变化

运用 Mann－Kendall 非参数统计检验方法（MK. m），对昆明站点 1951—2015 年气温序列进行了统计分析。

我们对年数据进行 Mann－Kendall 检验，得到图 7（平均气温的 Mann－Kendall 检验）、图 8（最低气温的 Mann－Kendall 检验）、图 9（最高气温的 Mann－Kendall 检验），图中 *UF* 代表原序列，*UB* 代表反向序列，显著水平 $\alpha = 0.05$。

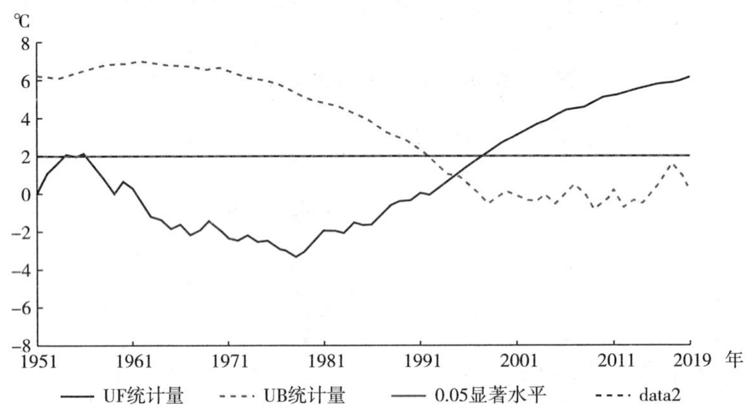

图 7　平均气温的 Mann－Kendall 检验

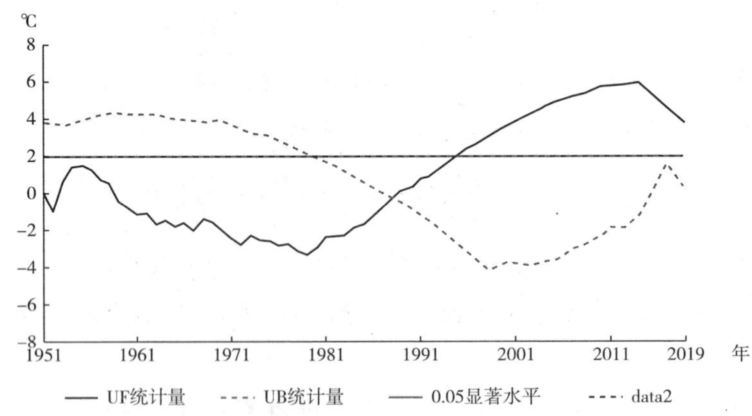

图 8　最低气温的 Mann－Kendall 检验

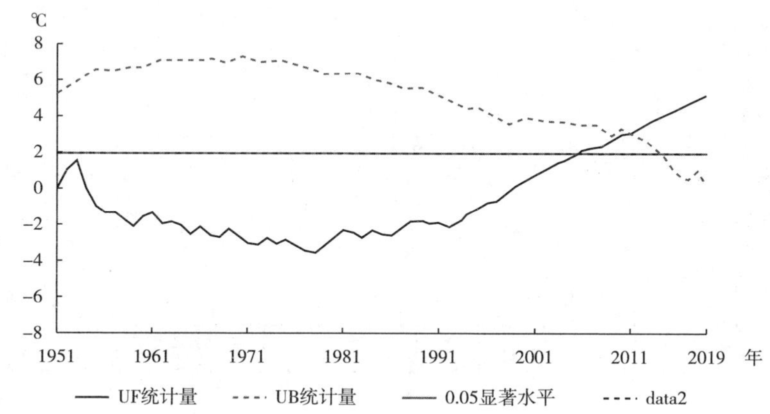

图 9　最高气温的 Mann – Kendall 检验

由平均气温的 Mann – Kendall 检验可以看出，平均气温的原序列与反向序列曲线交点位于 1996 年左右，从而确定 1996 年昆明站气温发生了突变。又 1996 年之后，*UF* 始终大于 0，故序列存在上升趋势，即昆明站自 1996 年开始进入增暖期，平均气温在上升。

从最低气温的 Mann – Kendall 检验可以看出，交点位于 1990 年附近，从而确定，1990 年昆明最低气温发生了突变，此后，*UF* 呈一直上升的趋势，*UB* 先下降再上升，所以最低气温序列存在上升趋势；再看最高气温的 Mann – Kendall 检验，交点位于 2011 年左右，从而确定 2011 年昆明站最高气温发生了突变。*UF* 先大于 0 后小于 0，*UB* 始终大于 0，故序列存在上升趋势，即最高气温在上升。总体来说，昆明站的气温在 1951—2019 年一直呈现上升趋势。

（二）云南省农业降雨量变化趋势分析

从 1951—2018 年昆明站的年总降雨量图中可看出，1951—1999 年降雨量虽有波动，但大致平稳在 1000mm 左右；从 1999 年以后，降雨量呈下降趋势，特别是 2009—2012 年的特大旱灾。云南其余地方的降雨数据有类似趋势（详见图 10）。

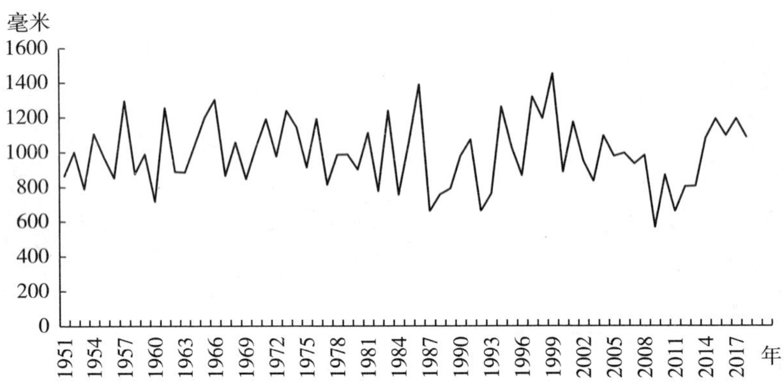

图10　1951—2018年昆明站年总降水量

根据云南省月降雨量，计算出1951—2019年的干旱指数（标准降雨指标，SPI）。

1. SPI指数

干旱是一种潜在的自然灾害，由一个季度或更长时期的降雨不足所造成。长期降水短缺会引发工业、农业、生活或环境方面的用水短缺。

干旱指数是反映气候干旱程度的指标，可以连续监测干旱情况，并能计算出干旱等级、估计区域干旱的发生和强度，是干旱监测、评估等研究分析的基础与核心。原则上说，一个准确的干旱指数应该具备明确的物理意义，应与所研究的对象具有明显的相关性，这样不但可以反映干旱的成因、程度、开始、结束和持续时间，而且应该具有可测性，即资料应易于收集且参数计算简便。目前，国内外关于干旱指数的研究已经比较丰富。根据建立途径的不同，可把干旱指数大致归纳为两类：第一类是通过研究干旱机理来反映干旱涉及的各个物理过程，以提高对干旱强度和持续时间的反映精度；第二类则是通过气象学方法，研究降水量的统计分布规律来反映干旱的强度和持续时间。第二类指标比第一类计算更简便，所需的资料也更易获取，而且它可以反映不同时间尺度和区域的干旱状况，时空适应性较强。

第二类代表性指标是Mckee等（1993）在研究美国科罗拉多干旱状况时

提出的标准化降水指标（Standard Precipitation Index，SPI）。SPI 是可以对不同时段内降水量缺乏程度进行定量化的一个指数，是确定干旱是否发生及其严重程度的标准，是干旱监测、评估等研究分析的基础与核心。由于不同时间、不同地区的降水量变化幅度很大，故直接用降水量很难在不同时空尺度上相互比较。另外，降水分布是一种偏态分布，不是正态分布，所以在降水分析中，一般采用 Gamma 分布概率来描述降水量的变化，然后再经正态标准化求得 SPI 值。采用 SPI 指数单独的或作为综合评估方法的一部分进行干旱监测在国际上得到了广泛的应用。SPI 为正值，表示降雨量大于多年降水中值，负值则表示降水量低于多年降水中值。我国也使用 SPI 对干旱等级进行分级，但所采用的数值略有不同，如表 1、表 2 所示。

表 1　国际 SPI 指数分级

SPI 指数	干旱等级
2.0 及以上	重涝
1.5 ~ 1.99	中涝
1.0 ~ 1.49	轻涝
-0.99 ~ 0.99	正常
-1.0 ~ -1.49	轻旱
-1.5 ~ -1.99	中旱
-2.0 及以下	重旱

表 2　我国 SPI 指数分级

SPI 指数	干旱等级
-0.49 ~ 0	正常
-0.99 ~ -0.5	轻旱
-1.49 ~ -1.0	中旱
-1.99 ~ -1.50	重旱
-2.0 及以下	特旱

干旱临界值被定义为不同干旱等级之间的值，通常被称为触发点，因为该值会触发或引起一些后果。依据防灾减灾的管理程序，该触发点可能会触

发一个早期预警系统，进而对供水进行逐轮缩减以保护水资源，抑或采取一些应急行动来减缓干旱带来的影响。

与其他指数相比较，SPI 指数除了只需要较长时间的降水量（一般应超过 30 年）资料，另一个显著的优点是消除了降雨的时空差异，对干旱的变化反应敏感，适用于多时间尺度（1 个、3 个、6 个、12 个、24 个月），因而得到广泛应用。

2. SPI 指数的计算

假设某一时段的降水量为 x，则其满足 Gamma 分布的概率密度函数为

$$g(x) = \frac{1}{\beta^{\alpha}\Gamma(\alpha)} x^{\alpha-1} e^{-\frac{x}{\beta}}$$

式中，α 为形状参数，β 为尺度参数，x 为降水量。Γ 为 Gamma 函数，其概率函数为

$$\Gamma(\alpha) = \int_0^{\infty} y^{\alpha-1} e^{-y} \mathrm{d}y$$

最佳地，估计值可采用极大似然估计法求得

$$\hat{\alpha} = \frac{1}{4A}\left(1 + \sqrt{1 + \frac{4A}{3}}\right)\hat{\beta} = \frac{\bar{x}}{\hat{\alpha}}$$

$$A = \ln(\bar{x}) - \frac{\sum \ln(x_i)}{n}$$

式中，x_i 为降水量序列的样本，$\bar{x}$ 为降水量序列的平均值，n 为计算序列的长度。于是给定时间长度的累积概率可由下式计算：

$$G(x) = \int_0^x g(x)\mathrm{d}x = \frac{1}{\hat{\beta}^{\hat{\alpha}}\Gamma(\hat{\alpha})}\int_0^x x^{\hat{\alpha}-1} e^{-\frac{x}{\hat{\beta}}}\mathrm{d}x$$

由于 Gamma 方程中不包含 x = 0 的情况，而实际的降水量可能为 0，所以累积概率表示为

$$H(x) = q + (1 - q)G(x)$$

式中，q 是降水量为 0 的概率。如果设 m 为降水时间序列中降水量为 0 的数

量，则有 $q = m/n$。

累积概率可通过下式转换为标准正态分布函数：

$$H(x) = \frac{1}{\sqrt{2\pi}}\int_{-\infty}^{x} e^{-t^2/2}\mathrm{d}t$$

对其进行近似求解得到以下结果：

当 $0 < H(x) \leqslant 0.5$ 时：$SPI = -\left(t - \frac{c_0 + c_1 t + c_2 t^2}{1 + d_1 t + d_2 t^2 + d_3 t^3}\right)$

$$t = \sqrt{\ln\left(\frac{1}{[H(x)]^2}\right)}$$

当 $0.5 < H(x) < 1$ 时：$SPI = \left(t - \frac{c_0 + c_1 t + c_2 t^2}{1 + d_1 t + d_2 t^2 + d_3 t^3}\right)$

$$t = \sqrt{\ln\left(\frac{1}{[1.0 - H(x)]^2}\right)}$$

式中，$c_0 = 2.515517$，$c_1 = 0.802853$，$c_2 = 0.010328$，$d_1 = 1.432788$，$d_2 = 0.189269$，$d_3 = 0.001308$。

图 11 为昆明站 6 个月的 SPI 指数。

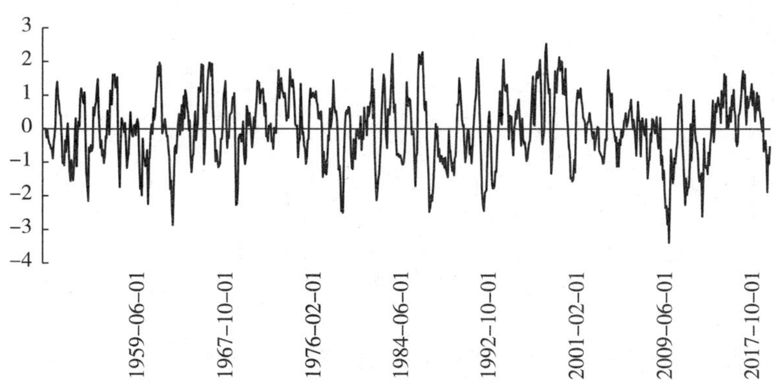

图 11　昆明站 6 个月 SPI 指数

与表 2 的数据相对比，近年来云南省气候总体出现变暖变干的趋势，1951—2009 年，特大旱灾发生频率较低；2009 年以后，随着天气变暖，地表气温升高，蒸发加快，几十年一遇的特大旱灾发生频率增多增强，这种趋势对云南省的农业造成了极大的不利影响。

（三）云南省农业旱灾与水灾损失特性及相关性分析

从前面的分析可以知道，对云南省农业危害最大的自然灾害是气象灾害，主要包括旱灾、水灾、风雹和冻灾（低温冷冻和雪灾）四类，其中以旱灾危害最为严重，水灾次之。另外，云南省未来的气象发展趋势是天气变暖、地表气温升高、蒸发加快，极端天气出现频率会增多增强。这样的趋势会导致与降雨相关的气象灾害（特别是旱灾）更有可能发生。由于时间和资源所限，所以我们对云南省农业气象巨灾的研究将集中在旱灾和水灾上。

巨灾保险或农业保险的主要目的是补偿农户因受到灾害而造成的损失。所以我们首先应该清楚地了解灾害造成的农业损失情况。图 12 展示了 1979—2017 年云南省旱灾受灾面积与总耕种面积的比例。从图 12 中可以看到，2010 年的特大旱灾使超过 45% 的耕种面积受灾。

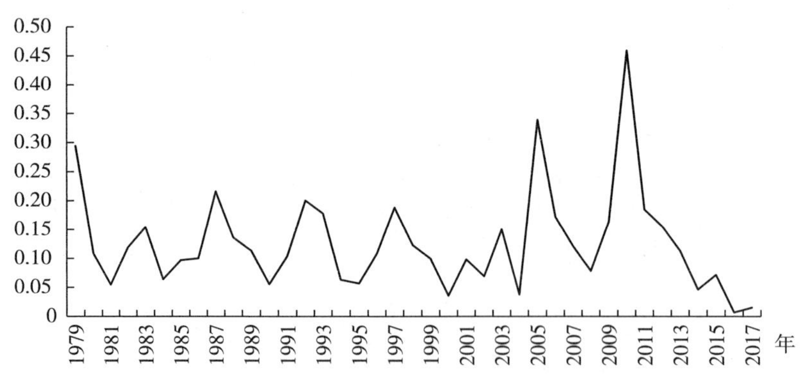

图 12　1979—2017 年云南省旱灾受灾面积与总耕种面积的比例

此外，云南省的自然灾害除了种类繁多外，发生频率也很高。据统计，云南省的旱灾发生次数最高达到 201 次，造成相应的农业直接损失高达 833307.98 万元；2009—2018 年，水灾（洪涝）发生次数均高于 150 次，2007 年更是高达 457 次，造成相应的农业直接损失为 114217.77 万元。具体情况详见图13和图14。

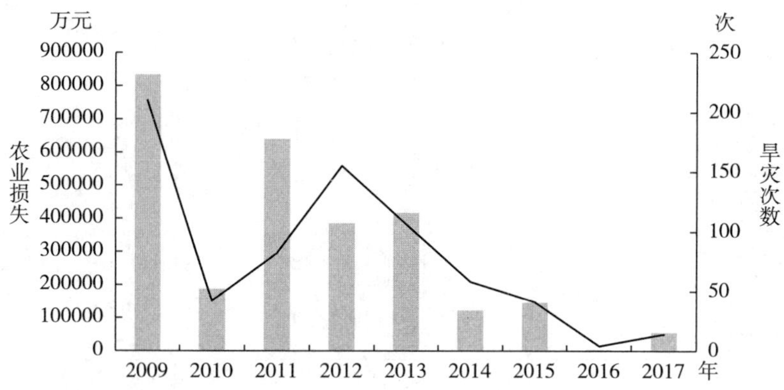

图13 2009—2017年云南省旱灾发生次数及农业损失

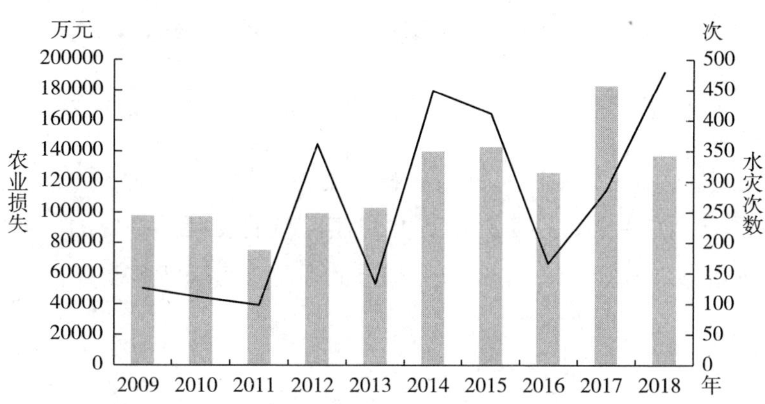

图14 2009—2018年云南省水灾发生次数及农业损失

二、 云南省农业巨灾保险发展现状分析

据统计，截至2018年，云南省农业保险险种比较丰富，各类农业保险险种已达43个，基本覆盖了该省在农业经济发展中地位重要的粮食作物、经济作物、大小牲畜和经济林木等方面。但云南省各个地州的保险业务发展情况

却不是很好，从图 15 中可以看到，昆明与保山、怒江等地区的保险费收入相差甚远，2005—2016 年，昆明地区的保险费总和达到了 1376.69 百万元，而怒江只有 75.81 百万元，保费规模极不均衡。

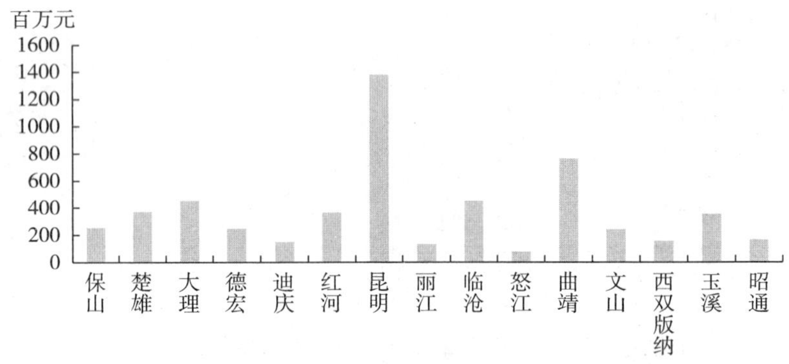

图 15　2005—2016 年云南省主要地区保险费总收入

（一）云南农业保险的深度情况分析

云南省农业保险发展起步晚，发展不完善，险种类别和覆盖广度也与全国平均水平有一定差距，但是云南省的农业保险的发展是趋好的。从图 16 可以看出，2005—2016 年，云南省农业保险的保险深度呈逐年上升的趋势。

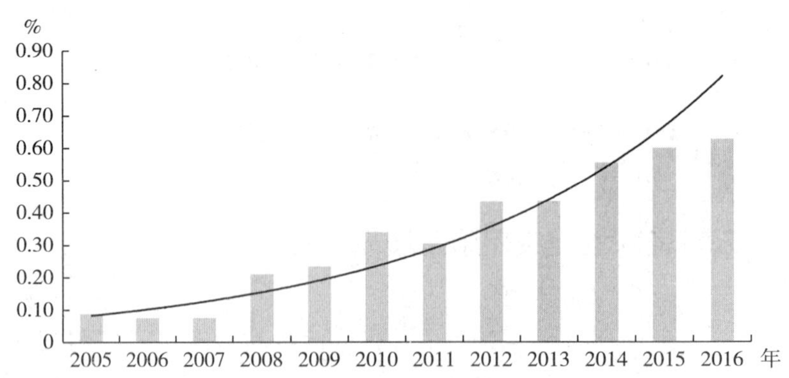

图 16　2005—2016 年云南省农业保险的保险深度

（二）云南农业保险赔付率情况分析

农业保险赔付率 = 农业保险赔付/农业保险保险费收入，该指标反映了农民对农业保险投保的积极性和保险公司对农业保险的涉足程度。从图 17 可以看出，2005—2016 年云南省总体农业保险赔付率有所下降，导致农业保险赔付率下降的原因有两种可能性：一是农户对农业保险投保的积极性变化不大，但自然灾害的严重程度有所降低，导致保险公司赔付较少，因此总体农业保险赔付率下降；二是农业保险保险费收入与农业保险赔付额同步增长（或减少），但是农业保险赔付的增长（或减少）比农业保险保险费收入的增长（或减少）慢（或快）。

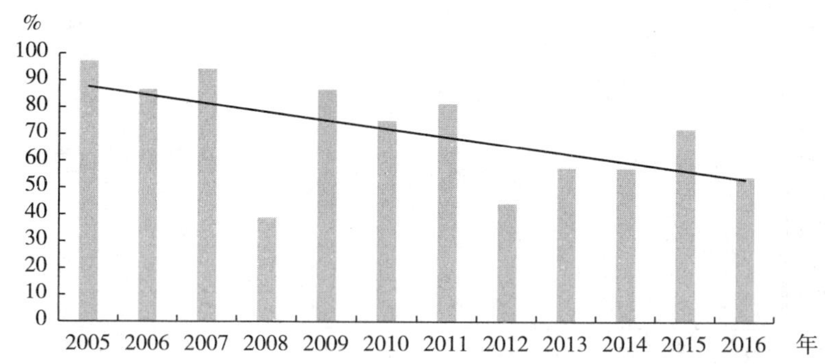

图 17　2005—2016 年云南省农业保险赔付率

从图 18 和图 19 可以看出，农业保险保险费收入和农业保险赔付均逐年增长，农业保险赔付增长速度比农业保险保险费收入增长速度慢。

（三）云南省农业保险与政府保险费补贴情况

2004—2009 年，中央一号文件连续 6 年对农业保险进行了战略部署；从 2004 年开始，政策性农业保险在上海、吉林、黑龙江、江苏等地进行试点；2007 年，全国范围开始推行政策性农业保险，由中央财政、地方财政和农户共同承担保险费；2009 年，云南省农业保险实现保险费收入 1.67 亿元，同比

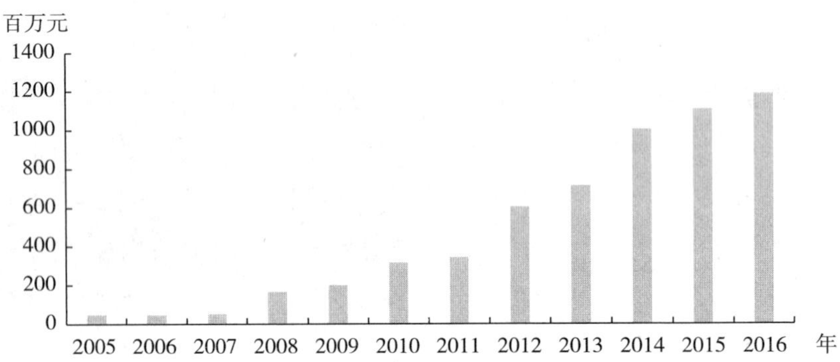

图 18 2005—2016 年云南省农业保险保险费收入

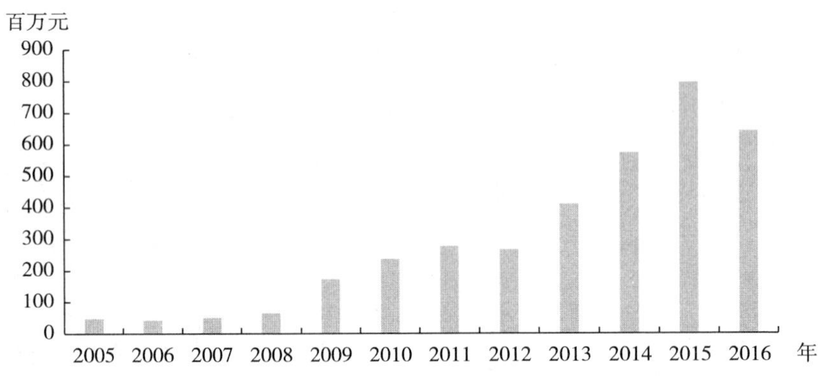

图 19 2005—2016 年云南省农业保险赔付

增长 2.1 倍。能繁母猪保险取得明显成效，全省共承保能繁母猪 253.3 万头，承担风险保障 25.33 亿元。从 2010 年开始，云南省财政厅继续对能繁母猪、奶牛保险给予保险费补贴。2010 年 1～4 月，包括能繁母猪在内的农业保险赔款支出共计 3252.57 万元，对促进农民生活稳定起到了积极作用。

1. 云南农业保险保险费补贴基本情况

根据《中央财政农业保险保险费补贴管理办法》，农业保险保险费补贴实行政府引导、市场运作、自主自愿、协同推进的原则。财政部提供保险费补贴的农业保险（以下简称补贴险种）补贴标的为关系国计民生和粮食、生态安全的主要大宗农产品，以及根据党中央、国务院有关文件精神确定的其他农产品。中央财政补贴险种标的主要包括种植业（玉米、水稻、小麦、棉花、马铃薯、油料作物、糖料作物）、养殖业（能繁母猪、奶牛、育肥猪）、森林（已基本完成林权制度改革、产权明晰、生产和管理正常的公益林和商品林）和其他品种（青稞、牦牛、藏系羊、天然橡胶，以及财政部根据党中央、国务院要求确定的其他品种）。其中，种植业保险费补贴规定为：在省级财政至少补贴25%的基础上，中央财政对中西部地区补贴40%、对东部地区补贴35%；对纳入补贴范围的新疆生产建设兵团、中央直属垦区、中国储备粮管理总公司、中国农业发展集团有限公司等（以下统称中央单位），中央财政补贴65%。养殖业保险费补贴规定为：在省级及省级以下财政（地方财政）至少补贴30%的基础上，中央财政对中西部地区补贴50%、对东部地区补贴40%；对中央单位，中央财政补贴80%。

在《中央财政农业保险保险费补贴管理办法》的基础上，云南省财政厅、云南省农业厅、云南省林业厅于2017年印发了《云南省农业保险保险费补贴资金管理暂行办法》的通知，该通知进一步细化了云南省农业保险保险费补贴办法。该通知规定了云南省农业保险保险费补贴资金采取因素法分配，由省级财政结合各地计划投保数量、上年度各级财政保险费补贴资金结余（缺口）等情况，按年度将预算指标定额下达至各州（市）、省直管县财政部门。各州（市）、省直管县财政部门根据中央和省级财政下达的预算指标，按照有关要求安排使用。按照中央财政支持保大宗、保成本，地方支持保特色、保产量，有条件的保价格、保收入的原则，云南省财政支持的农业保险品种包括种植业、养殖业、森林火灾和其他品种，其中种植业包括玉米、水稻、油菜和甘蔗；养殖业包括能繁母猪和奶牛；其他品种包括青稞、牦牛、藏系羊和天然橡胶。

除了上述补贴险种全省各地可自主自愿开展，也鼓励各地开展地方特色优势农业保险品种，目前纳入云南省财政保险保险费补贴的险种标的主要包括咖啡和苹果。根据《中央财政农业保险保险费补贴管理办法》及《云南省农业保险保险费补贴资金管理暂行办法》，2017年云南省农业保险保险费各级财政补贴比例可详见表3和表4。其中，表3为种植业保险费各级财政补贴比例；表4为养殖业保险费各级财政补贴比例。从表3可以看到，云南各地甘蔗的保险费补贴比例是相同的，即中央、省级、市县级、农户占比分别为40:25:15:20。主要粮油作物，包括水稻、玉米和油菜的补贴有所不同，主要区别在于市县级财政补贴比例，大多地区的市县级补贴比例占比为25%，但迪庆和怒江地区的市县级补贴比例为10%，另外的15%由省级财政补贴支持；腾冲和宣威地区的市县级财政补贴比例为5%，另外由省级财政补贴15%，由中央财政补贴5%。由表3和表4可以看出，农户的自缴比例各地区采取相同的标准，唯一不同的是在一些相对贫困地区，市县级财政补贴有所降低，由25%降为10%或者是5%，其余部分由省级或中央财政支持。除了种植业和养殖业外，开展橡胶保险的地区主要有保山、德宏、红河、临沧、普洱、文山和西双版纳，这些地区各级财政保险费补贴比例相同，中央补贴40%，省级补贴25%，市县级补贴15%，农户自缴20%。

表3 2017年云南省种植业保险费各级财政补贴安排

地州	甘蔗				水稻				玉米				油菜			
	中央	省级	市县	农户	中央	省级	市县	农户	中央	省级	市县	农户	中央	省级	市县	农户
保山	40	25	15	20	40	25	25	10	40	25	25	10	40	25	25	10
楚雄					40	25	25	10	40	25	25	10	40	25	25	10
大理					40	25	25	10	40	25	25	10	40	25	25	10
德宏	40	25	15	20	40	25	25	10	40	25	25	10	40	25	25	10
迪庆					40	40	10	10	40	40	10	10	40	40	10	10
红河	40	25	15	20	40	25	25	10	40	25	25	10	40	25	25	10
昆明					40	25	25	10	40	25	25	10	40	25	25	10
丽江					40	25	25	10	40	25	25	10	40	25	25	10
临沧	40	25	15	20	40	25	25	10	40	25	25	10	40	25	25	10
怒江					40	40	10	10	40	40	10	10	40	40	10	10
普洱	40	25	15	20	40	25	25	10	40	25	25	10	40	25	25	10
曲靖					40	25	25	10	40	25	25	10	40	25	25	10
文山	40	25	15	20	40	25	25	10	40	25	25	10	40	25	25	10

续表

地州	甘蔗				水稻				玉米				油菜			
	中央	省级	市县	农户	中央	省级	市县	农户	中央	省级	市县	农户	中央	省级	市县	农户
西双版纳	40	25	15	20	40	25	25	10	40	25	25	10	40	25	25	10
玉溪	40	25	15	20	40	25	25	10	40	25	25	10	40	25	25	10
昭通					40	25	25	10	40	25	25	10	40	25	25	10
腾冲					45	40	5	10	45	40	5	10	40	40	10	10
宣威					45	40	5	10	45	40	5	10	40	40	10	10

表 4　2017 年养殖业保险费各级财政补贴安排

地州	能繁母猪				奶牛				藏系牦牛				藏系羊			
	中央	省级	市县	农户	中央	省级	市县	农户	中央	省级	市县	农户	中央	省级	市县	农户
保山	50	22.5	7.5	20	50	30	10	10								
楚雄	50	15	15	20	50	20	20	10								
大理	50	15	15	20	50	20	20	10								
德宏	50	27	3	20	50	36	4	10								
迪庆	50	30	0	20	50	40	0	10	40	50	0	10	40	50	0	10
红河	50	15	15	20	50	20	20	10								
昆明	50	6	24	20	50	10	30	10								
丽江	50	22.5	7.5	20	50	30	10	10								
临沧	50	22.5	7.5	20	50	30	10	10								
怒江	50	30	0	20	50	40	0	10	40	50	0	10	40	50	0	10
普洱	50	22.5	7.5	20	50	30	10	10								
曲靖	50	15	15	20	50	20	20	10								
文山	50	22.5	7.5	20	50	30	10	10								
西双版纳	50	27	3	20	50	36	4	10								
玉溪	50	6	24	20	50	10	30	10								
昭通	50	22.5	7.5	20	50	30	10	10								
腾冲	50	20	10	20	50	30	10	10								
宣威	50	20	10	20	50	30	10	10								

2. 云南省农业保险发展情况

自 2007 年我国开展政策性农业保险以来，云南省也逐步开展、推广政策性农业保险试点工作。经过十余年的探索与实践，云南省农业保险工作得到长足发展。2017 年，农业保险为全省农业生产经营者提供了 1280. 35 亿元的风险保障，累计赔款支出为 7. 93 亿元，157. 99 万户（次）农户受益，在服务高原特色农业发展、助力全省脱贫攻坚等方面发挥了重要作用。

一是保险险种不断增加。从 2006 年起，云南省陆续开始烤烟、能繁母猪等保险试点，截至 2017 年，全省开办农业保险险种 40 个，涉及了重要的粮食作物、经济作物、大小牲畜和经济林木。

二是覆盖范围不断扩大。财政补贴的农业保险险种覆盖面逐年提高，目前已覆盖全省 16 个州（市）、129 个县（市、区），险种达 14 个，包括水稻、玉米、油菜、青稞、甘蔗、橡胶、烟叶、咖啡、苹果 9 个种植业险种，能繁母猪、奶牛、牦牛、藏系羊 4 个养殖业险种和森林火灾险种。

三是保障程度不断提高。按照农业保险保额覆盖物化成本的要求，优化提高保险费财政补贴种养两业保险保障程度，在保险费不变的基础上，2017 年财政补贴的各品种保险保额均有提高，年度支付赔款同比增加 1. 56 亿元。

四是保险政策不断优化。2017 年，财政补贴种植业保险扩展了渍涝、泥石流、山体滑坡、低温冷害、暴雨、风灾、雹灾、病虫害等保险责任；养殖业扩展了意外事故及政府强制捕杀所导致的投保个体直接死亡等保险责任。种植业起赔线由 70% 降低到 20%，事故免赔率由 10% 降低到零，赔偿比例由损失金额的 50% 提高到 80%，解决了以往轻度受灾农户得不到赔偿的问题，更多农户能享受农业保险政策的实惠。

五是保障功能日益显现。2007 年以来，云南省累计投入农业保险财政保费补助资金 49. 57 亿元，其中：中央资金 24. 31 亿元，省级资金 15 亿元，州（市）、县级资金 10. 26 亿元。共计为全省 3720. 82 万（次）头养殖业、14499. 37 万（次）亩种植业和 20. 02 亿（次）亩森林提供 9108. 86 亿元的风险保障，累计获得理赔资金 26. 70 亿元，对保障和恢复农业生产、促进农民持续增收、维护农村和谐稳定起到了积极作用。

表 5 显示了 2001—2017 年云南省农业保险保险费收入、农业保险赔付支出及赔付率情况。从表 5 可以看出，2007 年保险费收入比 2006 年增长了 212.61%，2007 年之后保险费收入一直保持高速增长。然而，在保险费收入增长的同时，保险赔付支出也在增长。图 20 为保险费收入、保险赔付支出及赔付率的变化情况。从图 20 可以看出，保险费收入的变化趋势与保险赔付支出的趋势相同，直到 2006 年以后，保险费收入的增长速度超过了保险赔付支出的增长速度，农业保险赔付率也呈下降或者逐渐趋稳的态势。2008 年赔付率显著增高，这是因为 2008 年云南省遭遇了百年不遇的大旱，导致了农业受灾严重，保险赔付率增高。

综合上述分析，农业保险保险费补贴对农户投保积极性的影响非常显著，随着政策性农业保险范围的扩大，云南省保险费收入也在持续增长。

表 5　2001—2017 年云南省农业保费收入与保险赔付支出

年份	农业保险保费收入（百万元）	农业保险赔付支出（百万元）	赔付率（%）
2001	58.95	52	88.21
2002	55.04	61.56	111.85
2003	75.57	51.4	68.02
2004	49.21	47.85	97.24
2005	47.92	41.51	86.62
2006	53.3	50.34	94.45
2007	166.62	64.62	38.78
2008	199.22	172.61	86.64
2009	314.32	236.5	75.24
2010	341.69	277.85	81.32
2011	605.48	266.63	44.04
2012	712.87	410.37	57.57
2013	1030.53	605.12	58.72
2014	1106.38	823.28	74.41
2015	1195.08	648.86	54.29
2016	1172.5	788.5	
2017		793.26	

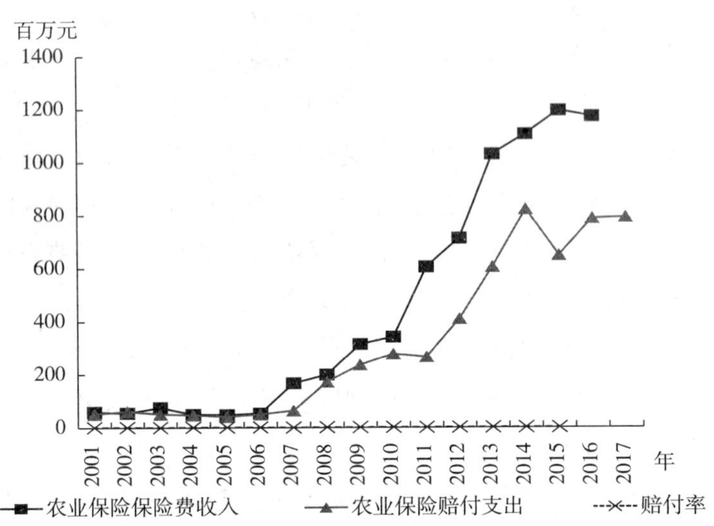

图 20 2001—2017 年云南省农业保险保险费收入与赔付情况

三、 对策建议

2020 年是脱贫攻坚的决胜之年，结合课题的研究可以发现，未来云南省特色农业面临的巨灾风险趋势不容乐观。云南特色农业产业受灾严重，加之受国家大宗商品价格走低的冲击，云南省特色农业产业发展已经走到是否持续、如何持续的关键选择节点，并且如何防范因灾致贫因灾返贫也尤为重要。为此，综合前期研究成果，针对农业巨灾风险保障、云南特色农业产业高质量发展、创新灾害金融支持服务模式及集成灾害大数据分析的数字农业实施路径，提出以下十点具体建议。

（一）建立健全农业全面风险保障体系，为农业生产保驾护航

建设云南灾害风险数据库，有效评估云南农业自然灾害风险，绘制全省农业自然灾害风险空间分布地图，一是为规划云南省各种特色农业种植空间分布提供科学依据；二是为云南省特色农业生产经营、防灾减灾工作前移提

供科学依据；三是为创新特色农业天气指数保险、期货价格指数保险等综合金融产品提供科学依据，实现金融创新与特色农业金融多元化需求相匹配。

（二）做好农业防灾减灾，尽量把风险管理措施前移

旱灾是对云南省农业生产造成最严重损害的自然灾害。但云南省降水并不缺少，只是时空分布不均，结构性问题突出。造成云南省旱灾严重的一个重要原因是云南省水利基础设施薄弱。2010 年云南省有效灌溉面积占总播种面积的比例为 24.7%，至 2014 年下降为 23.8%。2014 年有效灌溉面积仍不足总播种面积的 1/4，在全国 31 个省市中排名倒数第三，仅优于贵州和重庆。建议加快发展小型农田水利建设，重点建设田间灌排沟渠、机井、泵站等配套设施，发展小型集雨设施、应急水源、喷滴灌溉设备等，增加灌溉面积。另外，应大力发展节水技术和旱作农业，引导农民合理有效地使用有限的水资源。

（三）试点农业巨灾保障基金 + 巨灾债券，形成多层次的农业风险分摊机制

农业风险有着很严重的系统性风险，比如旱灾，影响的区域可能是整个云南省。而且农业风险有着明显的尾部相关性，也就是说农业灾害程度越严重，一般影响的区域也会越大。虽然有政策性农业保险，但赔付的还是物化成本，农业巨灾一旦发生，主要还是依靠政府财政救济和民间捐助、慈善公益等辅助形式来补偿灾害损失。随着农业保险市场的进一步发展，农业保险覆盖面的进一步增大，保险赔付的进一步增加，当农业灾害的损失达到再保险也分散不了的程度时，保险公司就可能因为农业保险赔偿导致巨额损失。为此，根据国外经验，建立农业保险巨灾风险机制十分必要，农业保险应以法律、市场的形式呈现，健全政府、金融机构、农户的协调机制，才能够实现农业巨灾风险保障机制的健康发展与稳健运行。

（四）示范试点云南高原特色农业“保险 + 期货”，创新综合金融服务

中央 2016 年一号文件高度重视农产品期货和农业保险的联动机制，提出

稳步扩大“保险+期货”试点。这一模式是将农业风险向资本市场分散的有效途径之一。首先，保险公司提供的价格保险有助于农户避开价格下跌风险，提高种粮和养殖积极性。其次，农产品价格保险的推广可为农民、合作社创造一种新的融资方式。由于农产品价格保险有助于稳定农民收入，因此，可将保险保单在银行进行贷款质押，以缓解农民贷款难问题。再次，为农业补贴政策改革提供新思路，将最低收购价和临时收储政策转化为市场化的风险管理方法。最后，该模式也使长期面临业务空间不足的期货公司得以探索新的业务，保险公司也可开辟新的利润空间。通过“保险+期货”的模式创新，可有效发挥银行资金支持、期货风险对冲、保险产品避险的行业分工效应，将云南省特色农业生产中分散于农户的价格风险通过保险理赔和期货对冲，统一起来进行管理。

（五）保险保障功能回归，健全农产品目标价格保险体系，保障农企农户基本利益

建议由云南省银保监局牵头，进一步推进农产品价格保险，充分发挥保险风险保障功能。一是按照政府政策指导、市场运作的方式推进特色农产品目标价格保险工作。在政府的引导下，整合保险资源，建立“政府+供应链金融平台+保险机构”的投保模式。二是在保险方案的制订方面，由政府相关部门、保险经纪公司、农企代表共同协商制定，经云南省银保监局、省农业农村厅共同组织专家进行论证，以招投标的方式选择保险公司承保该业务。三是在投保主体方面，由以往农企农户自行投保的封闭式投保方式变为通过供应链金融平台进行投保的开放式投保方式，既可转移销售企业、专业合作社、种植户的市场风险，又为农企农户分担了投保负担，让农企农户真正享受到保险带来的实惠。四是在目标价格的制定和理赔依据方面，特色农业产业供应链金融平台可以依托大数据分析及公开透明的交易数据，为制定目标价格及理赔提供基础依据。五是建立特色农产品价格指数“保险+期货”的模式，通过期货市场对冲保险机构的承保风险，创新保险支农服务新模式，稳定生产收益的同时，也保障了保险公司的基本利益诉求。

（六）以特色农业“供应链金融”为抓手，推进农业供给侧结构性改革

打造特色农业“供应链金融”服务平台，以农业核心企业为中心，设计金融产品，捆绑其上、下游企业和农户利益，实现整个产业链的良性运营。如云南安华防灾减灾科技有限公司筹建特色农业供应链金融服务平台，主要采取线上运营的方式，建立云南高原特色农业综合服务网站，集成金融服务、特色农产品电商和农资采购三大功能。通过特色农业“供应链金融”服务平台，一是对订单的监控和农业企业的信用做担保，以解决农户固定资产抵押物不足难以获取信贷的问题，从而方便农户获得资金支持，以便开展农业生产，有助于精准扶贫；二是有效规避贷款被挪用的风险，农户获得的贷款其实并不是现金，而是获得了购买生产资料的额度；三是实现从“贷”到“销”的数据监控，为农产品质量追溯提供条件，从贷款购买农资农具和生产资料，到销售的全流程都可以在平台上显示；四是解决农户资金和销路的困难，农业生产资料采购也只需在线上下单，做到以销定产，产品线上销售收入优先归还贷款；五是平台和金融机构可利用交易沉淀的大数据进行贷前贷后管理，从而降低信息不对称和贷款风险，金融机构可在平台上根据企业和农户的需求提供信贷支持、信用保证保险和农业保险等相关服务，进一步降低贷款风险和农业风险。

（七）找准地区优势与科学规划，建立农业产业综合数字地图

一是以省农业农村厅为主导，找准特色农业产业区域优势，科学规划，依托 AI 遥感和 3S 技术，建立云南省农业产业发展数字地图。以可视化、数字化、科学化的数据地图为基础，集成地区地理信息、气象信息、农产品生长信息、农产品价格信息，实现科学的分区规划。二是依托农业产业数字地图和 5G + 物联网技术，充分整合资源，打通云南省商务厅、农业农村厅和企业之间现有的溯源数据库，建立云南特色农业种植—采摘—加工—物流—销售的溯源数据库。三是通过布置田间传感器，定期获取作物生长、病虫害、

自然灾害损失状况，实现农业生产端的数字化与可视化。四是通过大数据分析，建立特色农业产品价格跟踪体系，结合作物生长与产量评估模型，精准评估作物产值，为下一步供应链金融服务提供基础保障。

（八）科技为基，试点示范，实践特色农业供应链金融支农服务模式

建议由云南省银保监局牵头，鼓励银行、保险、省农担等金融机构，开展“仓单质押”“存货周转”“应收账款融资”等金融服务。通过供应链金融平台解决农企融资信息不对称问题，缩短审批流程，为供应链金融平台的农企提供快捷便利的融资服务。通过“政府引导 + 市场发展”的融合模式，既能充分体现政府对于特色农业产业的扶持，又能通过与市场更紧密的结合，充分发挥“政府 + 平台 + 金融机构”对产业的扶持调控作用。改变以往政府直补的扶持方式，让银行资金、担保公司及保险机构参与到支持特色农业产业的项目中，变“输血”为“造血”，形成政府支持、核心企业主导、金融机构参与的标准化、模式化、可持续的产业扶持机制。

（九）创新“政 + 担 + 银 + 企 + 保”模式，健全特色农业金融服务体系

建议进一步完善政府引导、担保公司搭台增信、银行放大贷款、企业承贷、保险保障多方联动的特色农业金融服务体系。通过政府引导，云南省农业信贷担保公司搭台增信，设立贷款担保基金和风险补偿基金；银行根据担保基金额度按照 1:10 比例放大贷款；农业企业承贷，带动特色农业产业发展；保险机构提供贷款保证保险服务，当贷款发生损失时，按照担保公司 10%、银行机构 20%、保险公司 70% 的比例共同代偿贷款本息，降低银行信贷风险。

（十）数字农业发展与溯源标准化建设，实践全球治理体系的中国方案选择

建议通过建立数字化产业发展标准与溯源标准体系，吸引中国—中南

半岛、印中孟缅经济走廊和非洲乌干达等“一带一路”国家，参照我国农业（咖啡）产业溯源标准体系和产业交易标准体系，组织生产和交易，提升发展中国家在产品中的定价权，摆脱西方资本的剥削，维护发展中国家农业生产利益，促进边疆民族地区持续脱贫，也是云南主动融入国家战略的实施方案。

（作者：云南财经大学金融学院、云南省巨灾风险管理研究中心　董志伟博士）